林徽因的蓝颜知己

林 杉◎著

中国文联出版社
http://www.clapnet.cn

图书在版编目(CIP)数据

　　林徽因的蓝颜知己／林杉著． －－北京：中国文联
出版社，2023.8
　　ISBN 978－7－5190－5164－8

　　Ⅰ．①林… Ⅱ．①林… Ⅲ．①传记文学－中国－当代
Ⅳ．①I25

　　中国国家版本馆 CIP 数据核字(2023)第 054423 号

著　　者　林　杉
责任编辑　苏　晶
责任校对　风　劲
装帧设计　杨晓康

出版发行　中国文联出版社有限公司
社　　址　北京市朝阳区农展馆南里 10 号　　邮编 100125
电　　话　010－85923025(发行部)　　010－85923091(总编室)
经　　销　全国新华书店等
印　　刷　北京昌联印刷有限公司

开　　本　880 毫米×1230 毫米　1/32
印　　张　10.25
字　　数　207 千字
版　　次　2023 年 8 月第 1 版第 1 次印刷
定　　价　46.00 元

自序

一串散落在生活深处的珍珠

1993年，作家出版社出版了我的第一本文学传记《一代才女林徽因》。第二年又意外地获得了中国传记文学学会首届优秀传记文学奖。

许多年过去了，这本书先后两次与作家出版社再版签约，并与台湾和大陆多家出版社签约，一印再印，还发现了两次盗版，至今还在印刷。大约这本书出版十年后，各种版本的林徽因题材和影视作品相继而出，此起彼伏，其中不乏优秀之作。据不完全了解，大约有二十种版本，一度成为不大不小的"林热"，林徽因也几乎家喻户晓，尤其在青年读者中广为传播。

作为林徽因传记作者，我无时不在关注着有关她的新史料的披露，特别是她的家人、共过事的人和海内外的研究者，又提供了不少珍贵的材料。那些诗文、信件和故事，无不隐藏着她的生活细节，闪动着她的性情。而且紧密地联结着一个不可或缺的精英群伴。

众所周知，一部传记不仅要掌握传主的大量事实，更要从这些事实中梳理、消化和抽象出灵魂中的性格特征，才能写出人物的"精气神儿"。这是客观的定位，而不是随意的主观定义。叙述故事易，深入心灵难。作者必须在史实中戴着镣铐跳舞，且又不能跳出事实的边界。要张弛有度：太实则味同嚼蜡，太虚容易失去人物本真，否则不能还原历史和历史中"另一个"立体的林徽因。

林徽因是一个跨界人物。她学的专业是建筑、美术和舞美设计，然而她又长于文学创作，诗歌、小说、散文、戏剧无所不能，其作品完全可与专业作家比肩。她还是一位出色的教授和学者。只写她的文学一面是不够的，也是不全面的。如果不去碰建筑、美术等方面的知识（写《林徽因传》时我做了不少这方面的功课），写出一个完整的林徽因就很难。或者旁逸斜出，把林徽因写成一个风花雪月的女子，或是把资料连缀成篇，干瘪无味，都难于写出一个"活"的林徽因。

1992年春，我把《一代才女林徽因》交作家出版社后，因公务繁忙，再无暇顾及这个传记，再版时只是修改了某些瑕疵。这些年，随着网络的发达与传播，又发现了林徽因不少新的材料，或诗，或文，或信件，如繁星散落在人生历史的不同阶段，如果再在原作中补充，势必增添书的篇幅，破坏原来的结构。而这些资料，透着一个庞大的社会背景和鲜活的精英群体，它有着新月时期英国伦敦"布鲁姆斯伯里文化圈子"的影子和余绪，每个人身后都有某些鲜为人知的故事，大都是文坛或杏坛大师级人物，皆非平庸之辈，让他们与林徽因展开对话，睥睨天下，更能展现林徽因的思想境界和生命形态。思虑再三，干脆变换一下视角，用逆袭方式，写出这个精英群体与林徽因的纠葛，来展示林徽因的道德情操、人生气象和生命特征，以及他们之间不同凡响的忧患人生。

写好林徽因一生，人物背景不可或缺。在最初写《林徽因传》时，我曾走访过林徽因及其父母在北京的住所和她就读的培华女中，都无所获，因而只停留在字面。直到写这本书时，根据有关线索，才找到林徽因父亲林长民来北京后三次因工作而搬家的地点。然而时过百年，又经历了如此之大的社会变革，可说是物是人非。有的胡同还在，如前王恭厂，中华人民共和国成立后归入棺材胡同，因不雅改为光彩胡同。这里离参众两院林长民上班处很近。有的因修路已被拆除，如南长街织女桥西街与中街已不存，只有东街还在，织女桥也已被埋入地下；有的完好如初，如景山西街雪池胡同的家，至今保存完好，是西城一个敬老院。林徽因读书的培华女中在所有文本中，只闻其名，不见其踪。我从台湾一篇回忆陈韵篁的文章中知道了在北京有一个叫太平湖饭店的地方，判明位置所在，几经查阅，皆一脸茫然，我一家家排查终于确定在今新文化街路南40号，与克勤郡王府相对，几经变迁，今已不存，总参和北京市二轻局的粮油店合并盖成高层大楼。再如梁思成和林徽因租住过的北总布胡同3号，拆迁后盖成大楼，后在人们呼吁下大楼又被拆除，复建了那座四合院，原正门坐东朝西，今正门移到四合院东边，成为北京典型的四合院门楼。

林徽因从六岁起便成为她父亲林长民的"通信员"，十多年间，林长民通过她给祖父、母亲和二娘写过二十多封信。还有其祖父林孝恂的全家福照片，这是我写《林徽因传》时收集到的，对这些信我只引证过若干封。这批信，林徽因逐个做了批注（有不确之处）。我做过一些考证，这些信件非常珍贵，从中可看到一个大时代变迁中的家庭和社会背景。《林徽因传》出版后，林徽因的儿子梁从诫从我的参考资料中看到了这些信件，遂与我联系说，他对梁家历史比较熟悉，对外公林家不甚了解，向我要这些信件，随后我复印给了他。后来梁从诫又向我要了冰心《我们太太的客厅》一文。这次写《林长民尘封百年的二十四札手书》一章时，为保存史料，我把这批信件全部引入。从信的字里行间，可以看到林长民对女儿的厚爱和父女情深。

另一部分资料是近年新披露的林徽因给陈岱孙、李济等人的信件和李健吾等人的回忆文章，伴随着一批精英人物而来，大都未写入《林徽因传》中，我在写《林徽因的蓝颜知己》中做了引用。

是为序。请各位方家指正。

林 杉

2017年夏末

目录

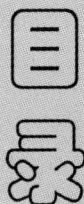

一、林长民尘封百年的二十四札手书

林徽因成为中国有成就的女建筑学家和享誉中国文坛的著名作家，其身后助推者便是她的父亲林长民。

林长民是民国初年驰骋中国政坛的社会活动家，他早年留学日本，辛亥革命后组党从政，一度任段祺瑞政府司法总长。在"巴黎和会"召开之际，他连夜撰写《外交警报敬告国民》一文在北平《晨报》发表，喊出："胶州亡矣！山东亡矣！国不国矣！"骤然引爆了全国排山倒海的激情，第三天便发生了震惊中外的五四运动。

林长民性格豪爽，自负政治异禀，风流偶傥，文采斐然。其书法承"二王"之道，心手相忘，气韵生动，颇见功力。读他写的日记和给女儿林徽因的信件，其书法如行云流水，尽得晋唐遗风。他还曾题写过"新华门"的匾额，悬挂在长安街中南海的门楣上。

父爱如天，对作为长女的林徽因，他从她六岁起，便有意从写信入手，培养和锻炼其文字驾驭能力；稍长又带她出国游历，增长见识，开阔胸襟，启迪才情，发掘和培植文艺之清光。

林徽因十分尊崇她的父亲，而林长民也放低他的身段，与女儿沟通心灵，以至在某种意义上，女儿成为他唯一的知己。他们不是寻常的父女，林长民曾骄傲地说："做一个有天才女儿的父亲"，"不是容易享的福，你得放低天伦辈分先求做到友谊的了解"。林徽因的好友费慰梅回忆说："她的早熟，使家中的亲戚把她当成一个成人，因此骗走了她的童年。"

保存在林徽因手上的二十多封信件，跨越了袁世凯称帝、军

阀争雄大半个民国时代。这个时代也是她从童年、少年到成年成长的重要阶段，荡涤着民族的艰难困苦，家庭的愁肠和人生无常、世事沧桑。在青铜的天空下，有霜冷江河的平原落日，有寂寥苦难的低语，有针砭时弊的奇闻逸事，有推心置腹的父女情怀，有亲人生死别离的悲怆泪水，——展现在发黄的纸页和她的精神世界里，见证历史的同时，让我们看到一个士大夫家庭的兴衰变迁，和时代风雨中冲击的涛声及生活的擦痕。

林徽因和她的父亲通信跨越了十五个年头，分为她在上海、北京（天津）、英国和美国几个时期。

这些信件前面附有祖父母与他们的子女的全家福。据林徽因诠释，照片有祖父林孝恂、祖母游氏；父亲林长民、叔叔林天民、大姑林泽民（嫁王永昕）、二姑出嫁后早逝、三姑林嫄民（嫁卓君庸）、四姑林丘民（嫁曾仙舟）、五姑子民（嫁李石珊），以及大姑丈王永昕（字熙农）、堂弟林洞省、林长民大夫人叶氏（后故）。照片还注明，大姑林泽民生女王孟瑜、王孟亮；二姑嫁郑家，生女友璋，二姑去世后由其父抚养成人，友璋嫁海军总长刘冠雄之子刘希泉等，这张照片摄于杭州官署，定格了林氏家族群英荟萃的瞬间。

1

林徽因在上海时期，林长民先后写给她的信共六封（1910年3月某日至1913年7月13日）。

林长民最早的一封信写于3月20日，彼时祖母游氏还在世，故推定为清宣统二年（1910），徽因时年六岁。信中说：

徽儿知悉：

得汝两信，我心甚喜。儿读书进益，又驯良，知道理，我尤爱汝。闻娘娘（林徽因生母何雪媛）往嘉兴，现已归否？趾趾闻甚可爱（林徽因胞妹麟趾，后夭折），尚有闹癖（脾）气否？望告我。祖父日来安好否？汝要好好讨老人欢喜。兹寄甜真酥糕一筒赏汝。我本期不及作长书，汝可禀告祖父母，我都安好。

父长民三月廿日

信后注：祖父指林孝恂，字伯颖，在家为长子，先辈逝世后，负担大家族生活，教书收入微薄，家计贫苦，光绪十五年（1889）进士，授翰林院编修，历任海宁、石门、仁和各州县。1914年因胆石病逝于北京西城前王恭厂胡同。曾资助青年赴日留学，这些青年后来多参加孙中山革命活动。林觉民、林尹民为广州黄花岗烈士。祖母游氏，晚年心脏病较重，1911年在杭州去世。趾趾，指林长民第二位夫人何雪媛所生第二个女孩，与林徽因同母，本名麟趾，又名灵芝，1913年随母来京，后病逝。

民国元年（1912）冬天，林长民在北京，时祖父与家人居沪。写信给林徽因说：

徽儿览此：

久不得来书，吾儿身体如何？读书如何？甚念！我近日益忙，少寄家信，祖父亦必以我为念，我在京一切安好，不知祖父大人安好否？天气已寒，祖父室内炉火常温否？吾儿当留心照应为念。娘娘近体如何？我安好，告娘娘安心。吾儿读书，有暇多寄我信。切切。

父字（1912）十二月十九日

此时林徽因已随祖父由杭州迁居上海老巴子路金益里（公益坊之误，在今四川北路989弄），入附近爱国小学读书。此年林长民一度在上海《申报》供职，二娘程桂林由彩票商人，北师大毕业的李孟鲁介绍认识并娶来。

第三封信林徽因注，"估计写于一九一三年"，信中说：

徽儿告之：

得汝来书，甚喜。娘娘信早已收到，我在京身体健康，家人勿念。汝好好读书，好好伺候祖父，至要！趾可爱否？

长民

1913年5月9日，此时林母何雪媛带徽因胞妹麟趾已来北京，林长民写信说：

徽儿知之：

两书俱悉。娘娘与趾妹来京都好，汝留沪读书留侍祖父大人，大是好儿子，我极爱汝。祖父愿来京，汝亦同来，京中亦有好学堂。我亦当延汉文先生教汝。现我新居左近，有一教会女学堂，当可附前，我事忙，不及多作书，汝当随寄信，兹寄去邮票五张，赏给汝，到即查收，即问家人都好。

父字五月二十九日

从信中得知，林长民与何雪媛已租住北京西城南河沿路（今佟麟阁路）南段路西前王恭厂胡同。这里曾是明代火药局所在地，天启六年五月初发生爆炸，房屋数万间被毁，死伤约两万人之多，顿时一片狼藉，明皇室只好另择火药局"吉地"，迁西直门内路北今桦皮厂街。中华人民共和国成立前，这里俗称棺材胡同，后改光彩胡同。信中还提到"教会女学堂"，应是南河沿南段路西85号"中华圣公会教主堂"附设的学堂。林长民为什么租此地居住？因为南河沿路路西是民国政府的参议院，路西南口是众议院。林长民作为参议院秘书长，后又担任众议院秘书长，到那里上班很方便。今天的尚座大厦，即是当年参议院旧址。他也曾在众议院担任过秘书长，从后王恭厂胡同出来，南拐向东经头发胡同便进入众议院（今新华社驻地）北门。

同年 6 月 24 日，林长民写信又说：

徽儿知之：

得汝书，知家事甚慰，惟祖父仍复多病，我不可去，家不能来，我心无一日安帖，汝当好好服侍祖父，我日来正当算迁家事，能规划停妥，当有人南下相接。汝可先看明祖父如何，先行告我。我在京，身体诸好，参议院事亦不甚忙，望家人放心，大姑姑（林泽民）病体好否……

六月二十四日父字

同年 7 月 13 日，林长民再次写信说：

徽儿览此：

连接汝来书，为娘（何雪媛）病极悬挂。汝孝顺可爱，娘病已愈，汝当安心，学堂考后当已放暑假，假中作何事？祖父今夏病体如何？能出门否？汝多陪祖父为要！我在京事虽忙身体却好，现已预备迎接祖父北来，且看实叔（林天民字希实）东京归时，如祖父能行，则家人可同来也。汝前失去金鍼（针）条，我当再买与汝，俟有便人到沪，我当欲寄此物件赏汝。趾趾近日已不心焦，家中无儿童辈与游，趾趾闷中，惟思食耳，我于屋中治一花园，铺草地约半亩，汝诸姊妹来时尽可游戏，四姊近日病体如何？大姑姑安好否？友璋姊极聪明，知道理。汝须好好学他（她），至嘱！母亲病如何？示我为要！

七月十三日父字

信中"四姊"林徽因注为王稚桃，本名王孟瑜。"友璋姊"，是其二姑去世后留下的女儿，先与林徽因诸姐妹一起住在祖父家，后由她的父亲抚养，长大后嫁海军总长刘冠雄之子刘希泉。

林长民在信中说："我于屋中治一花园，铺草地约半亩，汝诸姊妹来时尽可游戏。"我去前王恭厂胡同（光彩胡同）考察，胡同为东西向，仅两三百米长，东头路北有一宽敞大门，其他无此宽大院落，住户不晓得那个年代林家在此住过，且一脸茫然。

林徽因的祖父来北京前王恭厂胡同居住"不及三月"，因胆石症去世，后归葬于福州老家。

2

林徽因在北京、天津时期，保留了父亲给她的信十一封（1915年4月8日至1920年年初）。

这段时间民国政府事件频出，先后有袁世凯称帝、张勋拥清室复辟、段祺瑞执政等大事。林长民随着形势变化，并参与其中。民国三年（1914），他任政事堂参议、参政院代理秘书长，进步党政务部长；民国四年（1915）起，先后任国务院议员、法制局局长；民国六年（1917）七月，因反对张勋复辟，任段祺瑞内阁司法总长，三个月后辞职；民国七年（1918），任徐世昌总统府顾问和外交委员会事务主任，后又任"国联"同志会理事，此年与汤化龙、蓝公武赴日考察；民国九年（1920）春，偕女儿林徽因赴欧讲学和游历，第二年五月，又被推举为世界国际联盟总会中国首席代表，并多次出席会议。

1915年4月8日，林长民写信给林徽因说：

徽儿知悉：

接来信甚慰！津寓布置略妥，家人姑作安居，我在京亦无所苦，告家人放心。今派恩恩（徽因六伯之子）、龙喜运皮箱等件前往，到时各安置房中。木器运送不便，但可在津将就买用。我当陆续择要送去，家中大小但要保重身体，勿致疾痛累我，切切！京中房租本月末付，姑住此月满后再作计议。我本拟一两日到津，现有事不得行，且看几日再去。另交恩恩药水两瓶，系治癣之剂，似可用之于一切皮肤病，其中一种白者，极润肤，可告二娘（徽因注指程桂林，约在一九一二年或一九一三年成婚）试用。涂面用时，但以指头抹上（日两三次）。此药至不易得，须俭省用之。

其一种黄者，性极强，涂面恐过痛，告二娘先试之于两手患处，用时以笔点之，亦不可过多，此药易过气，故我改用玻璃塞口之瓶。笔蘸后立即关紧为要。天津天气如何？诸姑均安好否？为我道念。

竢庐老人手书　四月八日

林徽因在信后又注："洪宪帝制，全家徙居天津英租界红道路。"

1915年12月13日袁世凯称帝登极，今有人考证林长民是积极拥戴者，此时他担任参议院秘书长。在袁登极前的12月11日上午九时，他主持参议院召开会议，与会的各省"国民代表"计一千九百九十三人全部赞成君主立宪。林拿出事先准备好的拥戴书当场宣读，全体起立一致通过。然而八十三天后各省纷纷独立反对，袁世凯被迫取消帝制。在反袁声四起时，林长民把家安排到天津英租界，他又跑到南京与冯国璋联系，计议事后。

关于林徽因说的"全家徙居天津英租界红道路"，曾在天津南开中学读过书的林徽因的堂弟林宣则说："她家住天津英租界耀华里96号。"查天津老地图：耀华里在自北而南的营口道与从东而西的南京路的夹角处山西路西段，路南的六条街巷便是耀华里，全长146米，原名公学道，抗战胜利后改今名。此处房屋建于1902年，因城市改造今已全部拆除。

林徽因说的"红道路"应是红墙道之误，天津没有红道路。她为什么说"红道路"呢？因为营口道上分三段路，即红墙道、林森路和新华路，红墙道就在住地附近，把红墙道说成红道路也很自然，天津的路与北京不同，有的称道，有的称路，外来人一时很难记清楚。另外天津的道路是斜的，你到天津问路，只告诉你左右，不说南北东西，因而初到天津，方向感很不适应。林徽因那时年纪小，只住了几个月时间。林宣在南开中学读过书，对天津地理环境比较熟悉，地点又讲得很具体，应是可信的。林的注释只是个大概，方向还是对的，只是名字错了。

1917年4月19日，林长民给林徽因写信说：

得汝三信，知汝念我，我独居京寓，颇苦寂，但气体尚好耳，大姑丈（王永昕，字熙农，亦是福州人，晚清商部顾问之一，曾在参议院管财务），汝当已晤面，我拟俟大姑丈来后到津一行。书箱业已捆好，尚有器具数件，一两日内派恩恩运往，汝读书中辍，光阴可惜，书箱到时，当检出数种，为汝讲解，京中安谧，当不至有他虞，我亦一切慎重，家人放心为要。天气寒暖不定，诸人务当保体，勿使致疾。我目为风沙所侵，红肿不退，今日避风不出门，天阴庭阒，颇多感念，盼汝辈多与我书也。娘娘（何雪媛）二娘（程桂林）想都好，妹妹弟弟汝亦相帮照应，汝要笔墨纸张，我来时，当带与汝，余面告，此致，徽儿。

　　　　　父字（1917）四月十九日／二娘信，念与听之。

　　林徽因1916年秋与三位表姐入培华女中读书。今考培华女中是英国人于民国初年创办，日军占领北京后停办，地址在今新文化街路南40号，清克勤郡王府对过，二进院落，占地约一千五百平方米，1987年拆除，现为高层居民楼。此时林徽因胞妹麟趾已病逝。二娘程桂林生女林燕玉(1914—1950),生子林桓(1915—?)、次子林恒(1916—1941)。林徽因信后注："爹爹独居东城沟沿头。"又注"爹爹到津复同二娘回京"。

　　8月8日，林长民写信说：

　　连日来信，均已接及。二娘热度增高，至为悬念。我星期六方能到津，此信可示二娘，嘱其安心静养，我已有另函致田村（日人）院长，询问病情矣！此示徽儿。

　　　　　　　　　　　　　　　　　　父字八月八日

　　林徽因注：此信"写于一九一七年。民国五年（1916）举家返京。越年又迁居天津，惟徽独留京。适（张勋）复辟，徽乃同实叔（林天民）至津寓自来水路，诸姑偕诸姊继至，（父）从宁归，独回都"。此处林徽因说寓天津"自来水路"是天津自来水公司之误，天津没有自来水路。英商自来水公司办公地点在巴克斯道（今保定道），在耀华里北面的不远处。林徽因记忆有误。

据有关资料，说张勋复辟时，林长民赴南京见冯国璋，后参与段祺瑞驱逐张勋之役。

同日，林长民又寄信给林徽因说：

倾寄一快信，语有未详，连日汝来信，均未述及。二娘脉至甚盼函告。食量如何亦告我。燕玉信已收到，汝、姊妹、兄弟如此亲爱，我心甚喜。我星期六到津时当厚厚赏汝，并告燕玉勿闹勿哭也。此示，徽儿。

父字 八月八日

林徽因注："估计此信写于一九一七年。时天酷热，桓病新愈，燕玉及恒则哭啼无常，当至夜尤甚，不得睡。一夜月明，桓哭久，吾不忍听，起抱之徘徊廊外，一时许，桓始熟睡。乳媪粗心，任病孩久哭，思之可恨。燕玉哭闹几日，至是病矣。恒恒满头暑疮，多赖娘娘料理。匆匆结束归京，忙乱颠倒……民国六年（1917）举家又迁天津，爹爹由宁归，独回京。"

林长民同年8月15日又写信说：

本日晚适有要事，不能到津，二娘病体如已略好，我仍星期六来，可告之。我此间当在觅屋也。此示，徽儿。 父字 八月十五日 燕玉如有病，仍请田村大夫一诊为宜。

林长民上信的同月同日，再致信说：

徽儿知悉：

得十四日信，知二娘热度复高，甚为焦急，今决定星期日早车搬回北京，我于星期六晚车到津相接。信到即嘱恩官陈嬷先行预备，皮箱及随用物先结束，于星期五搬回。其余书箱、木器及柜中瓷器等件，姑俟以后再搬。明日（星期四）我先派人（龙喜或温瑞）到津帮忙。

皮箱等物运京时，但令龙喜押送可也。恩官仍留津候我，以备人口行时照顾一切。此信可先告二娘安心。诸事汝细心吩咐至要！燕玉病或先请田村一诊。 八月十五日 结束皮箱时，二娘不可多管，病体不能耐也。

林长民第二天又写信给林徽因。信中说：

遣龙喜到津，帮同恩恩结束行李，明日可会龙喜押运来京。铁床运两架，楼上一架，娘娘一架。此示，徽儿。

　　　　　　父字 八月十六日

　　　　　　二娘病情如何，仍随时告我。

1917年，林长民辞司法总长职务。第二年3月24日与汤化龙、蓝公武赴日游历，4月16日，林长民从日本给林徽因写信说：

徽儿知悉：

得来信甚慰，我不在家，汝能为我照应一切，我甚喜也。我在此当有月余日之滞。俟实叔（林天民）来会或可同回京，我身体安善，汝可放心，家中应欲告二娘，不必省费，凉棚如须早搭可照搭，如天气尚未甚暖，则稍缓，我归或迁居也。我致二娘信，汝可取阅。

父字 四月十六日

林徽因注："民国七年（1918），爹爹赴日，家人仍寓南府口织女桥（西街），徽自信能担任编字画目录，及爹爹归，取阅，以为不适用，颇暗惭。"

林长民在迁居天津英租界时，便有搬离织女桥住所之念，在给徽因的信中也提到正在觅新住处。林徽因信后注："仍寓南府口织女桥（西街）"，看来已在此住了一段时间，这是林长民在北京的第二个住所。林徽因讲到的南府口和织女桥，是不远处的两个地方，她家居处所在的地名，今天已不复见。从20世纪30年代北京老街道图看，南长街南口至中南海东门是一块方方正正的居民区，那时南长街至长安街无大道通行。织女桥在今中南海东门处，牛郎桥在天安门南河沿菖蒲河处，皆是明朱棣帝所建，河水从中南海流水音出来向东，经织女桥顺中山公园西墙南行，再东拐到天安门金水桥向东流去。织女桥1918年改建成三孔桥，它的南面是猪肉下坡，再南面是织女桥西街、织女桥中街，20世纪初织女桥至南长街打通，西街、中街皆不存。西街的西南面是清代康熙年间供皇家演戏的南府乐部（升平署）。

林家住在织女桥西街，林徽因到石驸马大街（今新文化街）

培华女中上学路途不近，她的大姑林泽民家住今人民大会堂西侧的旧帘子胡同，四姑林丘民住织女桥东河沿胡同，今仍在。距织女桥西街都很近，四位表姐妹都在培华女中上学，可结伴同行，亦可乘人力车接送。1914 年至 1915 年打通了南长街那段路，并在南口修建了一座今天仍可见到的高大拱门，门楣上镌刻着"南长街"三个大字，是民国初年的产物。中华人民共和国成立后河水改明为暗道，1966—1976 年间织女桥被拆除。中华人民共和国成立后南府乐部也改为中学，今已被高墙遮蔽；织女桥东南面胡同口标着"织女桥东河沿"铁牌，林徽因四姑丈曾仙舟（开养蜂公司，还办养蜂杂志）家居东河沿，表妹曾语儿后来嫁北大教授温源宁，继承了曾家财产（徐志摩因此大为感慨）。

1918 年 4 月 16 日，林长民在日本再次给林徽因写信，介绍他的游踪。信中说：

> 我到东京后酬应过多，此十余日间，自早至晚，均为酒食所困，二十（日）后拟到箱根一避，月梢回东京，来月再到各地视察，每到游览胜地，悔未携汝来观，每到宴会，又幸汝未来同受困也。

同年 5 月 19 日，林长民在日本再给林徽因写信说：

> 徽儿知悉：
>
> 得书并大姑姑（林泽民）手书，至感。我本拟速归，有未了事，故延缓至今，留以凤患耳。鼻症拟趁此根治，于本月十六日施用手术，不觉痛苦，惟手术后精神颇疲惫，现已过三日，尚有余

血未止，刀口未全复。约一星期后可照常也，实叔来此十余日。

忽得福州家电其长女樱子患急性肺炎，遽殇。实叔赶归，此症幸非传染病，我亦示沮之。我归期约在月梢，唔诸姑为我道及。

竦庐 五月十九日

林徽因注："樱子（林天民之女）可爱，得此消息至心痛。民国七年（1918）爹爹赴日，家人在京。"

1920年春，林长民赴欧考察前，写信给林徽因（另据材料补入）说：

我此次远游携汝同行。第一要汝多观察诸国事务增长见识。第二要汝近我身边能领悟我的胸次怀抱……第三要汝暂时离去家庭繁琐生活，俾得扩大眼光，养成将来改良社会的见解和能力。

此后不久，林长民即携林徽因赴英。

3

林徽因在英伦时期，保留了父亲给她的五封信和一册日记（时间是1920年3月3日至1921年8月31日）。

1920年3月3日，林长民从法国给林徽因写信说：

前片当已收到，在此适值使领馆对付勤工学生事，访人多不得见，诸事尚待接洽，大约须星期日方得归。日本驻法大使请我晚餐，我来此无酬应，不知日使从何探得吾踪，真灵敏矣！

林徽因注："约一九一九或一九二〇（应为一九二〇年），爹爹赴瑞开国际联盟会，从法归英（寓阿门二十七）。"

1920 年 8 月 7 日（欧洲暑期大都放假休息，不营业），林长民带林徽因从伦敦 Ormonde Gate 旅馆出发，前往欧洲大陆游览，9 月 15 日回到伦敦。这次游行历时一个多月，林长民专门写了游览日记，记下了父女二人的行踪。林徽因女儿梁再冰在纪念母亲百年诞辰时，根据日记记载，简要做了回忆。

这本日记生动地描绘了父女二人在第一次世界大战后，欧洲的情况和生活给他们留下的深刻印象。今天看来，不失为一份宝贵的史料。

1921 年 6 月 15 日，林长民从瑞士给在伦敦圣玛丽（女子）学院读书的林徽因写长信说：

徽女爱览：

桐湖之游，已五昼夜。希提芬 Hilteflngen 一小村落，清幽绝俗，吾已欲仙。去年游湖，想汝所记忆者，亭榭傍水，垂柳压檐，扁舟摇桨，烟霭深碧，而我今日所居，其景物又别。楼高不如 Axen Stien，而收揽全湖，如披长卷。楼两层，所有径通出湖岸，径植诸卉，杂以松杉，美蕉美萱美菖蒲，热带植物香馥，长袂衣袖，此则欧土罕见者，玫瑰碟堇则遍地矣。茶室临水，吾儿所能想象，楼窗正对聂生山，山顶积雪无多，然夕阳渲染，暮云映带，有时亦作玛瑙苍玉，颜色极其变灭，能视远峰，若 Sungbran，若 manch，望四千米突以上。其血色晶莹，朝敦晚霞，随时粉黛燕支，穷极艳冶，非吾所能殚述，湖静悄，类宫苑池塘，泛舟一二时间至不逢一来棹，我前记所谓若吾所私有者是也。旅舍住客不过数人，皆白头老妪，无一能操英语。女佣二三，饭后游戏，隔林闻语……自影至暮。吾唇吻，除饮啖外，竟未曾动。然供备如例，无待使令，惟晚凉唤船，需人相助，居亭有女，略晓吾意，能为我解缆系缆耳。

我荡桨也渐娴，此技大与汝一竞。希提芬更在桐湖西北岸……吾亦偶得来其间，凡去年涉足处，皆已一一重访。此等游览，无足动我感念。但人生踪迹，或一过不再来，或无端而数至，尽属偶然，思之亦良有意味。吾与此湖山既生爱恋，深祝偶然之事能再续此缘。

晨起推窗，湖光满目，吾双睛如浸入玻璃。书此相示，禽声宛转，通晓未歇，似催我赶付早邮也。

十年（1921）六月十五日　父寄

1921 年 8 月 24 日，林长民自伦敦给在英国南海边与柏烈特一家避暑的女儿徽因写信说：

得汝来信，未即复。汝行后，我无甚事，亦不甚闲，匆匆过了一星期，今日起实行整理归装。

"波罗加"船展期至十月十四日始开，如是则行李亦可少缓。汝若觉得海滨快意，可待至九月七八日，与柏烈特一家人同归。此间租屋，十四日满期，行李能于十二三日发出为便，想汝归来后，结束余件当无不及也。九月十四日以后，汝可住柏烈特家，此意先与说及，我何适，尚未定，但欲一身轻快随便游行，用费亦可较省。老斐理璞尚未来，我意不欲多劳动他。此间余务有其女帮助足矣。但为远归留别，姑俟临去时，图一晤，已嘱其不必急来。其女九月梢入戏剧训练处，汝更少伴，故尤以住柏家为宜，我即他住。将届开船时，还是到伦敦与汝一起赴法，一切较便，但手边行李较之寻常旅行不免稍多，姑到临时再图布（部）署。盼汝涉泳日谙，心身俱适。

八月二十四日

父手书

林徽因注："斐理璞母女（住）吾家一载，是时母适北行，故爹爹有尚未来之语。一千九百二十一年夏，徽同柏烈特全家赴英南海边避暑，爹爹未去，独居伦敦。"

8月25日，林长民又寄书说：

昨函计达，汝日来想游泳有进，我前允受 Cad buny（克柏利柯）招待，今已定于星期四日与璧醒前往，计期正是九月一日，大约星期六日归。汝若愿与柏烈特家人同回，自无问题，如适于九月一二日归，恐我尚在 Birmingham 也，似以少迟为妙。璧母我已去函请其不必着急，但俟我父女将行时，来此一别可也。整装诸务，亦颇简单，我不欲多劳他，柏氏家人为我道好。

八月二十五日

父手书

林徽因注："克柏利柯：糖厂主，与璧醍、斐理璞为姻戚。一年来，徽所吃柯柯糖不下三木箱，皆克柏利氏或弗莱氏出品。"

8月31日，林长民再致林徽因信说：

> 读汝致璧醍函，我亦正盼汝早归。前书所云与柏烈特家同回者，如汝多尽数日游兴耳，今我已约泰晤士报馆监六号来午饭（函中述及汝），汝五号能归为妙。报馆组织不可不观，午饭时可与商定参观时日。柏烈特处，我懒致信，汝可先传吾意，并云九月十四日以后我如他适，或暂置汝其家，一切俟我与之面晤时决之。先谢其待汝殷勤之谊。
>
> 八月三十一日 父手书

林徽因注："柏烈特为医士，有五女，徽离英前，居其家月余。极承亲切照料。"

4

最后一部分，林徽因保存的信共三封（1923年8月15日至1925年4月11日），是林长民自北京写给赴美留学的林徽因的，其中两封是赴美前由天津写给林徽因与诸弟妹的。

1923年8月，林长民有南游浙江之行。8月15日，他写信给诸子女说：

> 徽、燕（玉）、桓、恒诸儿知悉：得燕、桓、恒来信，知家中诸好，我行期尚未定，在津亦无多事，颇沉闷。日日念汝等，

不知思成步履较好否？日来天气渐凉，身体注意，晚睡勿受寒，燕（玉）等备考功课如何？何日考试？桓写字多误，自己之名，反写为"恒"，该打。

八月十五日 父字

第二天，林长民又写信给林徽因说：

徽儿爱览：

到津六七日，不知所作何事，意在南行，而待人同行，遂致迟延，南去又忙，本心迁延亦遂"不在乎"，所尤游也，住李十一家，十一赴大连，老七留二娘多住数日，亦觉"便当"，二娘昨有小病，故亦迟延不归。此种"居住无成心"是我生平第一次经验。现拟再迟三四日一定南下，我既不合在北，又未必得志于南。此去只可尽量豪游，西湖、富春、莫干山，皆拟小住。归期殊未可计。二娘约三四日后返京，诸弟妹想皆安好。夜眠寒暖，告诸媪善调护之。燕玉来信，用文言当顺适，恒说"我正是天天想着你哩"，桓说"家里哪一个不挂念你？"两人口吻不同，奇妙。有人教他否？莫是思成作"枪手"……渠近日作何感想？悲观乐观，拟行云流水若我？汝感想又如何？亡猫知返，汝定乐观也。老三已收得肉松，携赴北戴河矣。志摩一日约来不来，不谂何故？晤时问问。

双栝讬叟 八月十六日

据徐志摩《西湖记》载，林长民这次南下，适逢志摩祖母病故，他有信给志摩，并致慰问。

1924年6月，林徽因送泰戈尔、徐志摩西去太原，然后转上海赴日本考察。不久林徽因与梁思成由上海双双赴美留学。

1925年4月11日，林长民自辽宁营口致信在美国读书的林徽因。信中说：

> 我自接汝一月十日来函后，至今未得只字，所有寄予及我自己各信，转去各信，均不得复。
>
> 徽其病耶？其置我不理耶，拟有别情耶？我悬念不可名状，如何？望即复。我身体诸好，诸事虽不顺遂，亦尚有前路可行。家人平安，营口之业，仅可支持，不算全败。惟亘（林天民子）汇文（中学）又被革，好逞犯规，豫戒不悟，终至退学，现在家无事，颇难安置，此事使我更气。
>
> 　　　　　四月十一日 老栝 徽女爱览，勿忘乃父悬念

林徽因注："亘，指林亘，后改名林车，是天民二叔的长子。"

关于林徽因接函不复，从梁启超给子女的信中得知，似乎林徽因与梁思成入宾夕法尼亚大学不久便因性格不合发生了矛盾，"去年便有几个月在刀山剑树上过活！这种地狱比城隍庙十王殿里画出来还可怕"。本来对林徽因有成见的梁思顺，此时也参与进来。直到这年5月，经梁启超、林长民从中斡旋，事情才平息。有材料说，林长民此年初借赴美之机，到学校看望过林徽因和梁思成，但从来信和林长民给梁思成信看，未看到有文字述及。从这封信看，林徽因对父亲林长民似乎也产生了隔膜。

这年12月，林长民受东北军郭松龄之邀，赴滦州加入郭部

举兵反奉，一时气势如虹，直达张作霖的老巢沈阳附近，由于日本武力干涉和郭部有内奸倒戈，导致形势逆转，当退至沈阳西南苏家窝棚时，郭松龄夫妇在卫兵搀扶下躲进一户人家的菜窖。毫无战争经验的林长民见追兵杀来，慌忙躲到大车底下，处于双方交战的火力网之中，顷刻间便身中数弹致重伤，奉军骑兵王永清跑去一看，此人只穿一件白色单衣，身上棉衣等物均已被扒光，一脸胡子很像日本人，他请示师长穆春，即下令拖至村外，用高粱秆浇煤油将人活活烧死。然而张作霖并不知此事，后来还发通缉令要捉拿林长民归案。

林长民之死震动京城，很多人为他的死而惋惜。林长民的姐丈王熙农、姐姐林泽民从西城旧帘子胡同赶到北海东门雪池胡同2号家中，和林长民的几个姊妹等一起处理后事，三进院落挽幛挽联如雪，窸窣作响，一片悲哀之情，中院那两株桲树也在料峭的寒风中瑟瑟发抖。在林长民生前，徐志摩是林家常客，骤遇此事，他数次进出帮助处理琐事。梁启超这位未来的亲家，知林长民身后没有什么积蓄，与王熙农、林天民等一起研究，为林长民的两位妻子和后人向有关部门争取抚恤，以及安排回福州老家居住等事，林天民也给远在美国读书的林徽因发电通报其父亡故经过。梁启超还以林母何雪媛之名写信劝林徽因不用回京奔丧。

举丧期间，林长民在京城的许多友人为他致哀。章士钊的挽联是：

处世惟不说假话最难，刻意存真，吾党之中君第一；

从政以自殉其身为了，无端共难，人生到此道宁论。

梁启超的挽联是：

天所废，孰能兴，十年补葺艰难，直愚公移山而已；
均是死，容何择，一朝感激义气，竟舍身饲虎为之。

著名诗人，福建同乡陈石遗写了挽诗《哀宗孟》，诗中叹息：
"前年饭君家，举家坐上陪""投笔忽从戎，又非军旅才""才
命不相副，见才即祸胎"。

徐志摩没有写诗，却写出了"辽原白雪葬华颠"的散文名篇
《伤双栝老人》。文中说：

志摩是你的一个忘年的小友。我不来敷陈你的事功，不来历
数你的言行；我也不来再加一份涕泪吊你最后的惨变。魂兮归来！
此时在一个风满天的深夜握笔，就只两件事闪闪的在我心头：一
是你的谐趣天成的风怀，一是鬓年失怙的诸弟妹，他们，你在时，
那一息不是你的关切，便如今，料想你彷徨的阴魂也常在他们的
身畔飘逗。平时相见，我倾倒你的语妙，往往含笑静听，不叫我
的笨涩羼杂你的莹彻，但此后，可恨这生死间无情的阻隔，我再
没有那样的清福了……

最可怜是远在海外的徽徽，她，你曾经对我说，是你唯一的
知己；你，她也曾对我说，是她唯一的知己……但如今，说也可怜，
一切都成了梦幻，隔着这万里途程，她那弱小的心灵如何载得起
这奇重的哀惨！这终天的缺陷，叫她问谁补去？

林长民在这场战争中做了军阀混战的牺牲品。他的最大短处是不懂军事，这恰恰触碰到他性格中忌讳的痛点。梁启超曾劝说过他，然而他的功利心占据了上风，以致造成人生无可挽回的终天大错。

林长民走了，他只在世上走过短短四十九年。在追求政治抱负和书法艺术之外，他的情怀所系还是家庭与子女之爱。尤其是对长女林徽因的引导、关爱，给予和期待最多，下力最重，几乎倾注了他的全部心血，直到林徽因成年他还关注着她的人生幸福。

而作为女儿的林徽因，一生崇拜的当然也是她的父亲。林长民生前说过："做一个有天才的女儿的父亲，不是容易享的福。"这不仅仅是因为他们有着不可分割的血缘关系，流淌在他们的根脉，更重要的是，他们是非同寻常的父女。他最早发现女儿的才情和智慧，渗透着生命无可限量的品质。有天才的父亲，才有天才的女儿，这是人生比什么都重要的宝藏。

然而，父亲林长民的骤然离世，给未能完全独立生存的林徽因带来天裂般的打击，这是人生无法割舍的惨痛。当叔叔林天民的电报传来时，她悲恸欲绝，孤衾无泪，平生第一次尝到血的滋味，那血仿佛从心里流出，命运的绳索紧紧扼住了她的喉咙。她五内俱焚，彻夜难眠，无论如何也承受不了这巨大的打击。

此刻的林徽因，无时不牵挂着她孤独的母亲，又惦念着几个幼小的异母弟妹，以及全家今后的生计。她执意要回国去，无奈又遭到梁启超频频电阻，一会儿说母亲不让她回去，一会儿又说福建匪祸迭起，"回来也只能蹲在北京"。这个"蹲"字不是什么好话。后来她又想回去考取清华官费生，或停学打工一年。又被梁启超以答应筹款为由劝阻。出身名门的林徽因，如落彀中，动弹不得，深感失去父亲的无奈。

她还强烈地思念着雪池胡同西面北海的白塔和已经易主的雪池故宅的院落，并让胡适转告曾做过弟妹家教的凌叔华，为她拍几张照片寄她留作纪念。1927年年初，胡适访问美国时，二人有过一次畅叙，她还未走出父亲亡故的阴影。她对胡适说：她在美"还要充军一年半，不由得不害怕呀"，心中充满了惆怅和恐惧。

雪池胡同的院子今天还在，中华人民共和国成立后先做幼儿园后改成敬老院，2003年照原样做过一次翻修。是个三进院落：大门坐东面西，一进是南三北四间对望的两幢屋子，院子呈V形；二进是一正两厢宽敞方正院落；三进是后院，东屋四间，是一个很窄的南北条院，当年由林母和女佣居住。

林徽因没有辜负父亲的期待。从1931年春开始诗文创作，竟一发而不可收，很快写出一批风格独特的作品，被文坛称为"一代才女"。她从少年时代起，受英国女友的影响，选定以建筑为终身事业，领国内时代风气之先，不管在困难当头，还是疾病缠身之时，她都矢志不移。父亲当年植下的这株幼苗，终于长成一棵参天碧树。她殚精竭虑为新生的共和国而歌，成为国徽和人民英雄纪念碑的主要设计者，终获天道酬勤的厚报，捧出生命的一份辉煌。如果她的父亲林长民天上有知，定会为他的慧眼识珠而骄傲。

二、一起长大的堂弟林宣

1

　　林宣是林徽因叔父林天民与王氏所生之子，因母亲早逝，到祖父母膝下生活。

　　林天民在日本留学时，又娶了日本妻子竹村淳美，生了林瓦、樱子、东皇、新枝、新声、慧玉、熏子一堆儿女。据林新声（福州政协委员）说，抗战胜利后，凡在中国的日本人都要回国，竹村淳美提出要带一个儿子回日本，林家不允，最后带了一个女儿回到日本。中日建交后，林天民的子女才与是日本人的母亲取得了联系。

　　林宣说，他1912年随祖父林孝恂由杭州迁居上海，住在老巴子路（今四川北路）公益坊 989 弄，与林徽因和祖父母生活在一起。祖母游氏 1911 年因病去世。她生前喜爱书法，临《黄庭经》颇有造诣。1914 年与祖父迁来北京，与伯父林长民一家同住。家在西城前王恭厂（今佟麟阁路西光彩胡同）。前王恭厂东边即是"民国会议场"，林长民曾任政事堂参议、参政院代理秘书长，到那里上班很近（此后参政院归北大四院，中华人民共和国成立后是新华社所在地）。祖父林孝恂到京不到三个月，因胆石症病故。后归葬福州老家。

1916 年秋，林长民全家迁居南府口（今南长街）御沟河织女桥西街。西街、中街早已不存，织女桥 1966—1976 年间被埋入地下。那时，织女桥南北没有打通，有西街、中街和东河沿三条小街，皆在织女桥南（20 世纪 20 年代南北打通）。林徽因这一年入培华女子中学读书。这所学校 1914 年由英人创办，与贝满中学齐名，1937 年北京沦陷后停办。经我考证并走访，其具体位置在石驸马大街克勤郡王府对面，占地约一千五百平方米，是一座两进院落的二层小楼。中华人民共和国成立后成了总参的职工宿舍。改革开放后与北京市二轻局的粮油店一起拆除，合盖成一座高层居民大楼，今门牌是新文化街路南 40 号。

林孝恂逝后不久，北京发生了袁世凯称帝、张勋复辟等事件，林宣一度离开北京，二十岁时（1923）他又回到伯父林长民家居住，与林徽因及其弟妹住在一起。林宣说，林徽因与表姐妹王孟瑜、王孟亮、曾语儿四人，不仅长得好看，而且出门穿一样的衣服，所以引人注目，常有闲人盯梢，还有的偷拍她们的照片。她们去中山公园，我有时候跟她们一起出门当保镖。因我爱好体育，身材长得高大，不让闲人靠近她们。

小时在北京，住在北海东门路北不远处的雪池胡同，是个坐东面西的三进院落。林长民住院子一进的北房，南房是林长民的书房，叫桂林一枝室；二进是方方正正的院落，还有东西配房，正房是三夫人程桂林和孩子们的住所；三进是一排东房，房前一个条形小院，很窄，二夫人何雪媛和用人住于此。程桂林很精明，有钱就捞，她对二夫人何雪媛比较欺，何有寄人篱下之感？林徽因看到程桂林生的第三个儿子林暄的眼睛就有点怕，因为林暄的眼睛长得很像他的母亲程桂林。

林孝恂在杭州时积蓄下几万元钱，全都投到商务印书馆。商务印书馆总经理李伯少（可能是李拔可，号宣龚，也是福州人），大姑林泽民家的王孟瑜、王孟亮后来都嫁给了李家。曾语儿嫁给北大教授温源宁。林徽因的胞妹麟趾长得比她还好看，1916 年夭折。

2

1924 年，林徽因、梁思成赴美留学，他们是从上海坐船走的。那时林宣在上海，大家都为他们设宴送行，接连几天的宴会林宣都参加了。走时有车送他们到杨树浦码头登船，因车坐不下他就未去。

1925 年冬，林长民应郭松龄之邀，起兵反奉，战败后在乱军中遇难。林家有个门管叫荣福，是个旗人，林长民的字，他常偷偷地藏起来，据为己有，是个势利小人。林长民遇难后，林家变卖家产回福州，这所院落就是被荣福买去的。他买了后以儿子结婚为由，限令原主人搬出去。然而不久前的中秋节，他在林长民面前还是一副奴才相，主人不在了，他马上变脸。

1928 年，梁思成、林徽因毕业，在加拿大渥太华结婚，后周游欧洲，回国后在梁启超的安排下去了沈阳东北大学任教。林徽因回福州探亲，并将其母何雪媛接到沈阳一起居住。

1930 年，林宣正在天津南开中学文科读书，林徽因动员他报考了东北大学建筑系。林宣到东大后，从建筑系一年级读起。

东北大学创办于 1923 年，第一、二任校长分别是王永江和刘尚清，均是奉天省人。1928 年，东北保安总司令张学良兼任东大第三任校长。同年 8 月，工学院增加建筑系，梁思成任主任。第一学期只有梁思成和林徽因；第二学期陈植、童寯和蔡方荫先后来校任教。建筑系前后共招三届学生，第一届有刘致平、郭毓麟等十人；第二届有刘鸿典、梁思敬等九人；第三届有林宣、张镈等十四人。

梁思成主讲西洋建筑史和一门更重要的课——初步设计。其他任课教师有童寯、陈植、林徽因等。一年级时，林徽因指导林宣等学习初步设计，还任课雕饰、专业英语和古典文学。每周六个学时，在林徽因倡导下又加了一个学时。林宣记得还学过《威尼斯商人》。林徽因特别强调，建筑史学者的基本功在于精确断代。以辽构（蓟县独乐寺山门）为例：它具唐建许多特征，可以对照大雁塔雕像佛殿图来验证。林徽因的选例、取材十分恰当，其原则为"取精用宏",贵在同一材料能说明更多问题。蓟县独乐寺山门充分反映了唐代建筑风格,如开间规律、举折平缓和彻上明造等要点。

林徽因常谈,中国建筑自古优先发展大木结构,反映的是宋制。但砖石结构随时代有相应发展,至明初有较高的水平。她还指出,明代须弥座的典型文样为花结带;石栏杆造型特点栏杆柱为直上直下,栏板断面呈梯形,在接合的地方出现一条斜阴影。清代的石栏杆就缺少这样的优点与效应。可见其观察精细。

在东大一年级上学期,经林徽因力争,从六节英语选修中,拿出一节讲专业英语。虽学时很少,但投入备课的时间不少。她曾对林宣试讲,给他吃小灶,林宣至今记忆犹新。

在此期间,东北大学的校徽是林徽因用一个晚上画出来的,有白山、黑水和盾牌,还得了三百元的奖金。

林徽因到东北大学教书心有忌惮,主要原因是其父反对过张作霖,张学良兼东大校长,专横跋扈,她心里不大高兴,但对教学还是很认真的。

初到东大,清华出身的高惜冰是工学院院长,不久就被调走了,这一职务由孙国封接任,孙是东北人,排斥关内来的教职工和学生。童寯是个好人,他是梁思成(宾大)的好友,却不明就里当了孙的"棍子",来排斥梁思成。不久陈植去了上海。九一八之前数月日军侵华已剑拔弩张,驻沈阳的守军也暗中进行备战。林徽因借寒假回北平看病,后到香山养病,从此再未回东大。这年4月,梁思成也辞去东大教职,回北平加入中国营造学社。林宣清楚地记得，这年的第二学期最后一次设计课，题目是《风景点和小茶室》，之后就准备回北平了。

梁、林走后，建筑系由童寯接任。1931年九一八事变后，建筑系停办。剩下的学生由童寯带到上海，童寯呼吁建筑界好友义务给学生上课，历时两年完成学业。当建筑系第一届本科学生毕业时，梁思成、林徽因写去三千字的长信，给予热烈的祝贺和鼓励。刘致平、郭毓麟等由陈植、童寯安排在华盖事务所；第三届学生进关后也受到童寯解囊相助，张镈、唐璞、林宣、费康、曾子泉这五人转到南京中央大学继续读书，直到1934年毕业。

3

1931年春，林徽因在香山来清轩养病，不是香山双清别墅，是在别墅北面几十米斜坡上一排平房里，房前有一条大走廊。林母也跟去一起住。林徽因住第一间，林母住第二间，两个孩子和用人住第三间，第四间是厨房。徐志摩每次到香山看望林徽因，都叫林宣作陪，他们俩住在香山的甘露宾馆。每天吃了早饭就去林徽因住处，午、晚饭去双清别墅用餐，吃厨子做的西菜，夜里二人回宾馆去住。徐志摩去看林徽因，他们主要是谈文学。林宣有时在一边儿看书，有时也在房边听听。徐志摩在英国初识林徽因时，就常常为她买书送书，借机来往加深友情，徐志摩在香山亦是如此。二人喜欢的作品有拜伦、雪莱、勃朗宁等。林徽因受徐志摩影响最大的是诗，他们在这方面共同兴趣也最多。

沈从文也随徐志摩去香山看林徽因，沈经济比较困难，林徽因有意接济他，又怕沈从文不肯要，伤他的自尊心，就借沈从文的书看，而后让林宣送还沈从文，书里夹着钱。林宣记得有两回，第二回是五十元。有一回林徽因向沈从文要一本他的新作，而沈只有一本，他本打算送给冰心，并且已经写上了字，"送给诗人"，只是还没写上"冰心"二字。沈从文脑子转得很快，就在这四个字前后又添了几个字，改成"与其送给诗人，不如送给诗一样的人"。

林徽因在香山住处环境清幽，不时诗兴勃发，写下了不少诗。她写诗常常是在晚上，还要点上一炷清香，瓶里插上一朵莲花（是林徽因让林宣从池塘里采来的），她穿一袭白绸睡袍，在清风里挥洒她的诗思。林徽因对自己那一身打扮和形象非常陶醉，曾说我要是个男的，看一眼就会晕倒。梁思成在一旁打趣，我看了就没有晕倒，与她唱反调。林徽因听了非常生气，说他哪里会欣赏美。

林徽因是个喜欢热闹的人，更喜欢被人称赞。在静谧的香山养病，生活得十分寂寞，每周只坐车回城一次。在女人面前极会献殷勤的徐志摩，每次到香山看望，都会给林徽因带来许多慰藉与欢喜。

林徽因经常拿英诗给林宣读，有勃朗宁、拜伦、济慈等。她也教林宣读古诗，如王维的"闭户著书多岁月，种松皆老作龙鳞"。她还让林宣解诗，并且给打分，用的是五分制。她的审美标准很高，趣味高尚。艺术渗透到她生活的各个角落。她喜欢古诗，与她的建筑专业有关。后来林宣学了建筑，与林徽因的影响有关。她说，

《诗经·斯干》中"殖殖其庭，有觉其楹"这八个字，把建筑空间体现出来了。还有《诗经·击鼓》。她给林宣讲，中国建筑庭院空间的历史嬗变。宋以前没有院子，唐朝也只有中庭。建筑大量用院子，到了宋代才有。这样考据，大概是深受梁启超的影响。

林徽因和梁思成结婚后，家庭生活仿佛充满了矛盾。抗战以后生活艰苦了，矛盾倒反而减少了。在性格上两个人很合不来，梁思成太理智，林徽因是艺术气质很强的人。梁思成说："名与利，我皆不可好。要好的话，好名强于好利。好名有所不为，好利有所为。"梁思成与林徽因在一起，处处让着林徽因，经常默不作声，林徽因对此很反感。

1931 年 11 月 19 日，徐志摩由南京乘邮件飞机北返，到协和小礼堂听林徽因为驻华使节讲演中国古代建筑，不幸在山东济南党家庄附近因飞机失事遇难。梁思成、张奚若、金岳霖赴济南处理徐志摩后事，梁思成回北平时捡回一小块飞机残片，给林徽因保存做纪念，寄托哀思。许多报刊传林徽因将飞机残片挂在卧室墙上直到病逝。林宣说，林徽因保存飞机残片确有其事。但不是一块，而是两块，并且都是梁思成取回的。一次是抗战期间，林徽因当飞行员的胞弟林恒在四川成都对日空战中阵亡，梁思成参与后事处理带回的。另一次即徐志摩出事时，林徽因叫梁思成赶去济南时取回的。林宣说两块残片他都见过，有烧焦的痕迹，她用黄绫扎着，放置的地方并不固定。

4

1946 年，东北大学由重庆三台迁回沈阳。此前成立东北临时大学补习班，收容伪满时期各大专院校在校生，全部并入东大，按个人志愿和专业分别插入相关院系和班级。时任校长臧启芳。复校后恢复建筑系，主任先后是王之英和赵冬日。

北平解放后，东北大学解体，文、法、理科到吉林成立长春大学。工学院留在沈阳成立沈阳工学院，后改为东北工学院，建筑系主任为郭毓麟。林宣、刘鸿典等在此任教，到 1956 年，共毕业六个班。

1954 年暑假结束时，林徽因和林宣最后一次见面，林徽因好像要对林宣说许多话，然而，最后林徽因只说了一件事：我的精力实在不够用了，请你回去开始进行我们共同拟定的《文学研究命题》。即《诗经》中的近代语言。要林宣立即开始"《诗经》《楚辞》中的近代语言研究"。

1955 年 4 月 1 日，林徽因在北京病逝。

林宣和林徽因都因父亲再娶，在祖父身边长大。在祖父林孝恂去世后，林徽因对林宣百般呵护，指导他走进同一建筑领域，成为高等院校建筑专业的教育工作者。林宣自称，他的成长进步和个人生活都是在堂姐林徽因亲自指导下完成的。

岁月悠悠。林徽因短短五十余年人生，他们姐弟手足情深，无论困苦与成就，林宣不仅是一个见证者，而且也是在堂姐的指导下完成了学业和事业。

1956 年，根据高教部的指示，以东北工学院建筑系的四个专业为基础，组成西安建筑工程学院建筑系，林宣和刘鸿典等教授由东北调往西安任教，直到退休，为国家培养了一批又一批建筑人才。

2004 年，林宣走完了漫长的一生，终年九十三岁。

三、志摩一生未了情

1

徐志摩和林徽因相识，是在由美转英刚入伦敦大学政治经济学院那一年的岁末年初。

1920 年 9 月，为了从罗素学习哲学，他不惜放弃哥伦比亚大学博士头衔的引诱，与好友刘叔和一起买棹东下，漂过大西洋的惊涛骇浪，去跟 20 世纪的伏尔泰，认真读一点书去。然而，让徐志摩没有想到的是，罗素被剑桥三一学院除名，已去中国讲学。无奈之下只得入伦敦大学政治经济学院，师从拉斯基教授学习政治、社会学，攻读博士学位。

徐志摩在《吊刘叔和》一文中说，在经济学院饭厅里，经刘叔和介绍，认识了在该校就读的江苏籍学生陈源。又与陈源、傅斯年同住在"伦敦东南隅的陋巷，点煤汽油灯的斗室里，真不知有多少次借光柏拉图与卢骚和斯宾塞的迷力"，他们经常如一窜野火般论战，吵得不可开交时，"劈头下去了一剪冷水，两窜野火都吃了一惊，暂时翳了回去。那一剪冷水就是通伯；他是出名浇水的圣手"。

这个陈通伯原名陈源，1896年生于江苏无锡姚家湾村，十四岁时从上海南洋公学附小毕业，十六岁来英读书，修完中学后入爱丁堡大学，之后又进伦敦大学读博士。后来回国在北大任教时，因以西滢为笔名与鲁迅论战而驰名文坛。

在伦敦，徐志摩通过章士钊和陈源，认识了英国著名小说家、历史学家威尔斯，又经威尔斯认识了大英博物馆研究中国文学的魏雷和诗人卞因。他与魏雷时相过从，直到回国多年还保持着通信联系。

在伦敦的中国人中，他又通过陈源，认识了政坛名人林长民和他的女儿林徽因。

林长民是福建闽侯人，1876年生，字宗孟，号双栝庐主人。曾留学日本早稻田大学学习政治和法律，回国后创办并执教福州法政学堂。辛亥革命后以福建省代表的身份参加南京各省都督府代表联合会，不久被选为第一届众议员议员，任众议院秘书长兼宪法起草委员，拥戴袁世凯为大总统，后来又历任北京政府国务院参议、法制局局长；1917年7月任段祺瑞内阁司法总长，11月辞职，自谓"三月司寇"。后转外交委员会任事务主任，1920

年4月携女赴欧，被推为中国首席代表，出席国际联盟总会会议。

大约在这年10月，徐志摩在林长民寓所见到了他正在圣玛丽（女子）学院读书的十六岁的女儿林徽因。她风姿绰约，让徐志摩如惊鸿照影，晕眩得不能自已。他不顾"使君有妇"，很快陷入了一场轰轰烈烈的恋爱。他常常假借去见林长民，拉上陈源同去林的寓所，实则去看林徽因。林长民虽属长辈，但为人潇洒风趣，思想前沿，他与徐志摩都曾学社会政治，有许多共同语言，因而一见如故，一老一少很快成为忘年交。

林长民也是"恋爱大家"，最爱闲谈风月，比如他与有夫之妇仲昭、与有"鉴湖三杰"之称的徐自华，以及"他一生的风流踪迹"，差不多都与徐志摩谈过。因而他对恋爱持开放态度。他与徐志摩还假扮已婚和未婚男女通信，玩谈恋爱游戏。如果他是道学家人物，徐志摩一定不敢那么公开向他的女儿示爱。事实上，林长民也很欣赏徐志摩的才华，有时见志摩和徽因一起聊天和散步，还高兴地说他们是一对璧人。

林徽因后来在《悼志摩》一文中说："我认得他，今年整十年，那时候他在伦敦经济学院，尚未去康桥。我初次遇到他，也就是他初次认识到影响他迁学的狄更生先生。不用说他和我父亲最谈得来，虽然他们年岁上差别不算少，一见面之后便相互引为知己。"

2

林徽因，原名徽音，典出《诗经·大雅·思齐》，后为避免与上海一名男性作家林微音的名字相混淆，在堂弟林宣的建议下改名林徽因。她1904年6月10日生于杭州祖父林孝恂的寓所，早年由大姑母林泽民发蒙读书，八岁随祖父迁居上海，入老巴子路（今四川北路）公益坊爱国小学读书，第二年又随祖父迁往北京前王恭厂（今佟麟阁路光彩胡同），那里离她的父亲林长民供职的参、众两院很近，不到三个月，祖父因胆石症病逝，后又迁南河沿织女桥西街，延聘某大先生读书。

　　十二岁时，与三位表姐同入西城石驸马大街路南（今新文化街路南40号，今已不存，1978年盖成居民大楼）培华女中读书。这是英国人创办的一所教会学校，1914年创办，日本侵华期间停办，与贝满中学齐名。学校占地面积约一千五百平方米，两进二层建筑，雕梁画栋，十分壮观。因而引来许多达官贵人的女儿入读，如同盟会会员、首届众议院议员陈家鼎（1876—1928）的女儿陈韵篁就曾在培华女中读书，后考入国立北京女子大学文学系就读。

学生统一着装，蓝衣蓝裙，让路人十分照眼。1916年克勤郡王府改为太平湖饭店，就在它的对面，相隔一条马路，住宿客人还能听到她们上课的铃声，当时有一首《雁字歌》，常常从学校院落中飘出：

青天高，远树稀，

秋风起，雁南飞。

排成一字一行齐，

飞来飞去不分离。

宛似我姊妹兄弟，

相敬相爱手相携……

林徽因和三位表姐在培华女中读了四年，她中间到英国一年多不在，回来后又到培华女中复读直到毕业。

1920年4月1日，林徽因随讲学的父亲赴欧游历，从上海启程，登法国邮轮Pauliecat去伦敦，5月中旬抵达。先住在旅馆，后在伦敦西区阿尔比恩门27号租寓居住。8月初，林徽因随父到欧洲多国游览，先后游法国、瑞士、德国、比利时等国，9月中旬再由巴黎返回伦敦。欧洲的秋天，绿肥红瘦。林徽因踏着一路风光，且看且行，领略了欧陆第一次世界大战后的情形和社会生活。

9月下旬，林徽因考入圣玛丽（女子）学院，那里离寓所不远，穿过海德公园便是读书的学校。

10月初，林长民又赴国联开会，林徽因送父至维多利亚车站，独自留在伦敦。那段日子，林徽因感受到有生以来最多的寂寞和痛苦，许多年后，她在给沈从文的信中说：

> 我独自坐在一间顶大的书房里看雨，那是英国的不断的雨。我爸爸到瑞士国联开会去，我能在楼上嗅到顶下层楼下厨房里炸牛腰子同洋咸肉，到晚上又是顶大的饭厅里（点着一盏顶暗的灯）独自坐着（垂着两条不着地的腿同刚刚垂肩的发辫），一个人吃饭一面咬着手指头哭——闷到实在不能不哭！理想的我老希望着生活有点浪漫的发生，或是有个人叩下门走进来坐在我对面同我谈话，或是同我同坐在楼上炉边给我讲故事，最要紧的还是有个人要来爱我。

这是青春期少女爱情的萌动。然而，当徐志摩真正闯入她的生活时，惊悚、矛盾、不可思议，甚至成为她的负累，但为时不久，她就为徐志摩火一般的激情所感动。徐志摩每次来总是给她带诗文图书和杂志，渐渐地二人来往也热络起来，他们不仅谈诗文和绘画，还谈英国著名作家和文坛奇闻逸事，让林徽因的心和眼界开阔起来。

1921年四五月间，徐志摩在狄更生先生的帮助下，以特别生的资格进入剑桥大学皇家学院，他与妻子张幼仪从中国同学会搬到距剑桥大学六英里的沙士顿乡下租屋居住。剑桥离伦敦百里之遥，来去还要乘火车往返。热恋中的徐志摩，突然被张幼仪的到来阻隔了他与林徽因的交往，于是一份深刻的忧郁自然就占定了他。为了排遣这份忧郁，他只得靠时空通信对话，那样还不够，徐志摩为了排遣心中的爱火，从此在剑桥大学写起诗和日记来。

徐志摩后来在《猛虎集》序中说：

> 只有一个时期我的诗情真有些像是山洪暴发，不分方向地乱冲。那就是我最早写诗那半年，生命受了一种伟大力量的震撼，什么半成熟的未成熟的意念都在指顾间散作缤纷的花雨。我那时是绝无依傍，也不知顾虑，心头有什么郁积，就付托腕底胡乱给爬梳了去，救命似的迫切，哪还顾得了什么美丑！我在短时期内写了很多，但几乎全部都是见不得人面的。

"生命受了一种伟大力量的震撼"，除了爱情，恐怕不会去做其他更为合理的解释。

3

可惜的是，徐志摩最初写的这些诗文和日记没能完整地保存下来，直到 2000 年电视剧《人间四月天》播放，徐林之恋又引起了新一轮的争论。孰是孰非，各执一端，与后来人事变迁的诸多因素不无关系。徐志摩不是孟浪之人，有些事恐怕不是空穴来风。原始资料的流失虽是一种遗憾，但现存史料并不是无迹可寻。论证还得以当事人的说法为依凭。

林徽因后来一直很珍惜与徐志摩的那段友谊。她在 1927 年 2 月 15 日致胡适的信中说：

> 请你告诉志摩我这三年来寂寞受够了，失望也遇多了，现在

倒能在寂寞和失望中得着自慰和满足。告诉他我绝对的不怪他，只有盼他原谅我从前的种种的不了解。但是路远，隔膜误会是所不免的，他也该原谅我。我昨天把他的旧信一一翻阅了。旧的志摩我现在真真透彻地明白了，但是过去，现在不必重提了，我只求永远纪念着。

徐志摩去世后，在"八宝箱"事件中，她给胡适写信说：

我觉得这桩事人事方面看来真不幸，精神方面看来这桩事或为造成志摩为诗人的原因，而也给我不少人格上知识上磨炼修养的帮助，志摩in a way（从某一方面）不悔他有这一段苦痛历史，我觉得我的一生至少没有太堕入凡俗的满足也不算一桩坏事……

林徽因与徐志摩相识相恋，固然是"造成志摩为诗人的原因"，但她不否认对自己"人格上知识上磨炼修养的帮助"。

徐志摩也曾说："我这辈子就只那一春，说也可怜，算是不曾虚度。就只那一春，我的生活是自然的，是真愉快的（虽则碰巧那也是我最感受人生痛苦的时期）！"

在剑桥，徐志摩遍交朋友，狄更生之外他又认识了瑞恰兹、欧格敦、吴雅各等人。当他们三人合作完成《基础美学》一书时，特请志摩用中文题写了"中庸"二字，放在书首以增光彩。后来瑞恰兹成了一位颇具权威的文学批评家。

20世纪20年代的剑桥，社会团体是很多的。这些团体每星期都有不少活动，而活动总会有不少名人来讲演，还有会前会后正式或非正式的讨论。志摩很热心参加这些社团活动，对于灵性的熏陶和视野的开阔大有成效。他获益最多的也在这些方面。剑桥大学的档案记载：徐志摩在皇家学院后期，已由特别生转为正式的研究生。学院给他的评语是："持智守礼，放眼世界"，但没有取得学位。

徐志摩是经过政治、经济专业训练的素人，并在美国取得硕士学位。到英后他当然关注英国和世界政治动态，在认识罗素等人后，他的思想深受英国名人的影响。他又通过狄更生，认识了英格兰布鲁姆斯伯里文学团体里的英国新派画家、评论家罗杰·弗莱（徐译为傅来义）。这个团体号称一群"无限灵感，无限激情，无限才华"的知识分子，有画家、艺术家、作家、历史学家、经济学家。他们聚在一起吃吃喝喝，还搞出许多花边新闻。罗杰·弗莱（傅来义）、邓肯·格兰特、克莱尔·贝尔、伦纳德·伍尔夫、G.L.狄更生、E.M.福斯特都是这个团体最早的成员。聚会场所先是在伦敦的戈登广场伍尔夫处，后在范奈莎的查尔斯顿农庄。而这个团体的核心是伍尔夫和她的姐姐画家范奈莎·贝尔，范奈莎·贝尔就是罗杰·弗莱一生的情人。徐志摩不仅把这个团体的理念带入中国，而且他和胡适等人创办的聚餐会、新月社，就与英格兰布鲁姆斯伯里文学团体有密不可分的关系。徐志摩的绘画兴趣和知识，大多来自罗杰·弗莱。徐志摩回国后经讲学社蔡元培、梁启超同意，就曾邀请狄更生和罗杰·弗莱来中国游历和讲学，不过因狄和罗生病所以未能成行，为此罗杰·弗莱非常遗憾。泰戈尔是之后被讲学社邀请的访问者。

1969 年年末，香港传记作家梁锡华做客剑桥大学，他曾访问过罗杰·弗莱的女儿戴霭敏。她说徐志摩每到伦敦必访她家，不止一次在她家做客。不是与她的父亲谈中国，就是谈艺术。在她的记忆中，徐志摩是一个无拘无束、活泼风趣的年轻人。在访问瑞恰兹时，瑞对梁锡华说："徐志摩经常穿着中国长袍飘然出入于众学院之间，也经常手夹中国书画手卷，跟老师同学高谈阔论。"又说"徐志摩的朋友满剑桥，特别是在国王学院，他是一个相当有名气的人物"。

这是徐志摩来剑桥后的读书求知的活动情况追访。

4

1921 年 5 月，林长民在剑桥大学与徐志摩、郭虞裳"偶然相遇"，返伦敦后 25 日又致信二人，"日内盼与振飞相见，请代转此意，二兄如能同约一聚尤盼也"。因为他 6 月就要去瑞士国联开会。

他找的振飞，即徐新六（1890—1938），字振飞，是清末民初《清稗类钞》编者徐珂之子，1890 年生于杭州，曾留学英国获双学士学位，回国之后任教北大经济系，后任国民政府财政部秘书、兴业银行总经理，1938 年受孔祥熙指派赴港借款，在返回途中被日机击落身亡。

1921 年夏天，林徽因和父亲租住的寓所将要到期，但距离英赴法登船的日子还有一段时间。8 月 24 日，林长民给女儿林徽因写信说：回国的"波罗加"号轮船又延期到 10 月 14 日始行，"如是则行李亦可少缓。汝若觉得海滨快意，可待至九月七八日，与柏烈特一家人同归。此间租屋，（九月）十四日满期，行李能于十二三日发出为便，想汝归来后，结束余件当无不及也。九月十四日以后，汝可住柏烈特家，此意先与说及，我何适，尚未定，但欲一身轻快随便游行，用费亦可较省"，"将届开船时，还是到伦敦与汝一起赴法"。

徐志摩与林徽因的分别是缠绵的。许多年后，林徽因以尺棰为笔名写诗《那一晚》，表达了与徐志摩告别时的情景：

那一晚我的船推出了河心，
澄蓝的天上托着密密的星。
那一晚你的手牵着我的手，
迷惘的星夜封锁起重愁。
那一晚你和我分定了方向，
两人各认取个生活的模样。
……

到如今我还记着那一晚的天，
星光、眼泪、白茫茫的江边！
到如今我还想念你岸上的耕种：
红花儿黄花儿朵朵的生动。
……

诗为心声，但又不是纪实作品，它是靠意象和意境表达心灵世界的，从这些意象中不难读出这一对恋人的离别情形。

英伦时期徐林的相识相恋，以林徽因随父回国暂告一段落。

5

还是在沙士顿乡下的时候，徐志摩的妻子张幼仪便发现了徐志摩的秘密。张幼仪在《小脚与西服》一书中对她的侄女张邦梅这样说道：

后来住在沙士顿的时候，看到他每天一吃完早饭就赶着出门理发，而且那么热心地告诉我，我也不知怎么搞的，就猜到他这么早离家，一定和那女朋友有关系。

几年以后，我才从郭君那儿知晓徐志摩之所以每天早上赶忙出去，的确是因为要和住在伦敦的女朋友联络。他们用理发店对街的杂货铺当他的地址，那时伦敦和沙士顿之间的邮件送得很快，所以徐志摩和他女朋友至少每天都可以鱼雁往返。他们信里写的是英文，目的就是预防我碰巧发现那些信件，不过我从没发现过就是了。

张幼仪是1920年冬天，与西班牙领事馆刘子锴携家人一同从法国马赛港下船，由徐志摩接往伦敦的。

张幼仪清楚地记得，徐志摩那天"穿着一件瘦长的黑色毛大衣，脖子上围了条白丝巾"。他接上张幼仪，先是乘火车到巴黎，为她买了几件衣服，还照了几张相。然后乘飞机飞往伦敦。那是一架小型飞机，只能乘坐二十来人。气流冲击很容易颠簸。几个上下张幼仪就呕吐起来。徐志摩把头撇过去，还说："你真是个乡下土包子。"没过多久，他也吐了，张幼仪回敬说："我看你也是个乡下土包子。"

徐志摩到剑桥后，他们才搬到沙士顿乡下居住。后来徐志摩又让中国留学生郭虞裳过来同住。

郭虞裳（1891—1971），上海人，1914年赴日留学，1919年毕业回国，1919年11月到英国，后又转柏林留学，1924年学成归国，1927年后入商界，1949年到台湾。

1921年8月，张幼仪发现自己又怀孕了。她不知道该怎么办，于是告诉了徐志摩。有一天下午张幼仪又跟徐志摩说了此事，徐听后立刻说："把孩子打掉。"张说："打胎会死人啊！"徐冷冷地说："还有人因为坐火车肇事死掉，难道人家不坐火车了吗？"

这期间，一个爱丁堡大学的留学生来徐志摩家吃饭，张幼仪清楚地记得她身穿海军蓝套裙和皮鞋里那双小脚，她忘记了这位小姐的名字，张邦梅在书中以明小姐代替。张幼仪误认为这位明小姐就是徐志摩的恋人，说"看起来很好，可是小脚和西服不搭调"。

徐志摩听了张幼仪对这位中国女留学生的看法，突然叫道"我就知道，所以我才想离婚。"

大约过了一个星期，徐志摩离家出走了。郭虞裳好像看出其中的蹊跷，有一天早晨也提着箱子离开了。

一天早上，张幼仪被敲门声吓了一跳。来人是黄子美，他说从伦敦带来徐志摩的口信。他说："我是来问你，你愿意不愿意做徐家的媳妇，而不做徐志摩的太太？"

张幼仪说："这话什么意思？我不懂。"

黄子美说："如果你愿意这么做，那就好办了。"又说，"徐志摩不要你了。"

黄子美走后，张幼仪才明白过来。她给在巴黎的二哥张君劢写了封求救信，把黄子美的话一一向二哥做了转述，并问他该怎么办。

几天后二哥从巴黎来信："张家失徐志摩之痛，如丧考妣。"又嘱咐妹妹，"万勿打胎，兄愿收养。抛却诸事，前来巴黎"。

张君劢那时还未结婚，不知道如何照顾妹妹，于是和留学的刘文岛夫妇商议，让妹妹在乡下居住，并请刘的夫人给予照顾。

大约过了三个月，张幼仪的七弟来到法国，便到乡下来看她，然后和七弟一起去了柏林。1922 年 2 月 24 日，在德国医院生下一个男孩，张幼仪给他取名德生。大约过了一周，张幼仪带孩子回到七弟住处。一到家就接到吴经熊送来徐志摩的一封信，张幼仪当即便给吴经熊打电话，第二天便去吴经熊家见徐志摩。后来有文字记载，在德国由金岳霖和吴经熊做证，张幼仪与徐志摩签了那个离婚文书。其实做证的不只金、吴二人，还有二人参与其事，只是没记住姓名。

那时候，留学生闹离婚成为一种时尚，听说谁要与太太离婚，便拉帮结伙去"帮忙"。徐志摩便是离婚的先锋者。后来张奚若、吴宓、傅斯年、郁达夫都与原配离了婚，只是不像徐志摩那样被人津津乐道。

稍后赵元任、杨步伟夫妇来到欧洲，这帮"助离"者就也打上了赵元任的主意。有一天罗家伦来到赵家，说有人看见赵元任和他的母亲在街上走。杨步伟比丈夫大三岁，一听便知道罗家伦的来意。她当即笑骂说："你不要来挑拨，我的岁数，人人知道的。"

罗家伦只好扫兴而归。

6

1922年3月，徐志摩在德国签完离婚文书后，又回到剑桥读书。

在剑桥，他忙的是"散步，划船，骑自转车，抽烟，闲谈，吃五点钟茶、牛油烤饼，看闲书"，这是徐志摩写在《吸烟与文化》一文中的话。7月的一天，他去拜访了英国著名小说家曼殊斐儿。曼氏患着严重的肺病，第二年1月9日就去世了。后来徐志摩撰文怀念那是"二十分不死的时间"。

曼氏，今译曼斯菲尔德，1888年生于新西兰惠灵顿，十五岁到英国求学并从事文学创作。1918年同英国诗人、评论家麦雷结婚。代表作有短篇小说集《幸福》《花园酒会》等，死时才三十五岁。

8月，徐志摩也许感到有什么不祥之兆，他毅然决定回国，结果与即将到手的皇家学院的博士头衔又失之交臂。这不难猜到，他忘不了的还是与林徽因的爱情。他离开剑桥时写了一首诗，叫《康桥再会吧》，透露了他心灵的信息。全诗较长，这里引其中段落：

康桥，再会吧！

你我相知虽迟，然这一年中

我心灵革命的怒潮，尽冲泻

在你妩媚河身的两岸，此后

清风明月，当照见我的情热

狂溢的旧痕，尚流草底桥边，

明年燕子归来，当记我幽叹

……

设如我星明有福，素愿竟酬，

则来春花香时节，当复西航，

重来此地，再捡起诗针诗线，

绣我理想生命的鲜花，实现

年来梦境缠绵的销魂踪迹。

……

"星明有福，素愿竟酬"，"来春花香时节，当复西航"，则是这次徐志摩回国实现与林徽因结合的"梦"的全部。

1922 年 9 月 14 日，徐志摩到法国马赛乘日本三岛丸货轮起航，在漫长的航行等待中，他只有用写诗来消解心中的焦虑。10 月 15 日天将晚时，三岛丸到了上海码头。徐志摩在《西湖记》中记下了他父亲接站的情景：

我在三岛丸船上拿着远望镜望碇泊处的接客者，渐次望着了这个亲，那个友，与我最爱的父亲，五年别后，似乎苍老了不少，那时我在狂跳的心头，突然逆起一股不辨是悲是喜的寒流，腮边便觉着两行急流的热泪。后来在三泰栈，我可怜的娘，生生隔绝了五年，也只有两行热泪迎接她唯一的不孝的娇儿。

回硖石前徐志摩随祖母去普陀（区）大钟路西"佛地"烧香。重阳节，"又因学事与父亲同去南京"，听了欧阳竟无先生讲唯识论，乘便又拜访了他的老师——在南京讲学的梁启超。11月下旬，梁启超因饮酒过度生病，被张君劢劝说到上海休养。

徐志摩在《西湖记》中说："十一月我在南京看玄武湖的芦荻"，"我写给徽（林徽因）那篇《月照与湖》（英文的）就是纪念那难得的机会的"。为什么用英文写，大概也有避讳父亲之意吧。

1922年12月1日，徐志摩在家（包括与父亲同去南京）不足一个半月，即赴北京看望林徽因。到北京后，他先住在东板桥妞妞房瞿菊农处，几天后又搬到陈博生处。

陈博生（1891—1957），福建闽侯人，早年赴日早稻田大学经济系读书，辛亥革命后到国会众议院林长民手下任秘书，1918年到北平《晨报》任总编辑，1921年元旦郭虞裳与陈博生同到伦敦与徐相识；1937年后任中央社总编辑、中央日报社长，1949年去了台湾。

从陈博生的经历看，他不仅是林长民的同乡、后来的学友，民国初年一度还是林长民的下属。

徐志摩到北京的第一天，即收到林长民的信。信中说：

志摩足下：

长函敬悉，足下用情之烈，令人感悚，徽亦惶恐，不知何以为答，并无丝豪（毫）mockery（嘲笑），想足下误解耳。星期日（十二月三日）午饭，盼君来谈，并约博生夫妇。友谊长葆，此意幸亮察之。敬颂文安

弟长民顿首　十二月一日

徽音附候

此信无年限，只有月日。《志摩的信》收入时注明日期是1921年，不少论者（包括我自己）也把此信放在此年。这样不仅年度出现偏差，写信的国度也就不同了。影响到对此信的正确理解和解读。台湾作家林贤次从信中"星期日（十二月三日）午饭"这句话中看出了破绽，经查万年历得到确证，1921年和1923年星期日都不是12月3日，只有1922年12月3日才是星期日。因此他在2008年第2期《新文学史料》上撰文提出年度的错讹。这样一幅清晰的历史画面就呈现在人们面前。

林长民信中所述"长函"何以"用情之烈，令人感悚，徽亦惶恐"呢？徐志摩这封信手迹印影见于《志摩的信》一书中，合理的解释是志摩到北京后听到了梁、林两家基本谈定林徽因的婚事，后面不长时间公布的结果也是证明。因而徐志摩眼睁睁看到自己与林徽因培植起来的感情将被"半途夺爱"，他怎么能不激动，

甚至动怒呢？

林长民当然知道徽、摩在英国的这段恋情，他的应对之策是在家设宴请客灭火。于是才有了这封"盼君来谈，并约博生夫妇。友谊长葆"的回函。林徽因在信的末尾还亲笔写了"徽音附候"四个字。

徐志摩接信后即刻回复，林长民 12 月 2 日再致信志摩：

> 得昨夕手书，循诵再三，感佩无已。感公精诚，佩公莹絜也。明日午餐，所约咸好，皆是可人，咸迟嘉宾，一沾文采，务乞惠临。虽云小聚，从此友谊当益加厚，亦人生一大福分，尚希珍重察之。敬复
>
> 志摩足下。
>
> 长民顿首 十二月二日

徐志摩当然不会得罪这位"忘年之交"，因为他还"有梦"寄托。徐志摩就这样被"从此友谊当益加厚"之言安抚下来。

比林长民官场经验更为丰富的梁启超大约此时更着急，他时刻注意着志摩北行的动态，在下榻的上海沧州旅馆则用另一副面孔写信来教训这位"弟子"，1923 年 1 月 2 日写信说：

> 今闻弟归后尚通信不绝，且屡屡称誉，然则何故有畴昔之举？真神秘不可思议矣……然以吾与弟之交，有两事不能不为弟忠告者：其一，人类恃有同情心以自贵于万物，义不容以他人之苦痛易自己之快乐，弟之此举，其以弟将来之快乐能得与否，殆茫如

捕风，然先已予多数人以无量之苦痛……其二，恋爱神圣为今之
少年最乐道，吾于兹义固不反对，然吾以为天下神圣之事亦多矣，
以兹事为唯一之神圣，非吾之所敢闻，且兹事尽可遇而不可求，
非可谓吾欲云云即云云也。况多情多感之人，其幻想起落鹘突，
而得满足宁帖也极难，所梦想之神圣境界，恐终不可得，徒以烦
恼终其身已耳。呜呼。志摩，天下岂有圆满之宇宙若尔尔者？

此时志摩已洞悉梁启超为儿选媳的消息，但他对这场仕宦联
姻之事回天乏术。然对于梁启超这样的训教，他觉得不仅无说服
力，而且显得十分自私，即使是老师，他也不买这个账（这是徐
志摩唯一一篇这样动怒的文字）。第一，他当然不承认他是用别
人的痛苦来换取自己的快乐。他反驳说：

我之甘冒世之不韪，竭全力以斗者，非特求免凶惨之苦痛，
实求良心之安顿，求人格之确立，求灵魂之救度耳。人谁不求庸
德？人谁不安现成？人谁不畏艰险？然且有突围而出者，夫岂得
已而然哉？

第二，他也承认是可遇而不可求，但他不能不追求。他说：

我将于茫茫人海中访我唯一灵魂之伴侣；得之，我幸；不得，
我命，如此而已。

徐志摩相信理想是可以培养出来的。但对梁启超的用心提出
疑问：

嗟夫吾师！我尝奋我灵魂之精髓，以凝成一理想之明珠，涵之以热满之心血，朗照我深奥之灵府。而庸俗忌之嫉之，辄欲麻木其灵魂，捣碎其理想，杀灭其希望，污毁其纯洁！我之不流入堕落，流入庸懦，流入卑污，其几亦微矣！

徐志摩的反驳自有其合理成分，但梁启超在利益面前是不会让步的。徐志摩毕竟是一位书生，在与两位政客的博弈中注定失败。

梁启超在收到徐志摩这封信后不过五天，即1923年1月7日，他便向在马尼拉的大女儿思顺去信告白说：

思成和徽音（因）已有成言 [我告思成和徽音（因）须彼此学成后乃定婚约，婚约定后不久便结婚。] 林家欲即行订婚，朋友中也多说该如此……

不巧的是，梁思成开小汽车看五七国耻日学生示威游行，在南长街口被大汽车横冲过来，右腿被撞断需住院治疗，因此二人当年赴美留学事暂时告吹，只好等下一年再说。梁启超在给思顺的另一封信中得意地说：

徽音（因）我也很爱她，我常和你妈妈说，又得一个可爱的女儿。但要我爱她和爱你一样，终究是不可能的。我对于你们的婚姻，得意得了不得，我觉得我的方法好极了，由我留心观察看定一个人，给你们介绍，最后的决定在你们自己，我想这真是理想的婚姻制度。好孩子，你想希哲如何，老夫眼力不错罢。徽音（因）又是我第二回的成功。

在后一封信里，梁启超终于说出梁、林婚配的真相，可以说梁启超为儿择偶早有属意，当然也有林长民和他的几个姐妹的价值取向，终以梁启超全身心地介入而初战告捷，尽管并不是一帆风顺。而这一年的冬天，给徐志摩带来的只能是"希望的埋葬"和惨淡的悲鸣，如同拿破仑从滑铁卢败下阵来。他在 1 月 22 日写的诗作《北方的冬天是冬天》，终于感到人生的凄凉：

> 北方的冬天是冬天！
> 满眼黄沙漠漠的地与天；
> 赤膊的树枝，硬搅着北风先——
> 一队队敢死的健儿，傲立在战阵前！
> 不留半片残青，没有一丝粘恋，
> 只拼着精光的筋骨；凝敛着生命的精液，
> 耐，耐三冬的霜鞭与雪拳与风剑，
> 直耐到春阳征服了消杀与枯寂与凶惨，
> 直耐到春阳打开了生命的牢监，放出一瓣的树头鲜！
> 直耐到忍耐的奋斗功效见，健儿克敌回家醺笑颜！
> 北方的冬天是冬天！
> 满眼黄沙茫茫的地与天；
> 田里一只呆顿的黄牛，
> 西天边画出几线的悲鸣雁。

诗写的是北方的冬天，也是他心灵的冬天。"赤膊的树枝，硬搅着北风先""不留半片残青"，他"拼着精光的筋骨；凝敛着生命的精液"，一种孤单、无助的情绪将他裹挟其中，只能多次用"耐""忍耐"，抵御"满眼黄沙茫茫的地与天"，他无奈地看着心爱的人"名花有主"，如一张琴碎在风中，亲身感到"北方的冬天"给他带来心灵的真切寒冷。

不久，徐志摩从陈博生处搬到北新桥锅烧胡同蒋百里寓所。他是志摩姑丈的族弟，一个不远的亲戚。在蒋的帮助下，徐志摩在松坡图书馆和讲学社当起了英文秘书，这是他回国后的第一份工作。他先住在前门西边的松树胡同，后搬到西单石虎胡同7号落脚。这儿是讲学社总部，亦是松坡图书馆专藏西文图书的二馆所在地。他的表叔蒋百里是讲学社总干事、松坡图书馆图书部主任，主办《改造》杂志，便让他先处理图书馆和讲学社的英文信件。梁启超对徐志摩不放心，担心他留在北京与林徽因旧情复萌，于是便以"关心"为名，把他支开，介绍他去上海《时事新报》编《学灯》副刊，徐志摩对老师的"关心"没有从命，婉言谢绝了。于是徐志摩便在北京逗留下来。

7

1923年3月21日，上海《时事新报·学灯》副刊发表了徐志摩的长诗《康桥再会吧》，这首诗排版发表后一错再错。然而，让徐志摩没有想到的是，编者的道歉和声明以及三次重发，却让他名声大噪，真是"洛阳纸贵"了一回。之前在《努力周刊》《晨报》副刊等处发表的诗、小说和散文，都没有达到这种效果。

徐志摩的声名鹊起，给他招来了一轮讲演热，引来许多崇拜者。先是清华来请，他的讲演题目是《艺术与人生》，用的是牛津方式，照本宣科但没有取得应有效果。接着来请的是北京高师附中的文学社团"曦社"，他给这群小朋友讲的题目是《诗人与诗》，被后来成为诗人的朱大枬整理成文，在《新民意报·朝花》副刊发表，就"算学与诗人"引发了争论，有反对的就有支持的，徐志摩没有介入其事，不久便自生自灭。暑期到来的时候，梁启超看到这位弟子头露峥嵘，便也凑上来让他去天津南开大学讲课两周，结束后还到北戴河避暑。不巧的是，徐志摩的祖母病危，他18日接电，22日抵硖石，27日祖母病逝，他眼含热泪守在床头，葬后又一直守孝到年底。他留下9月7日至10月28日《西湖记》日记一册。

这期间他有杭州、上海、常州之行，与胡适等一班朋友西湖游、海宁观潮，他还写了以天宁寺为题材的诗，译了曼殊斐儿的作品。8月31日，林长民有信问候"重亲之丧"，又言"不久将南来杭州"。

这次南归，他与在杭州烟霞洞疗养的胡适真正结识并数次去看望，一起游山、游湖和看潮。胡适6月间来杭，在杭有读书的表妹曹诚英相陪，二人关系不凡，《西湖记》为此留下斑斑墨迹。

曹诚英，字佩声，在杭州读书时与汪静之相恋，因属姑侄关系被阻，后与胡适同父异母的哥哥胡寇英结婚，不久因曹与汪静之那个心结离婚。

那时，徐志摩还未走出失恋的阴影，8 月 15 日，他在与胡适游湖赏月后这样记道：

满天堆紧了乌云，密层层的，不见中秋的些微消息。我那时很动了感兴——我想起了去年印度洋上的中秋！一年的差别！我心酸得比哭更难过。一天的乌云，是的，什么光明的消息都莫有！

这显然是写他年初与林徽因不欢的遗绪。

10 月 11 日午间，张东荪借张君劢处请客，有适之、菊农等，饭后卧草坪读《诗论》和哈代的诗。午后适之拉志摩去沧州别墅闲谈，胡适对他也不回避，拿出《烟霞杂诗》让志摩看。徐问："尚有匿而不宣者否？"

胡适赧然说："有，然未敢宣。"

胡适也问志摩："有'冒险'事吗（指徐与林徽因）？"

志摩没有回答，很机智地反问胡适："云得自可恃来源，大约梦也。"

这句话的意思是，你（胡适）所说的"冒险"事的"来源"，大约是张慰慈夫人孟碌说的吧。不是梦或梦想之意。

张慰慈（1890—1976），江苏吴江人，早年留学美国，获哲学博士，1917 年与胡适结伴回国，同入北大任教。1931 年后弃学从政，在铁道、经济等部门做事，1949 年后任上海文史馆馆员直到去世。夫人孙令澜，字孟碌，也是吴江人，出身名门望族，留美时专攻美术。后与张大千、徐志摩、陆小曼等时相过从。

志摩回南方期间，另一件有成绩的事是与张君劢、瞿菊农 10

月3日到常州天宁寺云游，他回来写了诗《常州天宁寺闻礼忏声》。这首诗26日再稿后，11月11日发表在《晨报·文学旬刊》，气势恢宏，如惊涛骇浪，直追惠特曼诗风，受到读者称誉。诗写道：

> 有如在火一般可爱的阳光里，偃卧在长梗的，
> 杂乱的丛草里，听初夏第一声的鹂鸪，
> 从天边直响入云中，从云中又回响到天边；
> 有如在月夜的沙漠里，月光温柔的手指，
> 轻轻的抚摩着一颗颗热伤了的砂砾，
> 在鹅绒般软滑的热带的空气里，
> 听一个骆驼的铃声，轻灵的，轻灵的，
> 在远处响着，近了，近了，又远了……
> ……
> 我听着了天宁寺的礼忏声！
> 这是哪里来的神明？人间再没有这样的境界！
> 这鼓一声，钟一声，磬一声，木鱼一声，佛号一声……
> 乐声在大殿里，迂缓的、曼长的回荡着……
> 无数现世的高低消灭了……
> 这一声佛号，一声钟，一声鼓，一声木鱼，
> 一声磬，谐音盘礴在宇宙间——解开一小
> 颗时间的埃尘，收束了无量数世纪的因果……

胡适读后，在日记中写道：这首诗"我读了很高兴"，"志摩对诗的见解甚高，学力也好，但他一年来的作品与他天才学力

殊不相称"，"此次天宁寺一诗，是因为我赞叹《灰色的人生》（同一月写的）他才有这种自由奔放的载体与音节。此诗成绩更胜于《灰色的人生》，志摩真被我'逼上梁山'了！"

志摩在家乡硖石过的春节，将近3月时才回到北京。这年3月，志摩与胡适等人便在西单石虎胡同成立了新月社。这个名字当然是志摩钟情印度诺奖诗人泰戈尔的《新月集》而起的。他在《剧刊始业》一文中回忆说：新月社"最初是聚餐会，从聚餐会产生新月社，又从新月社产生七号的俱乐部，结果大约是'俱不乐部'"。

从这段话明显读出，新月社后来的发展没有达到徐志摩创办的初衷。近年有人论证，新月社与20世纪初伦敦布鲁姆斯伯里一个艺术团体有着"世界性邂逅"的关系，并且是以后者为模本建立起来的。在伦敦，这个团体有伦纳德·伍尔夫、传记作家李顿·特拉斯、艺术评论家罗杰·弗莱（傅来义）等成员，因其成员大都住在英博物馆附近的"布鲁姆斯伯里"区而得名。还有徐志摩经常参加讨论的剑桥"邪学会"。这些有着"精英文化"的人物团体，对于年轻的徐志摩的影响是不言而喻的。与之相比，徐志摩觉得新月社没有做出那样的成绩。

因而他在创办新月社一文中又说："这未切题的唯一成绩就只前年四月八日在协和演了一次泰戈尔的《齐德拉》，此后一半是人散，一半是心散，第二篇文章就没有做起。所以在事实上是失败。"

徐志摩在《给新月》一文中说出了他的梦想和希望："我们几个创始人得承认在这两个月内我们并没有露我们的棱角"，"我们曾经开过会来，新年有年会，元宵有灯会，还有什么古琴会、书画会、读书会，但这许多会也只能算是时令的点缀，社友偶尔的兴致，决不是真正的清光，决不是我们想象中的棱角"，"几个爱做梦的人，一点子创作的能力，一点子不服输的傻气，合在一起什么朝代推不翻，什么事业做不成？当初罗刹蒂［今译但丁·罗塞蒂（1828—1882）］一家几个兄妹合起莫利思朋琼司几个朋友在艺术界里就开辟了一条新道，萧伯纳、卫伯夫妇合在一起在政治思想界里也就开辟了一条新道。新月新月，难道我们这新月便是用纸版剪的不成？"

徐志摩想露的"棱角"，就是像英国但丁·罗塞蒂、萧伯纳等人在思想和艺术领域开辟出一条这样的新路。

在最为苦闷的时候，徐志摩只好用创作来填补心中的空虚。徐志摩的散文中有一篇《鬼话》最值得一读，这篇散文以仿汉赋的形式写成，诉诸的对象是"慧珈"和"慧"，任谁读了都会想到这个"慧珈"是谁。其中有些细节描写就是二人的美好交往与回忆：

> 我爱汝，因汝亦美之征，我实隐敬畏汝，因汝亦具神之秘。汝手挽我臂，及汝行稍倦，我将以手承汝腰……然前昨游山，展总北向，何如此夕，慰彼寂寥。且月轮正倚此峰下窥，溯影上寻，别饶逸趣，汝但密抱我袖，当减援蹭之乏……慧，汝常爱独凭小牖，默察蓝空，静伺星起。一若展瞭春野，于一涨纯翠之中，忽见罗兰如目，粲笑相迎，讶喜未定，诸鬟并出，星定无极，一体神灵……

慧，"看云起"已可望见，月正初卸云衣，散辉如雪蕊缤纷，汝我试立岩松中望月洗之香山，从黑处望光明，益见光明之妩媚，况此尤为神秘之光明……慧，汝每讽我以神经逾分之词来相颂汝。然汝当知，苟我不尝因意恋而感神明，则我爱良不足数……慧，然汝喜科学，向言天文者月何似，使即量镜而望月，则向之婆娑者今圻侈为谷骸，为岩髅，向之灵动者今僵寂如石沟如败椽……故讶月之秘之美，而月之真已全……

这篇散文诗原名《月赋》，是年初秋写成。"他事不愿刊出"，因他与林徽因的关系已被框定，是王统照"逼他从抽屉内检出"，在翌年4月1日《晨报·文学旬刊》发表。也许出于某些方面的考虑，用《月赋》名字发表，已不合时宜，他的爱、他的希望早已被埋进石板底下，于是便用《鬼话》公开发表，不难看出他当时矛盾的心情。

8

1924年4月12日，泰戈尔应讲学社的邀请，乘"热田丸"号轮船抵达上海，徐志摩作为具体联络人员，提前赶到上海等候。

讲学社，成立于1920年9月。梁启超在政坛屡屡碰壁之后，看到思想文化界的混乱和肤浅，遂决定"弃政从文"，1918年年底，他与蒋百里、张君劢、徐新六等人以巴黎和会中国代表团会外顾问名义赴欧考察。1920年4月回来后，与蒋百里、张君劢、张东苏等人在北京成立了共学社和董事会。为了加强国际文化交流，9月，梁又联合蔡元培、林长民、张元济等人成立了讲学社。其宗旨是聘请国外著名学者来华讲学，计每年一位。在泰戈尔之前已有杜威（美教育家）、罗素（英哲学家）和杜里舒（法学者）来华讲学。其资金来源一部分是教育部支援，还有一些是社会募捐。

上午十时，"热田丸"号轮船在汇山码头靠岸后，前来迎接的有徐志摩、瞿菊农、张君劢、郑振铎等，还有各团体代表、记者，合影后下榻沧州饭店。泰氏在上海、杭州、南京、济南讲演和游览后，在徐志摩的陪同下前往北京。在过天津时，梁启超赴车站欢迎，下车稍憩后，又转乘京奉快车赴京。4月23日晚七时十五分，车到前门东站，欢迎者有蒋百里、林长民、陈源、林语堂、张彭春等，还有北大、北师大等校教授、学生，各团体代表和英、美、日各界人士，计四五百人。出站后，王赓率警车前导，泰戈尔及随行人员乘车下榻北京饭店。

4月26日，梁启超、蒋百里、熊希龄等在北海静心斋设宴为泰戈尔洗尘。第二天，北京文化界又设公宴欢迎泰氏及随行人员。

4月28日，泰戈尔在先农坛内雩坛讲演。这次讲演原定在天坛圜丘，因天坛门票太贵，怕学生作难，便临时改在了先农坛内。为此《晨报》还发了改变演讲地点的启事。下午"三时零五分泰氏始到，乘坐汽车在雩坛门前下车，林长民为导，同来者为其秘书恩厚之、葛玲女士及林徽因、王孟瑜并梁思成等"。坛内听众四布，有两三千人之多。

泰戈尔讲演是即兴式的，他说："吾今日受诸君之欢迎，使吾心中大为感动。盖诸君今日所以欢迎吾者，乃以亚洲民族和平亲爱之精神及基此精神发之和声也……"徐志摩的翻译也文采飞扬，他那硖石官话夹杂着京腔，如行云流水，淙淙入耳。

这次讲演后，泰戈尔移住东单史家胡同克利饭店。吴咏所著的《天坛史话》中这样写道：

> 林小姐人艳如花，和老诗人挟臂而行，加上长袍白面、郊寒岛瘦的徐志摩，有如苍松竹梅的一幅三友图。徐志摩的翻译，用了中国语汇中最美的修辞，以硖石官话出之，便是一首首的小诗，飞爆流泉，淙淙可听。

这段话过去广为流布，今天并不新鲜，单看此文标题就出现了一个致命的差错，讲演地点是先农坛而不是天坛。这不禁让人怀疑，作者是否亲临现场听过泰氏这场讲演。唯一可信的是，林徽因、徐志摩和泰戈尔三人皆在现场则不是虚言。此外，作者将三人比喻为松竹梅"三友图"的想象和描写，却使人喟叹。

九天后的 5 月 8 日，是泰戈尔六十四岁诞辰，北京学界为他开祝寿会。地点选在东单三条北京协和小礼堂，胡适任主席，除送寿礼外还由梁启超为泰戈尔起了一个"竺震旦"的中国名字并赠一枚大印章。随后泰戈尔也给徐志摩起了一个印度名字素思玛。祝寿会的高潮是用英语演出泰戈尔的诗剧《齐德拉》。

这个剧的导演是张彭春，林徽因饰公主齐德拉，张歆海饰王子阿顺那，徐志摩饰爱神，林长民饰春神，王孟瑜、袁昌英饰村女。

这场演出是献给泰戈尔的礼物，也是新月社成立后的"唯一成绩"。接待泰戈尔,演出《齐德拉》,给徐、林创造了一个难得的接触机会,往昔的情感似有死灰复燃之势。梁家李夫人和女儿梁思顺极不满意,认为有辱梁家门庭,自此一直耿耿于怀。

5月12日,泰戈尔在真光剧院讲演后,引发了一部分青年的尖锐批评,甚至有的组织抗议,散发传单,泰戈尔非常生气,原定的十二场演讲只进行了九场,剩下的三场他宣布全部取消,说身体很疲劳,便到西山休息去了。从西山回来后,讲学社还安排了去法源寺参观,北京画会在凌福彭家举行了茶会等活动。

在这期间,徐志摩和林徽因一直服侍在老诗人左右,徐志摩试图请泰戈尔给林徽因做工作未成,泰氏建议,凌叔华的才情不在林徽因之下,不妨把友谊之树栽培起来。临别之际,泰戈尔赠诗给林徽因做留念:

> 蔚蓝的天空俯瞰
>
> 苍翠的森林,
>
> 他们中间吹过
>
> 一阵喟叹的清风。

泰戈尔未能帮助徐、林促成这件美事,对此心中不免有些遗憾,但也只能发出一声无奈的叹息。

5月20日,是泰戈尔离开北京的日子。由徐志摩、张歆海作陪,西去太原,准备在那里搞农村建设实验,并得到阎锡山允准。站台上挤满了送行的人,林徽因当然也在里面。车快要开动了,徐志摩还在给林徽因写信。他知道林徽因已考上半官费留学。不久将与梁思成一同赴美，这一别，可真的是天各一方了。他奋笔疾书：

> 我真不知道我要说的是什么话，我已经好几次提起笔来想写，但是每次总是写不成篇。这两日我的头脑只是昏沉沉的，开着眼闭着眼都只见大前晚模糊的凄清的月色，照着我们不愿意的车辆，迟迟地向荒野里退缩。离别！怎么的能叫人相信？我想着了就要发疯，这么多的丝，谁能割得断？我的眼前又黑了！

汽笛不解离别意，硬是执拗地拉响了，列车发出粗重的喘气声，缓缓驶出站台。灯火飞快地向后退去。

徐林之恋，从此画上一个句号。

许多年后，恩厚之告诉访问他的香港作家梁锡华说，这封未写完的情书，是志摩与泰戈尔西行太原之日，在火车上匆匆草就拟交给送行的林徽因的，但墨迹未干，车已开动。他看志摩持信伤感，就一把抢过来替他收藏，以后他把信保存做纪念，一直到今天还珍藏在英国托特尼斯的达廷顿农庄。

这件事在第二年3月11日徐志摩写给陆小曼的信中也曾提到：

> 我倒想起去年五月间那晚我离京向西时的情景：那时更凄怆些，简直的悲，我站在车尾巴上，大半个黄澄澄的月亮，在东南角上升起，车轮阁的阁的响着，W（指林徽因）还大声地叫"徐志摩哭了"（不确）；但我那时虽则不曾失声，眼泪可是有的。

怪不得我，你知道我那时怎样的心理，仿佛一个在俄国吃了大败仗往后退的拿破仑，天茫茫，地茫茫，心更茫茫，叫我不掉眼泪怎么着？

山西太原考察结束后，徐志摩、张歆海随泰氏去上海，从那里乘轮船赴日本。

9

1924 年 7 月，徐志摩与张歆海随泰戈尔访日回来后，便到庐山避暑，翻译泰戈尔来华访问的讲演稿。同时徐志摩采纳泰戈尔的建议，转道去追求凌叔华。

在路过杭州时，徐志摩便急不可待地给凌叔华写信，接下来的半年里，一封接着一封，竟然写了不下八十封。回到北京后，还请凌叔华到石虎胡同 7 号好春轩寓所倾谈，邀凌叔华做他的"通信员"，用她那恬静的谐趣和幽默来温润他的枯索。对于徐志摩的才华和风度，凌叔华无疑也是钦佩的。但是从泰戈尔来华到她家吃茶起，陈源早已捷足先登，开始了与凌叔华的暗恋，等到徐志摩发现时，木已成舟。虽然陈源以西滢之名与鲁迅先生论战，中间小有不快，但陈西滢帮助凌叔华写出了小说成名作《酒后》，凌叔华"在艺术道上扶了根拐杖"，他们终于系紧了爱情的纽带。1926 年 7 月 14 日，凌叔华经过老父的首肯，最终与陈西滢走进婚姻的殿堂。

泰戈尔赴日访问的那年6月，林徽因在梁启超的帮助下取得了半官费留学名额，与梁思成一起赴美留学。在抵达绮色佳康奈尔大学暑校时，陈植跑去接他们。林徽因选了户外写生和高等代数等课程，梁思成则选了三角、水彩静物和户外写生等课程。

两个月后，林徽因和梁思成进入宾夕法尼亚大学三年级，与先他们一年入学的清华同学陈植同在一个年级。按照他们出国前的志愿，梁思成顺利进入了建筑系，林徽因则因校方规定建筑系不招女生，只好选了美术系，但她全部选修了建筑系的课程。

在宾大，男女宿舍不在一处，梁思成要见林徽因还得通过校监，有时等好长时间林徽因才能从楼上下来。梁思成初始对林徽因性直、好强、口快的性格了解不够，加之在国外的孤独、寂寞和忧郁，不久便发生了矛盾。

1924年12月28日，林长民致信思成说："我于每年耶（圣）诞节颇有感想，恨不得痛痛快快作耶诞节树中老翁，给儿女辈大欢乐耳！徽来书极可喜，此子用情如许真挚，老夫之福也。行将有美札畀之。"又说"'诲义'收到，读之快幸"。

从这封信看，徽因和思成闹矛盾，梁思成已专此向这位未来的丈人林长民写过"诲义"的信。

从梁启超的家书中看，林长民1925年春为解决徽因与思成的矛盾，似去了一趟美国。到4月11日，林长民给女儿徽因的信中又说："我自接汝一月十日来函后，至今未得只字，所有寄予及我自己各信，转去各信，均不得复。徽其病耶？其置我不理耶，拟有别情耶？我悬念不可名状，如何？望即复。"

　　林、梁的矛盾看来延宕到此时并没有完全平息。林徽因三个月不给自己的父亲回一个字，令林长民也悬挂于心，如堕五里雾中。

　　而在二人闹矛盾之际，思成大姐梁思顺无疑是站在弟弟一边的。梁启超在1925年5月1日致信思顺说："思永有两封信来，一封是因为你不肯饶徽音（因），求我劝你，说得很恳切，现在已不成问题，（信）不给你看了。"

　　又过了两个月，梁启超为思成与徽因的矛盾，在给孩子们的书信中说出了经过："其实我们刻刻在轮回中，一生不知经过多少天堂和地狱。即如思成与徽因，去年便有几个月在刀山剑树上过活！这种地狱比城隍庙十王殿里画出来还可怕，因为一时造错了一点业，便受如此惨报，非受完了不会转头。倘若这业是故意造的，而且不知忏悔，则受报连绵下去，无有尽时。"又说："我几个月前很怕思成因此生出精神异动，毁掉了这孩子。"

　　从以上几封信看，两个有政治背景的家族所撮合的婚姻，进行得也并不那么平顺，"恋爱"有它自身的规律，任谁有天大本事，也无法越俎代庖。这恐怕是梁启超当初没有想到的。政客出身且有善变性格的梁启超，比起性灵浪漫的林长民来，却有着截然的不同。尤其是他精于算计，明弹暗压，机心处处，其禀性不知要比常人多出多少倍。

　　1925年冬，林长民不甘失落，为了实现政治抱负，不听朋友的劝告，应邀到滦州做了郭松龄讨伐张作霖的幕僚长。之后随郭部浩荡出关，势如破竹，迅速击溃辽西奉军。正在此时，日本人公开武力干涉，加之郭内部出现叛徒，顿时讨伐军全线失利。部队在退至辽宁新民县西南四十五里苏家窝棚时，被张作霖部追上，林长民在逃亡中被流弹击中而毙命。还有人说，他是趴在大车底下中弹未死，被士兵扒掉身上衣物点火烧死的。

噩耗传来，林长民的弟弟林天民与姐丈王永昕（字熙农）、妹夫卓定谋（字君庸，清末商部顾问）三人办理治丧事宜。因遗骸被焚烧，无从运回。他们先在大姐林泽民家会面，与弟弟林天民及三妹林嫄民夫妇、四妹林丘民夫妇和五妹林子民商议后事，又到雪池胡同看望林徽因的母亲和三姨太程桂林。得知林长民身后只剩下三百余元积蓄，其他便是一些字画，营口公司的股份和国际联盟会长一职，月可收入两千元，是否可以拿到，尚且还要与汪大燮和政府交涉。此事由上述三位男性专司协助，待丧事办完，再行宣布。林徽因的母亲何雪媛和三姨太程桂林以后拟回福州生活。

林徽因得知父亲死亡的消息，悲恸欲绝，执意要回国看望母亲。对此梁启超数次以各种理由拒绝，他在给梁思成的信中转达了徽因母亲的话："只有盼望徽音（因）安命，自己保养身体，此时不必回国。"

1926年2月27日，梁启超《致孩子们书》又言："前两日徽音（因）有电来，请求彼家眷属留京（或彼立归国云云），得电后王姨（梁启超姨太）亲往见其母，其母说回闽属既定之事实，日内便行（三五日便动身），彼回来亦不能料理家事，切嘱安心求学云云。"

1926年冬，结伴到晋南进行考古调查的李济与袁复礼，在夏县西阴村挖出可以装几十个大木箱的陶片、牛骨、龟骨、石片等，最让人高兴的是还发现了新石器时期的"半个蚕茧"。梁启超得讯，于1926年12月10日给在美国学习的儿子思永写信，让其回国，不要失去这个"实习机会，盘费食住费等等都算不了什么大问题，家里景况对于这点点钱还负担得起也"。

林徽因得知思永回国，她也要在转年2月回国，拟考取清华官费。梁思成将此事告诉了他的父亲。1927年1月2日，梁启超在《致孩子们书》中又以"福州附近很乱"相拒。他说：

> 思成信上说徽音（因）二月间回国的事，我一月前已经有信提过这事，想已收到。徽音（因）回家看他娘一趟，原是极应该的，我也不忍阻止，但以现在情形而论，福州附近很乱，交通极不便，有好几位福建朋友想回去，也回不成。最近几个月中，总怕恢复原状的希望很小，若回来还是蹲在北京或上海，岂不更伤心吗？况且他的娘，屡次劝他不必回来，我想还是暂不回来的好。至于清华官费，若回来考，我想没有考不上的，过两天我也把招考章程叫他们寄去。但若打定主意回来，则亦用不着了。

为金钱所困的林徽因，后来曾想休学一年打工为自己赚取学费，却也未得到梁启超的允准。远在大洋彼岸的林徽因，哪能"过海一杯轻"？她有生以来第一次尝到了生存的困厄和"精神充军"的苦味！

2月，美国东部的天气乍暖还寒，冷风习习。胡适以中华教育文化基金董事会董事的名义，由英转美，商谈美国第二次"退还"庚款余额事宜。驻足未稳，他便接到林徽因 2 月 6 日从费城写给他的信。信中说："你到美国的消息传到一个精神充军的耳朵里""我这两年多的渴想北京和最近惨酷的遭遇给我许多烦恼和苦痛。我想你一定能够原谅我对于你到美的踊跃。我愿意见着你，我愿意听到我所狂念的北京的声音和消息"。纽约离费城很近，"彭校新创的教育会有个演讲托我找中国 Speaker（演讲人）"，能否应邀前来请即示告知。

教育会联系好后，胡适来费城三天，不仅做了讲演，还与林徽因畅谈了宗教、人事、教育和政治等方面的问题。2 月 15 日，她再次写信给胡适说：让她忘不了的，尤其是"人事"。"一切的事情我从前不明白，现在已经清楚了许多，就还有要说要问的，也就让他们去，不说不问了，'让过去的算过去的'，这是志摩的一句现成话。""回去时看见朋友替我问候；请你告诉志摩我这三年来寂寞受够了，失望也遇多了，现在倒能在寂寞和失望中得着自慰和满足。告诉他我绝对的不怪他，只有盼他原谅我从前的种种的不了解。但是路远，隔膜误会是所不免的，他也该原谅我。我昨天把他的旧信一一翻阅了。旧的志摩我现在真真透彻地明白了，但是过去，现在不必重提了，我只求永远纪念着。""我眼看着还要充军一年半，不由得不害怕呀。"

10

1924 年秋天，徐志摩在追求凌叔华未果后，又转而去追陆小曼。

陆小曼是清末举人陆定的千金，又名眉，江苏常州人，1903年生于上海。六岁时随母亲到北京与父亲一起生活。其父系晚清举人，后又东渡日本，入早稻田大学读书，毕业回国后在度支部（后为财政部）供职，先后任参事、赋税司长等。陆小曼曾入法国人在北京办的圣心学堂读书，其父又为她延聘英籍教师补习英语，十五六岁便英法文俱佳。她活泼美丽，是外交部举办交际舞会的跳舞能手。

十八岁时，陆定夫妇毫不犹豫地将她嫁给了毕业于美国西点军校的上校武官王赓。婚礼场面空前，中外来宾达数百人之多，一时大门被堵得水泄不通。丈夫王赓虽然优秀，但军人的刻板给他们的婚姻埋下了不和谐的伏笔。

徐志摩回国后，与同是梁启超弟子的王赓相识。他们常一起出入六国饭店吃饭跳舞，游西山，看京剧，四处游玩。王赓性格爱静不爱动，常手不释卷，游玩之事不是他的所好。志摩来找时，他便让小曼陪他去玩。时间一久，二人情感毛病就凸显了出来。正像郁达夫所言："忠厚柔艳如小曼，热烈诚挚若志摩，遇合在一道，自然要发放火花，烧成一片了。"

1925年3月，二人的热恋很快传开了，社会舆论迅速发酵。不仅小曼母亲知道了，就连远在哈尔滨任警察厅厅长的丈夫也知道了。在巨大的社会舆论压力下，徐志摩向梁启超、晨报社和现代评论社各借了一千元钱，3月10日晚新月社同人为他设宴钱行，第二天便踏上火车，取道西伯利亚前往欧洲避风。徐志摩把这次出国叫作"自愿的充军"。

徐志摩这一去四个多月，直到陆小曼生病将他唤回。

这次出行，他先到德国、法国和英国，最后去了意大利。他去看张幼仪迟了一个星期，次子德生已患脑膜炎夭折。接下来去英国看望老朋友狄更生、恩厚之、罗素夫妇，还拜访了哈代。他等泰戈尔不遇，于是四处游荡，借拜谒名人墓地消磨时日。他说："我这次到欧洲来倒像是专做清明来的。"

在欧洲他接到胡适来函，告知他可以回家了，陆小曼的丈夫已改变主意，同意跟陆小曼离婚。7月13日他回到伦敦，也不去恩厚之的达廷顿庄园了，写了封道歉信，匆匆过海到巴黎，等待苏联政府签证。7月底乘火车回到北京。

徐志摩回京立足未稳，好友陈博生（《晨报》总编辑）就找上门来逼他履约。因为去欧洲时陈博生、黄子美（《晨报》赞助人）等朋友就不放他走，他们又"行贿"，徐志摩才答应回来替他们办副刊。《晨报》的前身是《晨钟报》，1916年8月创刊，是进步党、研究系的机关报。后被段祺瑞查封，1918年12月改为《晨报》，1928年6月停刊。9月下旬，陈博生又找上门来，以给薪水和副刊主任相许，徐志摩只好走马上任。9月29日，《晨报》刊出《学艺部启事》和《勉己启事》，宣告副刊人事更替，从此开启了为期一年的《晨报·副刊》的编辑工作。

与此同时，北京大学文学院、外文系也给徐志摩发来聘书，月薪二百四十元。徐志摩虽然对月薪不太满意，但他还是同意了。他身穿紫羔青绸袍，架着浅黄色玳瑁边眼镜，风度翩翩地站在北大的讲台上。他讲课饶有风趣，有时浙瓯土话和英语齐发，引得课堂阵阵笑声。他在讲课时喜欢加入一些外国作家的奇闻趣事，学生不仅爱听，而且无形中又加深了对课文的领悟和理解。

12 月 25 日之后，从辽宁传来郭松龄兵败和林长民阵亡的消息。那些天徐志摩常来雪池胡同，帮助林家处理丧事。不久他写了那篇题为《伤双栝老人》的著名散文，刊登在《晨报·副刊》上。这真是天下哀挽文的名篇，他满怀深情地回忆了与林长民的相识经过，和林长民"谐趣天成的风怀"，还写了一群髫年失怙的弟妹的种种情状，以及那两株凋尽绿叶的栝树和四壁白联挽幛的庭院，哀惨之状不禁让人垂泪。文章最后他写到林徽因的父女之情：

最可怜是远在海外的徽徽，她，你曾经对我说，是你唯一的知己；你，她也曾对我说，是她唯一的知己。你们这父女不是寻常的父女。"做一个有天才的女儿的父亲"，你曾说："不是容易享的福，你得放低你天伦的辈分先求做到友谊的了解。"

徽，不用说，一生崇拜的就只你，她一生理想的计划中，哪件事离得了聪明不让她自己的老父？但如今，说也可怜，一切都成了梦幻，隔着这万里途程，她那弱小的心灵如何载得起这奇重的哀惨！这终天的缺陷，叫她问谁补去？佑着她吧，你不昧的阴灵，宗孟先生，给她健康，给她幸福，尤其给她艺术的灵术——同时提携她的弟妹，共同增荣雪池双栝的清名！

这是徐志摩一篇卓尔不群的悼念文字，他殇咏情理之中，却映带情理之外。他把悲与爱有机地融合在一起，让爱穿越风涛海浪，送给他日也消磨、夜也消磨的林徽因。这是他本心的呈现。

　　不久，徐志摩突然得到林徽因的信，说她急盼收到他的信，哪怕是一份平安电报，好让她心宽。徐志摩马上拍电报作复，也许他过于激动，发了一封电报，又去发，被管发电报的人提醒他发重了。他回到住处，一口气写下《"拿回吧，劳驾，先生"》一诗以纪其事：

　　　啊，果然有今天，就不算如愿，

　　　她这"我求你"也就够可怜！

　　　"我求你，"她信上说，"我的朋友，

　　　给我一个快电，单说你平安，

　　　多少也叫我心宽。"叫她心宽！

　　　扯来她忘不了的还是我——我，

　　　虽则她的傲气从不肯认服；

　　　害得我多苦，这几年叫痛苦

　　　带住了我，像磨面似的尽磨！

　　　还不快发电去，傻子，说太显——

　　　或许不便，但也不妨占一点

　　　颜色，叫她明白我不曾改变，

　　　咳何止，这炉火更旺似从前！

　　　我已靠在发电处的窗前，

　　　震震的手写来震震的情电，

　　　递给收电的那位先生，问这

该多少钱？但他看了看电文，

又看我一眼，迟疑地说："先生，

您没有重打吧？方才半点钟前，

有一位年轻先生也来发电，

那地址，那人名，全跟这一样，

还有那电文，我记得对，我想，

也是这……先生，您明白，反正

意思相似，就这签名不一样！"

"咦，是吗？噢，可不是，我真是昏！

发了又重发；拿回吧，劳驾，先生。"

心之急，情之切，恋爱中人出些荒诞不经的笑话也是常事，但不难发现，他爱林徽因确不是虚言。

有"艺术叛徒"之称还逃过婚的刘海粟，很同情志摩和小曼的恋爱，他与小曼母亲同为常州人，都是当地有名的世家，且有亲戚瓜葛，当他出面帮忙的时候，很快做通了小曼母亲的工作。经与志摩商量，他决定与小曼母女一起去上海，找在上海任孙传芳五省联军总部参谋长的王赓，在功德林设宴请客。除当事者外还有杨杏佛、张君劢、唐腴庐、李祖法、唐瑛。酒宴一开始便是刘海粟大谈男女结合的基础是爱的宏论，志摩事先给王赓写了一封英文长信，至此僵局便很快打开，王赓同意了和小曼离婚。

这件事的终结是，在 1925 年 9 月的最后两个星期，小曼在上海与王赓竟然奇妙地把婚离了。

徐志摩和陆小曼在北京中街租房同居数月后，于 1926 年 10 月 3 日（农历八月二十七孔诞日），在北海公园画舫斋举行了婚礼。

婚前徐志摩本请胡适做证婚人，因胡太太的反对和要出国，于是他恳请梁启超做了证婚人。在婚礼上，梁启超模仿西洋牧师的方式，先问了徐志摩，又问了陆小曼。问毕，他说："很好，我可以做你们的证婚人。"接着，梁启超便发表了他的严厉训斥：

徐志摩，陆小曼，你们是曾经经过风波的人，社会上对于你们有种种的误会，种种的不满意，你们此后总得要想法解除这种误会。爱情当然是人情，不过也只是人情中之一，除了爱情以外，人情还有许许多多的种类，你们也不得不注意。

最后，梁启超更加严厉和道貌岸然地说：

徐志摩，你是一个天资极高的人，这几年来只因你生活上的不安，所以亲友师长对于你也能有相当的谅解。这次结婚以后，生活上总可以算是安了，你得要尽力做你应当做的事。

陆小曼，你此后可不能再分他的心，阻碍他的工作。你是有一种极大的责任，至少对于我证婚人梁启超有一种责任。

徐志摩怕梁启超说更难听的话，连连说："请老师不要再讲下去了，顾全弟子一点面子吧。"

婚礼后的第二天，在场的张慰慈，把梁启超说的这一番话写信告诉了在英国的胡适。婚后徐、陆便告别朋友南下，12 日先到上海新新旅馆暂住。11 月 16 日，夫妇二人才回到硖石干河街老父为他们刚刚建成的新式楼房里。

10 月 4 日，即梁启超为徐志摩做证婚人的第二天，给美国他的孩子们的书信中说：

> 我昨天做了一件极不愿意做之事，去替徐志摩证婚。他的新妇是王受庆（王赓）夫人，与志摩恋爱上，才和受庆离婚，实在是不道德之极。我屡次告诫志摩而无效。胡适之、张彭春苦苦为他说情，到底以姑息志摩之故，卒徇其请。我在礼堂演说一篇训词，大大教训一番，新人及满堂宾客无一不失色，此恐是中外古今所未闻之婚礼矣。今把训词稿子寄给你们一看……闻张歆海近来也很堕落，日日只想做官（志摩却是很高洁，只是发了恋爱狂——变态心理——变态心理的犯罪），此外还有许多招物议之处，我也不愿多讲了。品性上不曾经过严格的训练，真是可怕。我因昨日的感触，专写这一封信给思成、徽音、思忠们看看。

据说徐、陆结婚是因为徐父要求必须请梁启超证婚，因而才有了"中外古今所未闻之婚礼"，但这对于志摩也是无奈之举。然而梁启超给他子女的信，大有敲山震虎之意，其意昭昭，明眼人一看便知是让谁看的。信中对于张歆海"只想做官"的非议，怕是五十步笑百步。经过历史的沉淀，今人在学术上给了梁启超充分肯定，但不能遮蔽国人对于他率领研究系人马依附北洋军阀政府的诟病。

11

1927年年初，徐志摩为避战乱来到上海，"为不再倚赖家父"生活，春季开学后他应聘到光华大学外文系当教授。

之前，胡适去英国参加中英庚款全体委员会会议，离英前的一个晚上与恩厚之长谈，提到志摩与小曼想到英国读书的事，希望战事一结束，即来英访问并落实此事。3月7日，恩厚之便随函寄上二百五十英镑汇票作川资。不巧的是，志摩因战乱和"在这里一间大学教书，赚点钱过日子"而未能成行。

5月，胡适在日本逗留不敢贸然回北平，皆因张作霖"讨赤"捕杀教授和学生，便改道乘船去了上海。

1927年10月，蔡元培任国民党"大学院"院长后，首聘胡适为大学院委员会委员。同月24日，胡适致信蔡元培，力辞大学院委员之职，对"党化教育"绝不能附和。翌年3月10日，胡适应母校之聘出任中国公学校长，兼文理学院院长，开始了在上海两年又八个月的执教生涯。

因张作霖"讨赤"，先后捕杀了李大钊、高仁山、邵飘萍等一批教授、学生和共产党人。王国维投湖自沉。叶公超、梁实秋、刘英士、丁西林、饶孟侃等新月派人士避走上海，到郑洪年的暨南大学教书。在胡适、徐志摩的张罗下，7月办起了新月书店，销售兼出版他们的书籍。第二年3月10日，《新月》杂志后续创办，1930年冬，徐志摩再创《诗刊》。

这期间，徐志摩重拾旧梦，与银行家王文伯于1928年6月

16日再次赴欧美旅行。船到日本神户，他上岸到东京去会老朋友陈西滢夫妇。跨太平洋到美国纽约拜会了母校哥伦比亚大学，盘桓几天后再横渡大西洋来到英伦。重游魂牵梦绕的康桥后，他到英国南部达廷顿庄园，会见好友恩厚之和他的妻子多乐芙。恩厚之和志摩骑马缓行，一边倾谈，一边参观达廷顿庄园四千英亩的农村开发基地，有锯木厂、酿造房、纺织间、陶器厂、医院和学校等，简直是一个小小的"幸福王国"。在英国一个半月，他见了罗杰·弗莱（傅来义）、罗素，但一直没见到他的恩师狄更生。狄为与志摩相见，一站站地追，一直追到马赛，二人这才欢快地相聚。然后徐志摩又穿过地中海来到印度，拜见了朝思暮想的"老戈爹"泰戈尔，参观他亲手创办的国际大学，又到大吉岭观赏了喜马拉雅山的雄姿，最后从加尔各答乘轮船到新加坡，再转船回国，结束了历时五个月的环球旅行。

徐志摩这次出国，并无绝对的必要，之所以出国完全是为了躲避家庭的烦恼。他与陆小曼的婚姻，主观多于客观判断和认识，小曼聪明慧美不假，但她不是一个潜心向学的人，加之上海的环境诱惑，徐志摩迁就，渐渐离开了一般常人的生活之轨。她上舞场、进戏院、捧伶人、抽大烟，后来又加了一件与先是在上海开业行医，后来又到江南造船厂任会计处长的翁瑞午（1899—1961）关系不寻常的事情，导致夫妻感情恶化。光华大学之外，徐志摩还在别的两个大学兼课，月收入千元。由于陆小曼挥霍无度，连陆母也哀叹当不了这个家。这些事弄得徐志摩"我不知道风是在那一个方向吹"，以致陷在生活的泥沼里不能自拔。胡适曾十分严肃地说："小曼已严重妨害了你的事业，你有勇气解除烦恼结吗？"徐志摩是个善良和诚实的人，他回答说："我与她离了婚，那就把她毁了。"

1930年5月，胡适因"人权与约法"问题，受到国民党当局的"围剿"，被迫辞去中国公学校长一职。北大代理校长陈大齐劝他回北大，于是10月28日他即携眷离沪。胡适前脚刚到北大，蒋梦麟就被任命为北大校长。蒋把文、理、法三科改为三个学院，任命胡适为文学院院长，胡也利用自己的声望和关系，网罗了闻一多、梁实秋、温源宁、叶公超等一批人才，很快把文学院搞得风生水起。

1930年上半年，徐志摩最为忙碌。他除了在光华大学担任教职，主编《新月》杂志和办新月书店，还兼任南京中央大学的教职和中华书局的编辑工作，每周三次奔波于沪宁道上。他一饭三哺，大有力不从心之感。秋季开学之前，他只得辞去中大教职，专营上海诸事。不久他应中大学生陈梦家、方玮德之请，又开始帮助筹办《诗刊》。于是四处写信约稿，第二年1月20日，第一期杂志出版问世。

让徐志摩没有想到的是，就在这年冬天，光华大学发生学潮，他是光华支持学生运动的七执委之一，被迫接受国民党上海市党部下达的公文辞职，一度陷入生活困境。

12

1931 年年初，在胡适的帮助下，徐志摩被聘请到北京大学任教，并在北平女子大学兼职，每月收入有五百八十元之多。1月4日，他离沪赴平，住胡适米粮库胡同 4 号家中。胡夫人把他的生活安排得井井有条，比在上海家里还要舒服。这期间，他听说林徽因生了病，于是便到沈阳东北大学看望。

林徽因和梁思成在美国结束学业后，于 1928 年 3 月到加拿大渥太华大姐夫周希哲所在的领事馆寓所结婚。8 月周游欧洲后从西伯利亚回国，9 月梁思成和林徽因便到沈阳东北大学新创办的建筑系任教。

徐志摩看到沈阳的医疗条件太差，而气候也不适宜，便劝她回北平过冬治疗。梁林夫妇听从了徐志摩的建议，于是林徽因返回北平，暂住在大姐梁思顺东直门大街 204 号的家里。

旧历年前，徐志摩回到南方过春节。在硖石家中，徐志摩意外地收到林徽因从北平寄来的照片，照片上的她躺在病榻上，而背面是题给徐志摩的一首诗。

春节过后，徐志摩回到北平。他以为梁林夫妇已回沈阳，怀着试试看的心情来到梁家，没想到夫妻二人仍在家中——林徽因病得更厉害了，脸上瘦得连骨头都能看得出来，而梁思成也是一脸的憔悴和无奈。原来是林徽因陪人到协和医院看病，被一个熟悉的大夫看到了，就拉她到 X 光室检查，一看是肺结核，让她必须停止一切，到山上静养。

3 月初，林徽因由母亲陪同住在香山双清别墅北面来清轩一栋房子里养病，在徐志摩的鼓励下，自此便开始了她的文学创作。半年多时间，她便先后在《诗刊》《新月》《北斗》《晨报·副刊》等杂志发表诗和小说。其间，徐志摩一次次去看望她，有一次他甚至在西山住了两个多星期。在写诗的同时，他们开始了第三段情感的纠葛，以致引起梁家人的不满和社会上的"浮言"。随着《诗刊》的创办，他们个人感情的热度形成了一个高潮，他们用诗唱和，表达心迹。徐还翻出七年前未写就的一首诗，题为《在病中》放入第二组诗中，以表达失恋后的心情。

1931 年 4 月 2 日《诗刊》第二期，刊登了林徽因的《谁爱这不息的变幻》和用笔名尺棰发表的《那一晚》和《仍然》；徐志摩同期也刊登了三首诗——《山中》《两个月亮》和《车上》。

林诗《那一晚》叙说的是剑桥的分手："那一晚你的手牵着我的手，迷惘的星夜封锁起重愁"，"到如今我还记着那一晚的天，星光、眼泪、白茫茫的江边"，"那一天我要跨上带羽翼的箭，望着你花园里射个满弦"。

徐诗在《两个月亮》中写道："一个这时正在天上，披敞着雀毛的衣裳；她不吝惜她的恩情，满地全是她的金银"，"还有那个你看不见，虽则不提有多么艳！她也有她醉涡的笑，还有转动时的灵妙；说慷慨她也从不让人，可惜你望不到我的园林！"

两首诗意象明白，趣味盎然。一个说你是天上的月亮，"可惜你望不到我的园林"；另一个则以那一天我要带上箭，"望着你花园里射个满弦"作酬答，从中不难看出林徽因"不让人"

的性格和徐志摩对她的戏谑。

1931年10月5日，《诗刊》第三期再次刊登林徽因和徐志摩的两组诗，每组诗都是四首。

林诗有《笑》《深夜里听到乐声》《情愿》和《一首桃花》；徐志摩有《火车擒住轨》《云游》《你去》和《在病中》。

徐诗《云游》是典型英诗的十四行，其中写道："那天你翩翩的在空际云游，自在、轻盈，你本不想停留"，"在过路时点染了他的空灵，使他惊醒，将你的情影抱紧"，"他抱紧的是绵密的忧愁"，"你已飞渡万重的山头，去更阔大的湖海投射影子！他在为你消瘦，那一流涧水，在无能的盼望，盼望你飞回！"

林诗《情愿》这样写道："我情愿化成一片落叶，让风吹雨打到处飘零"，"但抱紧那份伤心的标志，去触遇没着落的怅惘；在黄昏，夜半，蹑着脚去，全是空虚，再莫有温柔"，"落花似的落尽，忘了去这些个泪点里的情绪"，"比一闪光，一息风更少痕迹，你也要忘掉了我，曾经在这世界活过"。

二人的诗显然是叙述那段过往的经历。徐有些埋怨林的"云游"，讥谑她"去更阔大的湖海投射影子"。林诗则"我情愿化成一片落叶""抱紧那份伤心的标志，去触遇没着落的怅惘"，她在诗尾说的"曾经在这世界活过"，显然是指在美国读书时给胡适信中所说的"受够了"的失望、寂寞和精神"充军"。

正是这样的密切交往，让徐志摩和林徽因的情感日炽一日，他们又进入重叙旧情的港湾。除去与林的事外，徐志摩的生活过得并不平静，仅北来后半年，他就往返平沪八次之多。其中他最痛苦的是母亲于4月23日病逝，6月又回去为母亲过"七七"，一生最爱的人去了，而父亲又不原谅小曼，使父子间隔膜加深，矛盾激化，弄得他苦不堪言，从此他对这个家也就不再依恋了。

这一年暑期，徐志摩从北平回到上海。这期间他有些许安慰，先是北大中基会合作研究特款顾问委员会召开第一次正式会议，徐志摩等被聘为研究教授，他的又一部诗集《猛虎集》由新月书店出版，在编完《诗刊》第三期后交由陈梦家、邵洵美编辑，9月17日回北平前，他在上海宴客三日，宾客多为文化界名人。

到10月下旬，徐志摩经济拮据已达极点。又因债台高筑，把他压得喘不过气来，而陆小曼并没有太多理会他的困境。置徐志摩再三劝她离开上海于不顾，继续沉湎于上海的纸醉金迷的生活，因而夫妻关系日趋恶化。

11月上旬，陆小曼连发十几次电报催徐志摩南返，因上海的排场已难再维持。11日，徐志摩搭乘张学良的专机飞抵南京。行前他向林徽因告别，因林晚上有约会出去了，他独自喝了一壶茶，林徽因还是没有回来，于是写了些字便走了。林回来一看："定明早六时飞行，此去存亡不卜……"林一下怔住了，赶忙给他打了一个电话。徐回答："你放心，很稳当的，我还要留着生命看更伟大的事迹呢，哪能便死？"

到南京后去看望张歆海夫妇，谈至深夜，张歆海和韩湘眉亲送他到火车站登车。12日晨抵上海家中，不料夫妇一见面就大吵一架。14日上午到刘海粟处看他从国外带回来的新作。中午在罗隆基处午餐,午后又到刘海粟处。15日回硖石,17日下午回到上海。志摩劝小曼戒鸦片,小曼听了随手将烟枪往志摩脸上掷去。志摩躲闪时,眼镜片掉在地上摔碎,一气之下,到陈定山家谈了一夜未回。

11月18日下午,志摩乘火车到南京,住何竞武家中。离沪时他拿了去年保君健赠的免费机票;经联系,次晨有去北平的飞机。他之所以匆匆赶回北平,是因为林徽因19日要在协和小礼堂为驻外使节讲演中国古代建筑,徐应邀参加。第二天上午八时,徐志摩从南京机场起飞,托人给梁林夫妇发电报,说下午三时到南苑机场,让派车去接。十时十分抵达徐州,曾给小曼寄出一封短信,说头痛不欲再行。但十二时二十分又登机北行。在飞机飞抵济南党家庄上空时突遇大雾,飞机不辨方向,不幸误触一座小山而坠毁。时年徐志摩仅三十五岁。

下午三时,梁思成雇车到南苑机场,四点半不见机到,只好返回。

第二天,北平《晨报》刊登了飞机失事的报道。上午十时半,胡适赶到中国航空公司咨询,证实了志摩已死的消息。下午,林徽因、梁思成、张奚若、钱端升、陶孟和等人到胡适家,奚若更是恸哭失声。

依次赶到济南料理后事的是,从北京赶来的张奚若、金岳霖、梁思成、张慰慈;从青岛赶来的沈从文;从上海、南京赶来的张嘉铸、郭有守和徐志摩之子阿欢等。商议后将徐志摩的遗体运回硖石安葬。

林徽因的心情最为复杂。徐逝世后她保持沉默，甘愿让无边的痛苦啃啮着她的心。梁思成十分理解林徽因的心情，从坠机现场捡回一块飞机残片保存。后来他们家又增加了她三弟林恒阵亡的另一块残片。两块残片用黄绫扎着，放置的地方并不固定，直到她去世为止。

1931 年 12 月 7 日，北平《晨报》第九版刊登了林徽因的长文《悼志摩》，她在文章中写道：

张开口我们不会呼吁，闭上眼不会入梦，徘徊在理智和情感的边沿，我们不能预期后会，对这死，我们只是永远发怔，吞咽枯涩的泪；待时间来剥削着哀恸的尖锐，痂结我们每次悲悼的创伤……事实不容我们安插任何的希望，情感不容我们不伤悼这突兀的不幸，理智又不容我们有超自然的幻想！

罗衾不耐五更寒。半年后，林徽因仍被志摩去世的阴云笼罩着。那些不相连续的往事，是喜是悲？一种来自性灵深处的情绪，一股脑儿倾泻到笔端，这便是志摩走后第二年夏天写成的著名诗作《别丢掉》：

别丢掉
这一把过往的热情，
现在流水似的，
轻轻
在幽冷的山泉底，

在黑夜，在松林，

叹息似的渺茫，

你仍要保存着那真！

一样是明月，

一样是隔山灯火，

满天的星，

只有人不见，

梦似的挂起，

你向黑夜要回

那一句话——你仍得相信

山谷中留着

有那回音！

徐志摩去世四周年，她又写了纪念长文。她说："去年今日我意外地由浙南路过你的家乡，在昏沉的夜色里我独立火车门外，凝望着那幽暗的站台，默默地回忆许多不相连续的过往残片，直到生和死间居然幻成一片模糊，人生和火车似的蜿蜒一串疑问在苍茫间奔驰。"然而，站台上冷冷清清，镇子吝啬地不愿举出一盏灯光，只有稀稀落落的犬吠声和偶尔传来更夫的梆声，温暖着悠长的梦境。在这个小站只有三分钟的停留，她无意中把它拉近，又无奈地把它推开，这个偶然的相逢又别离，永远刻在她记忆的深处。

她又说："前两次的用香花感伤地围上你的照片，抑住嗓子底下叹息和悲哽，朋友和朋友无聊地对望着，完成一种纪念的形式"，"据我看来：死是悲剧的一章，生则更是一场悲剧的主干！"

文章最后说："你走后大家提议要为你设立一个'志摩奖金'，来继续你鼓励人家努力诗文的素志，勉强象征你那种对于文艺创造拥护的热心，使不及认得你的青年人永远对你保存着亲热。如果这事你不觉到太寒伧不够热气，我希望你原谅你这些朋友们的苦心，在冥冥之中笑着给我们勇气来做这一些蠢诚的事吧。"

十年生死两茫茫。他们从轰轰烈烈的相识相恋，到谁也无法预料的生死相隔，永远地刻在他们的记忆和诗文里，成为天地间永不凋谢的花朵。

在以后的岁月里，林徽因经过战争流徙和八年磨难，带着一身病痛回到北平。在新中国的建设事业中她因精心设计国徽和人民英雄纪念碑，创造了新的人生价值和辉煌。1955 年 4 月 1 日，林徽因因病过早地离开了这个世界，终年五十一岁。

四、丈夫梁思成

1

林徽因再次遭遇"爱情"，是她从英归国途中，无意间在上海梁启超的养病处打一个尖，其宿命被一只手从背后扼住，不由自主地搭到爱情的另一辆车上，从此改变了她命运的走向。

1921年10月14日，她与父亲乘"波罗加"号轮船从法国起航，大约在海上经过一个月的风浪颠簸，才到上海黄树浦码头登岸。随后梁启超差人把父女二人接到住处，林徽因风姿绰约，照影惊心，立刻吸引了梁的目光，随即为儿子打起了择偶的主意。于是把林长民暂留上海商议创办共学社和讲学社之事，派人把林徽因送回北京继续在培华女中读书。

大约林徽因回京刚刚驻足，梁启超即遣儿子梁思成登门拜访。梁思成回忆说："当我第一次去拜访林徽因时，她刚从英国回来，在交谈中，她谈到以后要学建筑。我当时连建筑是什么还不知道，徽因告诉我，那是包括艺术和工程技术为一体的一门学科。因为我喜爱绘画，所以我也选择了建筑这个专业。"接下来，梁思成邀林徽因一起游太庙，还邀她到清华看他在管乐队表演，还频繁到雪池胡同林宅看望并拍照留影，还一起到北海梁启超创办的松坡图书馆读书。

这期间，对于徽因与志摩的事林家内部也有过激烈的争论和权衡。据林徽因的堂弟林宣回忆：

> 当年追求林徽因的人很多，有富家子弟，有政要新辈，还有大学教授。徐志摩当然是追得最紧的一个。姑且不说林徽因父亲林长民最后如何考虑，单是家族中几个姑姑对徐志摩就极不欣赏。她们结成"统一战线"，全力反对。这些女眷多出身名门大家，皆善诗词曲赋。家中往来又不乏国学前辈，耳濡目染，习于成性，对白话诗不屑一顾。虽然徐志摩当时已小有名气，可在她们心目中却不堪入流。但反对的根本原因是：徐志摩是有妇之夫，休妻抛子来追求咱家林小姐，是"做坑"（作孽），万万应允不得。

这些女眷的意见的加入，令林长民不得不考虑，无疑动摇了徐、林相恋的根基，天平于是向着梁思成方面倾斜。

这里有一个资料记录了梁、林婚事的消息。1922 年 10 月，福建著名诗人陈石遗来京，林长民在家中设宴邀其畅叙，饭后林向陈索诗，陈于壬戌十月以《宗孟留饭索诗纪之，并约作妪解语》相赠：

> 七年不见林宗孟，剃去长髯貌瘦劲。
>
> 入都五旬仅两面，但用心亲辞貌敬。
>
> ……
>
> 小妻二人皆揖我，常服黑色无妆靓。
>
> 长者有女年十八，游学欧洲高志行。
>
> 挚交新会梁氏子，已许为婚但未聘。
>
> ……
>
> 十余年后试屈指，定非寻常旧百姓。
>
> 须臾留饭出乡味，团圞十人一家并。

从这首诗看，梁思成与林徽因的婚事已敲定。只是"已许为婚但未聘"，与梁启超书信中的说法基本一致。此说法无疑来自林长民或他的夫人们向陈的表述。

1922 年 8 月，徐志摩突然感到他与林的关系有不祥之兆，便匆匆结束剑桥的学业，从法国马赛登船回到故乡硖石。他在家与祖母、父母亲团聚月余后，即告别家人北上，于 1922 年 12 月 1 日抵达北京。

徐志摩立足未稳，便接到林长民的短函。开头便说："长函敬悉，足下用情之烈，令人感悚，徽亦惶恐，不知何以为答，"并约其"星期日（十二月三日）午饭，盼君来谈，并约博生夫妇。

友谊长葆"。

这封信对徐志摩来说不是什么好兆头。林长民在信中首先向他发难和指责，原先那个"忘年小友"的亲切称呼已不见了踪影。而青年志摩毕竟对人生的游戏规则缺乏深刻的了解，心头立刻被忧郁占据，苦水只能往自己肚子里咽。

徐志摩接林长民函后当即回信。林于12月2日又回徐短函："得昨夕手书，循诵再三，感佩无已。""明日午餐……务乞惠临……"

12月3日，徐志摩如约前往。但那次午饭吃得怎样？推想不会有什么好心情，从后面发生的故事来看，那场"鸿门宴"，显然是把林、徐之旧情来了个颠覆性的改变。

徐志摩的到来，最放心不下的还是在上海养病的梁启超，为儿子的婚事他不得不赤膊上阵，板起面孔毫不客气地写信教训这位"弟子"。

师徒二人唇枪舌剑，足见梁在儿子婚事上，难掩自私本性，甚至有虎口夺食之嫌，因而引起徐对他的反驳和不满。对于梁思成与林徽因这桩婚事，梁启超费尽心机，起了至关重要的导演作用。

2

然而，让梁启超没有想到的是，其家人并不看好这桩婚事。尤其是梁启超的夫人李蕙仙，"她不喜欢徽音，她讨厌'现代女性'"。

后来，梁思成在 1923 年五七国耻日被北京政府的汽车撞伤腿后，他说："在我住院期间徽因常来看我，那时正是炎热的夏天，我有时热得只穿一件背心，她来了就坐在我床边，有时还为我拧手巾擦汗。我妈知道了简直就不能容忍，在她看来，我们正是应当回避的时候。她激烈地反对这桩婚事。"

其后泰戈尔访华时，大女儿思顺也加入，和她的母亲一同反对林徽因。

1924 年 6 月，梁思成和林徽因买棹东去，7 月初抵达美国，暑期在伊萨卡的康奈尔大学补习英语等课程，秋天到费城入宾州大学。梁思成进建筑系，因该校建筑系不收女生，林徽因只好进宾大美院，但她选修了建筑系的全部课程。

不久，传来思成母亲李蕙仙病重的消息，思顺在来信中告诉思成，母亲并没有改变对这位未来媳妇的看法，还称至死也不肯接受林徽因。林徽因得此消息，不仅难以忍受梁家母女的责难，还认为梁思成对自己的关心是一种干涉与限制，于是二人便发生了矛盾。为此林徽因对她的父亲也产生了不满。

梁启超致思顺的信中说："林宗孟说思成病过一场（说像是喉症），谅来他是瞒着家里，怕我忧心。"

1925 年 5 月 1 日，梁启超致思顺书中说："思永有两封信来，一封是因为你不肯饶徽音（因），求我劝你，说得很恳切"。

大约在这一年的 9 月，林徽因致徐志摩一封长信（已佚）。晚年沈从文回忆，徐说此信刚从美国寄来，沈看后的印象是："写得多真诚坦率又多有情。"

12 月中旬，林长民受郭松龄之邀，赴东北沈阳讨伐军阀张作霖，不久郭失败被杀，林长民在乱军中遇难。

这对于父女情深的林徽因来说，无疑是生命斫裂般的打击。因为父亲亡故，使得家庭和她的留学失去了经济支持，她先是要求回国侍奉母亲和照顾弟妹，后又要求停学打工一年，还设想回国考取清华官费。梁启超一方面在给子女的信中捎带安慰，另一方面则以各种理由拒绝。

林徽因在寂寞和痛苦之际，又想起来志摩的"诚意温语"，于是写信说："我求你"，"单说你平安，多少也叫我心宽"。这封信徐志摩读后神魂颠倒，竟跑到电报局给林连发两次同样的电报。收发电报的先生劝他把重发的电报拿回。为此他写了《"拿回吧，劳驾，先生"》一诗，发表在《晨报》上，以纪其事。

第二年 1 月，在林天民、王熙农、卓君庸和梁启超等共同努力下，与林长民任职部门几经协商，林家才得到安置，林母和三夫人程桂林及其子女回福州居住。

林徽因在赴美留学的最初三年，经历了父亡的变故和与梁思成的性格碰撞磨合，逐渐悟出了人生妙道，学会了包容和忍让，也就为婚后的生活铺平了道路。从此二人相互理解、相互支持，抓紧时间完成稍纵即逝的留学生涯。

林徽因和梁思成有着截然不同的性格，她性格外向，为人热情，善于交流，但容易激动，脾气有些急躁，满脑子是艺术思维和创造，个性鲜明。而梁思成则性格内向，善于思考，处事沉稳，做事认真，幽默中带有儿时的淘气和智慧。由于两种性格的差异，对事物看法有时相左，但在学习和做事情中也能互相弥补，有时争论过后也就消解了。后来他们逐渐成了一对黄金搭档。梁启超的偏房夫人王桂荃用一句极平常的话做了极为经典的概括。她说："这是一对爱吵嘴的欢喜冤家"，"不用管，一会儿就雨过天晴了"。

1927年年初，胡适为庚款退赔和他的学位由英赴美，林徽因受费城教育会之托，邀请他到费城讲演。二人在阔别两年多后，有过一次见面和长谈。其间，林徽因两次致信胡适。林徽因说："如你所说的，经验是可宝贵的，但是有价值的经验全是苦痛换来的，我在这三年中是得了不少阅历，但就也够苦了"，"换句话说，便是会悟了。从青年的 idealistic phase（理想主义阶段）走到了成年的 realistic phase（现实主义阶段）。做人便这样做罢"，"我在北京一年的 spoilt（惯坏了的）生活用了三年的工夫一点一点改过来"。

这是林徽因的思想性格从理想主义到现实主义的嬗变。

1927年2月，梁思成在宾大毕业拿到学士学位，7月又获得硕士学位。之后，他又到哈佛大学研究生院进修半年，集中阅读了当时所有能查找到的有关中国建筑的资料，但也无法满足他关于中国建筑史的课题研究。林徽因亦在同时用三年时间完成四年的学业，以高分获得了美术专业的学士学位。这年夏天，克雷又聘请他们到建筑事务所当助手。之后林徽因到耶鲁大学戏剧学院学习舞台美术设计。1928年2月，思成提议结婚，徽因答应了。定于3月21日在加拿大渥太华梁思成姐夫周希哲工作的领事馆家中举行了婚礼。之后，按照梁启超指定的路线图，跨越波涛汹涌的大西洋，到欧洲旅游并考察建筑艺术。6月10日晚上，梁思成在旅馆突然拿出一个古朴而奇特的镜子，送到林徽因面前，并轻轻地在她的耳畔说了一句"生日快乐！"此时林徽因才恍然想起今天是她二十四岁的生日，她幸福地欣赏着这面铜镜上的纹饰，突然一行字又跳入她的眼帘："徽因自鉴之用，民国十七年元旦，思成自镌并铸，喻其晶莹不玷也。"这是梁思成在哈佛大学研究院进修时，用一周业余时间雕铸而成，还精心地做了仿古处理。

1928年8月，他们一行途经英、法、德、意、西等国后，取道苏联，经西伯利亚回到北平。

同年5月，正当梁思成和林徽因在欧洲旅游考察的路上，梁启超代为思成夫妇接下东北大学建筑系的聘书。梁思成任系主任，林徽因任教授。随后又去信告知，要他们8月底前赶回北平。

他们回到北平，梁启超很快为二人主持操办了传统的婚礼。随后，梁思成到东北大学赴职，林徽因独自回福州探亲，接母亲到沈阳同住。

创办东大建筑系第一学年只有他们夫妇二人。第二年夏天，才增加老同学陈植、童寯和蔡方荫。他们都是留美时的同学，预示着未来是一个生气勃勃的教学集体。教学之外，他们还成立营造事务所，把教学与建筑业务有机地结合起来，先后承建了吉林大学校舍、交通大学锦州分校、沈阳郊区的萧何园（公园）等。

1929年1月19日，梁启超因病去世，终年五十六岁。梁、林为其设计了墓碑，这是梁、林学习建筑以来设计的第一块墓碑。8月21日，林徽因在北平生下女儿，起名梁再冰。以此纪念不久前去世的祖父梁启超，"冰"字是其祖父在天津"饮冰室"书房的名字。

东北大学的学生张镈回忆，东大建筑系是"又团结互助又斗争雄辩的集体"，三个班，共四十多名学生，四位导师——梁（思成）师、陈（植）师、童（寯）师、林（徽因）师，他们各不相同，"平时团结一致十分水乳，评图时，不放过任何不足之处。真是难能可贵"。

林徽因的堂弟林宣回忆，梁先生讲授西洋建筑史，"教案是写在卡片上，分捆成束，语言少，图画多。几乎每个典故实例都在黑板上画一遍"。林先生的课程设初步设计、雕饰、专业英语，还有古典文学课。每周六个学时，他记得学过《威尼斯商人》。在林先生倡导下，英语课又增加一个学时。林宣许多年后还清楚地记得，林徽因在东北大学时讲过，做学问"少一事不如多一事"。

从梁、林讲课也可看出二人处事风格的不同，一个话多一个话少，一个沉静一个活泼，但配合相得益彰，不同中却透着契合。

1930 年冬，林徽因回北平，在协和医院意外检查出结核病，大夫要她必须停下来休养。从此，林徽因便再未回沈阳。第二年3 月初，林徽因到香山双清别墅附近租房疗养，从此开始了诗与散文的创作。同月，东北形势吃紧，梁思成辞去东大教授，回北平与林徽因一起加入了朱启钤创办的中国营造学社，梁思成任法式部主任，林徽因任校理，并把家迁至东城南小街东总布胡同的北总布胡同 3 号，开始了他们古建筑考察的学术生涯。

3

1931年后，是梁思成、林徽因生命中最好的年华，经济充裕，衣食无忧，他们如鱼得水，将其所学全身心投入对中国古代建筑的研究与考察。

他们首先从《营造算例》《营造法式》《工程做法则例》等古代典籍的破译、制图做起，以基础研究为突破口，一边向老工匠学习，一边撰写《清式营造则例》。此书1932年3月脱稿，他们耗时费心，终于完成了这部中国古代建筑研究专著的撰写。这是我国建筑界一部重要的教科书，也是弄懂中国古代建筑的入门之书。林徽因为此著作做出了非凡的贡献。由于诸多困难，直到1934年该书才由中国营造学社正式出版，由京城印书局印刷发行。梁思成在序言中说：

内子林徽因在本书上为我分担的工作，除《绪论》外，自开始至脱稿以后数次的增修删改，在照片之摄制及选择，版图之分配上，我实指不出彼此分工区域，最后更精心校读增削。所以至少说她便是这书一半的著者才对。

这部书稿完成之后，林徽因作为梁思成学术上密切的合作者，背负着建筑艺术的使命，除生病、生子外，从1932年4月起，与梁思成等浪迹北中国的旷野间，不顾女性生理之囿，不顾蚊虫叮咬，不顾交通不便，不顾风餐露宿，为中国建筑艺术做了有系统的实地调研。

他们从1932年至1937年，先后调查了河北、山西、山东、河南、江苏、浙江、陕西等137个县市，古建筑1823处（座），测绘古建筑206组，完成测绘图稿1898张。直到抗日战争爆发，他们不得不停止中国古建筑考察。

在这一时期，梁思成和林徽因伴随着古建筑考察，合作完成了《平郊建筑杂录》《云冈石窟中所表现的北魏建筑》《由天宁寺谈建筑年代之鉴别问题》和《晋汾古建筑预查纪略》等一批文论。林徽因还用现代主义通感手法，跨界独创了"建筑意"这个独特、新颖的概念。

林徽因开始文学创作时，正是"新月派"活动的晚期，在徐志摩的鼓励下，林徽因创作了大量诗作，其中较有影响的如《那一晚》《笑》《深夜里听到乐声》《情愿》《仍然》《莲灯》《吊玮德》《别丢掉》《静院》等，有些诗是与徐志摩的唱和。诗歌之外，她还创作了小说《窘》《九十九度中》等，散文《悼志摩》《窗子以外》《纪念志摩去世四周年》等，话剧《梅真同他们》。林徽因的诗歌《笑》《仍然》《别丢掉》、小说《九十九度中》、散文《窗子以外》《纪念志摩去世四周年》等，至今仍是脍炙人口的名篇。

除古建筑和文学之外，林徽因和梁思成一起设计了北京大学的女生宿舍、王府井仁立地毯公司民族风格的店面。林徽因单独设计了北京大学地质馆，帮助曹禺为他改编的话剧《财狂》等做舞台布景设计。

综上所述，林徽因在和梁思成从事古建筑考察事业外，她的艺术追求是多方面的。她的文学创作虽不多产，但许多篇章达到了其艺术的顶峰。

这个时期，梁思成和林徽因居住的北总布胡同3号，是北平有名的文化沙龙。每到周末下午，清华、北大、燕京和南开的一些教授便到梁家喝下午茶、聊天，一起吃饭，其中尤以清华的教授居多。有张奚若、杨景任夫妇，钱端升、陈公蕙夫妇，周培源、王蒂澂夫妇，陶孟和、沈性仁夫妇，金岳霖、陈岱孙、叶企孙、吴有训、陈意（燕大家政系，陈植的姐姐）、徐志摩、沈从文等。这些人学术专业不尽相同，但有大致相同的文化背景。在日本占领东北，逼近华北，国家面临存亡的形势下，时局是他们谈论最多的一个主题，彰显着爱国爱家的民族情怀。

1931年11月发生了徐志摩坠机身亡事件，让林徽因痛苦不堪，成为她终生的一件憾事。1932年6月，又发生了金岳霖对梁氏家庭的情感冲击，后来证明，这并没有妨害他们之间的友谊，金岳霖成了梁林夫妇的终生朋友。

北平七年的生活，是梁思成和林徽因人生的大好年华，在古建筑考察、论文撰写等方面，他们相互支持，共同奋斗，完成了对建筑梦的不懈追求。然而，这样平静的生活，不久就被日本侵略者打破了。

4

1937年9月初，从山西考察回来的梁思成和林徽因，草草收拾行装，告别北平这座对他们来说有着特殊感情的城市。二人扶老携幼，带着几只皮箱和两卷铺盖，从天津上船转道烟台、青岛，再从济南乘火车一路经徐州、郑州、汉口，迁徙到湖南首府长沙，这一路下来时间长达三个月。

他们一家在长沙大约住了两个月，租住在火车站附近一座二层小楼内，首次经历了日机的轰炸，险些丢掉性命。敌机走后，梁思成和林徽因跑回原住处，从废墟中挖出所带衣物，长沙已不是久留之地，于是夫妇二人带领全家，于 12 月往云南昆明迁徙。

当他们走到湖南和贵州交界处的晃县时，林徽因得了急性肺炎，幸遇一批空军航校学员，才让给他们一间房，让林徽因和全家人住下。后来他们与这些学员建立了特殊的友谊。此时林徽因高烧四十摄氏度，同车的一名女医生为她开了中药，两周后才退烧。便是这次生病，给林徽因的健康造成了严重伤害，埋下了她肺病复发的病根。

1938 年 1 月，他们一家在梁思成的带领下，又经历了数千里跋涉，一家老小终于抵达云南首府昆明。初到昆明，梁林一家借住在翠湖附近巡津街尽头前市长的三间花园洋房里。

春天的昆明，天空宁静得像一块青色的玻璃，白云如棉絮永远挂在天边的一角，远处的金马山，永远迷蒙着一派轻柔而淡远的灰色，梁思成一家很快就爱上了这座美丽的城市。然而，不久梁思成因脊椎骨硬化症病倒了，在半年多时间里背痛不止，只能躺在一张帆布床上休息。此时物价飞涨，林徽因开始亲自下厨，买米买菜生火做饭，全力维持着这个五口之家的生计。

不久，莫宗江、陈明达、刘致平也先后来到昆明。原来营造学社普查古建筑计划只在华北等地进行，现在几个学社骨干不谋而合地来到一起，于是便萌生利用南方的条件继续开展营造学社的古建筑考察的想法。梁思成去信给营造学社代理社长周诒春（原清华学校教务长、校长，也是庚款基金会成员）商请能否给予庚款补助。周复信说：只要梁思成和刘敦桢在一起，就承认是营造学社，可以继续给予补助。梁思成与在湖南新宁老家的刘敦桢联系，他同意来昆明。于是梁思成在昆明巡津街止园住处又挂起了中国营造学社西南小分队的牌子。

为应付骤涨的房租，林徽因不得已到云南大学任教，给学生补习英语，每周六小时，来往于住处和山坡之间。后来梁思成、林徽因被聘任西南联大校舍顾问，还为云南大学设计了女生宿舍。

梁思成身体好转后，与其他几位成员在昆明周边开始古建筑考察，先后调查了圆通寺、东西寺塔、真庆观大殿等五十余处。这年末，因止园房主收回住房，梁林一家又搬到巡津街9号，与清华汪姓夫妇同住一个院子。

1939年秋天，日机开始轰炸昆明，他们一家又搬到昆明东北郊龙泉镇的麦地村。营造学社则租用了该村的兴国庵（又名尼姑庵）办公。说是庵，其实并不小，占地约十亩，在殿前的庭院里，有四株桂花树，秋来香气四溢，四角配殿还有天井，且花木扶疏。营造学社的工作室就设在大殿里，他们用布帘遮住泥塑的菩萨，把供桌安排在窗边，借用窗外的光线。

1939年9月，梁思成和刘敦桢开始了他们策划已久的川康地区的建筑考察。他们一行往返于岷江两岸、川峡公路沿线、嘉陵江沿岸。到 1940 年 2 月，他们历时半年之久，在两省间跑了重庆、成都、乐山、广元、莲溪、梓潼、南充、大足、雅安等三十五个县。考察古建筑、崖墓、摩崖石刻和汉阙等七百三十余处。四川的木制古建筑因"张献忠之乱"所剩不多，剩下的仅是清代及之后的建筑。像成都的清真寺洪武八年的匾额，从结构形制判断，该寺充其量不过是清初的建筑。但雅安、梓潼、绵阳、渠县等处的汉阙和彭山、乐山、宜宾、绵阳崖墓较为古老，可追溯到汉代。摩崖石刻，可谓全国之冠。那些佛教、道教造像艺术，最早可追溯到隋大业六年，其他为初唐和中唐，最晚的乐山大佛，也始凿于唐咸通年间，竣工于南宋绍兴二十一年。

川康考察，是营造学社在昆明三年期间的最后一次考察。

在麦地村，因房子不够住，梁、林拿出全部积蓄和林母的一些首饰，在两里外的龙头村盖了一所房子，搬到那里只住了半年，他们一家便到四川去了。盖房子超出了预算，最终还是在美国的好友费慰梅支援下，还清了债务。

林徽因非常钟爱这所房子，然而好景不长，1940 年 11 月下旬，因着营造学社与中研院史语所的紧密关系（他们的古建筑研究常借用该所的图书资料），梁、林和营造学社决定随他们一起迁往四川李庄。

5

11 月 29 日，在一个飘着雪花的日子，林徽因带着亲母和儿女与史语所的眷属乘带篷的卡车离开居住了三年的昆明。梁思成因治疗脚趾感染而没有同行。他们一路拥挤着、颠簸着，经云南的曲靖、宣威，贵州的毕节、威宁，四川的叙永、泸州、宜宾，又坐汽车又乘船，12 月 13 日，才到达南溪县李庄的上坝村。路上突遇林母晕车、从诫生病发烧等困苦，他们整整走了半个月。梁思成一周后才赶到李庄。

他们入川不到一个月，林徽因抵御不了四川冬季的潮湿和阴冷，肺结核复发了，病情来势极为凶猛，连续几周高烧不退，有时大汗淋漓，擦汗的毛巾都能拧出水来。在这个"三无"小镇上，梁思成一筹莫展，坐在林徽因身边无奈地嘤嘤哭了起来。几天下来，林徽因就瘦得脱了人形。梁思成不得不学习煮饭、做菜、蒸馒头，用橘皮做果酱。家中实在无钱可用时，他只得到宜宾跑当铺，他的派克笔、手表等贵重物品就都这样被"吃"掉了。

真是祸不单行。思成的弟弟思永的肺病也复发了。他两边跑来跑去，用护理林徽因的经验护理弟弟。不到半年，林徽因的爱弟林恒在成都空战中阵亡。梁思成得到消息，即以出差之名赴成都处理后事，一个月后才回到李庄。考虑到林徽因的病情，过了许久才把林恒阵亡的事告诉徽因，她悲恸欲绝，精神受到沉重的打击。

梁家的困境，同事和友人都看在眼里。史语所所长傅斯年感同身受，他也患高血压在重庆住院，家中的日子也不好过，困难时靠卖自己的书籍为生，每餐也只能吃一盘藤藤菜（空心菜）。傅斯年是个仗义之人，他们早在北京时就相识。他分别写信给时任教育部部长朱家骅和经济部部长翁文灏，要求拨款接济梁氏兄弟。在未见动静的情况下，傅斯年又设法禀报了蒋介石，后来还是翁文灏过问了此事，傅斯年才为梁家兄弟讨到了一笔钱。这无疑是雪中送炭，从此林徽因和梁思永的生活有了改善。

然而，梁思成那时不在李庄，林徽因出面给傅斯年写信表达了感激之情。她说："开函拜读，则感与惭并"，"尤其是关于我的地方，一言之誉可使我疚心疾首，夙夜愁痛。日念平白吃了三十多年饭，始终是一张空头支票难得兑现。好容易盼到孩子稍大，可以全力工作几年，偏偏碰上大战，转入井臼柴米的阵地，五年大好时光又失之交臂"，"将来终负今日教勉之意，太难为情了"。

从1941年起，梁思成每年都要到行政院及教育部申请经费，但只能维持短期开支。后经教育部和中研院等商定，将营造学社主要成员的薪水分别编入史语所和中研院筹备处编制内，以维持他们的日常生计。但考察古建经费少得可怜，他们只得在宜宾地区就近搞些调查研究。

1942年春，梁思成应国立编译馆之邀开始编写中国建筑史。这是他早在美国留学时的夙愿。他让林徽因负责收集辽、宋时期的文献资料，来学社进修中国建筑的中大毕业生卢绳负责收集元、明、清文献资料，莫宗江负责绘制插图。这部书经过两三年的辛苦撰写，1944年终于完成。因部分观点有待修正，直到梁去世后才编入《梁思成文集》第三卷正式出版。

在编写中国建筑史的同时，国立编译馆又委托梁思成编写英文版《中国建筑及雕刻史略》一书，亦在同年完稿。几经周折，此书直到1984年才在美国出版，定名为《图像中国建筑史》。

梁思成在《图像中国建筑史》前言中说，此书是在社长朱启钤先生和代理社长（抗日战争期间）周诒春博士赋予启发性的指导之下，以及营造学社的同人共同努力下完成的。他特别指出：

> 我要感谢我的妻子、同事和旧日的同窗林徽因。二十多年来，她在我们共同的事业中不懈地贡献着力量。从在大学建筑系求学的时代起，我们就相互为对方"干苦力活"，以后，在大部分的实地调查中，她又与我作伴，有过许多的重要的发现，并对众多的建筑物进行过实测和草绘。近年来，她虽罹重病，却仍葆其天赋的机敏与坚毅；在战争时期的艰难日子里，营造学社的学术精神和士气得以维持，主要应归功于她。没有她的合作与启迪，无论是本书的撰写，还是我对中国建筑的任何一项研究工作，都是不可能成功的。

梁思成把完成这部著作称为相互为对方"干苦力活"，质朴的评价中透着对妻子的赞美。他了解她敏锐的才情，更了解她对建筑艺术的坚毅，在艰难困苦情况下营造学社得以维持，是林徽因独有的一份天才感召力，任谁都难以与她比肩。

1943年，因学社缺乏调研经费，刘敦桢只好离开学社到中央大学建筑系任教。梁、刘相处十一年，亲密无间，临别二人夜半长谈，边谈边流泪，直至号啕大哭。不久，陈明达也离开学社，到西南公路局任职，因学社经济问题，梁思成也不好再做挽留。

那时，梁家与大后方的广大知识分子生活普遍贫穷，近年从陈岱孙遗物中发现梁思成、林徽因给"群主""岱老"的六封信，大谈卖表之道，以救生活之需。从信中还可看出陈岱孙为师友之间所做的公益事业和应有的尊重。为保存资料，兹将梁思成给陈岱孙的三封信抄录于此，以供大家阅读和了解大后方知识分子的困苦。林徽因给陈岱孙的三封信做另文处理。

1943 年 9 月 27 日，梁思成给陈岱孙第一封信说：

岱老：

前几天林耀（空军飞行员，后战死）由宜宾飞滇转印度，托他带上一函，未知已达记室否？许久无音讯，也许他在滇未停留，未得晤面，未能将信面交，也不一定。我私人的那张美金汇票已托他带印代兑了。

学社那张汇票不知已否取得？如汇款，乞汇"宜宾中央银行苗培华先生收转梁思成"最妥。其次则为邮汇，汇"四川李庄四号信箱中国营造学社"。屡次麻烦老兄，磕头磕头。

闻周公（周培源）全家赴美，不胜佩服之至；在这年头，能偕妻带女的飞过喜马拉雅山，真可谓神通广大。但抵佛国之后，再向西去，不知是飞还是坐船。若是坐船，提心吊胆的滋味太不好受，未知行程如何走法，乞便中示知。

John F.（费正清）时任美国国务院文化关系司对华关系处文官和美国驻华大使特别助理，回渝后有信来说熙若（张奚若）病了，大概是 typhus（斑疹伤寒）之类，不知到底是甚病？近况何如？甚念。F.T.（陈福田）不知已自印回来否？许久以前弟曾寄他一信，久未得复，所以我疑心他不在昆明。

老金（金岳霖）在华府跌入 Rock Creek（岩溪）将唯一的裤子打湿。那晚穿着在印度买的 military shirt & shorts（军衬衫与军短裤）与 Wilma Fairbank（费慰梅）在饭馆吃饭，引起全食堂的注意，以为是 Chinese "guerrilla chieftain"（中国"游击队长"），老板竟不收钱，遂得白吃一餐云云！

双十节前后弟或赴重庆成都一行，端公（钱端升）若尚未离渝，或可见着。

徽因近来不时起床走动走动，尚无不良影响。谨并闻。

弟思成　九月二十七日

1944 年 5 月 22 日，梁思成给陈岱孙第二封信中又说：

前些日子接到老兄汇来一万二千元，救了一个急。前日我们忽得了一点意外的接济，手边松了一点。因想昆明的穷朋友们也许有需要接济的，故现在汇上一万二千，请老兄分配。别人我们不知，熙若一定窘之尤者也。又烦老兄作 agent（代理人）一次！对不起。

老金的那两个手表若尚未卖出，（在将开参政会之时）请托人带重庆交傅孟真（傅斯年）带给我。最近在宜宾打听得知手表在宜宾销路尚好，价亦比昆明重庆略高，不妨在此一试也。

或留一个在昆明售出，寄一个来。

徽因自三月底又病至今已两月。痰液化验结果无 T.B. 菌（结核杆菌）而甚多 Streptococcus（链球菌）与 Staphylococcus（葡萄球菌，才知道一向气管炎都受这毛病的磨折），吃了许多 Sulfathiazole（磺胺塞唑），现在已不发烧，颇足告慰。但一病两月亦真难乎其为病人也。

近来宜宾机场已扩充为美国空军空运基地，终日头顶轧轧机声，打破乡下历来的沉寂。不过河南战事紧张的时候，我们只能看见一星期乃至十天前的重庆报，真急煞人！

博士（金岳霖）六月十二日启程，听说行李限制重量极严，怕回来连冬天衣服都带不了多少，他原有的又已送了人，不知他如何过冬也。昆明朋友近况如何，乞赐数字。敬颂

研安。

弟思成 五月二十二日

1945 年 4 月 15 日，梁思成再次给陈岱孙写信：

岱老：

在渝相左，归来又已两月，怅何如之！去冬汇下之一万四千元（内学社一万，老金薪四千）徽因固早已收到；昨天又接苗培华转来汇下一万二千，大旱云霓，感甚感甚。

想此处是分老金金表之结果，在此年头表之"不正当用途"，确较"正当用途"重要多矣！此事累及老兄，经年累月，歉疚无亟。徽因近来又感冒，经过一个月，尚未肃清，亦未知引起旧病否，

真令人焦灼也。敬请

研安。

弟思成拜上 四月十五日

1944 年，营造学社经费到了几近枯竭的地步，在成员仅有几个人的情况下，梁、林决定恢复中国营造学社已中断了的《中国营造学社汇刊》，建筑界同人慷慨捐助了印刷费两万二千五百元。由于缺少印刷设备，他们便用药水、药纸书写石印，连家属和孩子都义务参加折叠纸页和装订的劳动。终于《中国营造学社汇刊》七卷一、二期先后出版。大家又一齐动手，把汇刊分寄出去。汇刊还刊发了费慰梅战前撰写的山东《汉武梁祠建筑原形考》一文，这篇论文曾在美国《哈佛亚洲研究集刊》发表，一时轰动欧美学术界。为此，他们吸收费慰梅为营造学社最后加入的一名成员。林徽因勉力支撑，还为七卷二期写了编辑后语。

同年 3 月，林徽因终于写了长诗《哭三弟恒》，来哀悼她的弟弟。

三年前初闻弟弟噩耗时，她悲恸欲绝，几乎没有任何灵感迸发，因为"没有适合时代的语言"。而 1944 年 3 月 14 日，是三弟空战阵亡三周年祭日，林徽因悲从中来，弟弟的死不仅是个人的悲怆，也是"中国的悲怆"和"科学"的悲怆。今天"我还为着你哭"，是你走在许多人的前头，为时代和国家献身，这才是真正的"不朽"！遗憾的是，"你走得太早"，"青年的热血做了科学的代替"。

1945 年 8 月 15 日，日本宣布无条件投降。时在美国驻华使馆供职的费慰梅与在重庆的梁思成相约，去李庄看望分别数年的徽因。林徽因庆祝胜利的方式很特别——她坐轿子到镇上一家茶馆里，以茶代酒，庆祝抗战胜利。这是四年来她第一次离开她的居室。为了招待费慰梅，林徽因把家里仅有的一点钱，买了肉和酒，还请莫宗江、罗哲文等一起参加。林徽因也开了戒，痛痛快快地饮了几杯。梁思成乘着酒兴，大声和儿女一起朗诵杜甫的诗《闻官军收河南河北》。

11 月，梁思成陪同林徽因到重庆暂住，拟从那里转昆明，去看望久别的联大朋友。一次费慰梅请了美国胸外科专家里奥·埃娄塞尔博士，给林徽因做了肺部检查，医生告诉费慰梅：林的肺部已空洞，结核菌也传染到肾脏，生命期最多只剩下五年了。林徽因没有过多追问，只是佯作不知。后来费慰梅把医生诊断结果悄悄告诉了梁思成。

在重庆期间，她和梁思成住在上清寺聚兴村中央研究院招待所里。闲暇时费慰梅开着美式吉普带林徽因四处闲逛，看电影，到使馆吃西餐，去南开中学看儿子梁从诫，还参加过一次马歇尔将军隆重的招待会。林徽因对重庆的气候很不习惯，尤其是笼罩在天空的雾气，令她十分生厌。这期间费慰梅去昆明与张奚若、钱端升和金岳霖商量林徽因来昆明治病休养的有关事宜。春节过后，梁思成回李庄做北返准备，2 月 15 日，林徽因乘机飞抵昆明。她下榻由张奚若安排在园通山军阀唐继尧祖居的房子里。林来之前金岳霖暂为看护。

林徽因很满意这个住处，曾写信给费慰梅大加赞扬。还说刚到昆明，她的"病情并未好转"，但所过的日子是非常愉快的，许多老朋友都来看望她。她花了十多天工夫，了解朋友们的生活、情操和思想，畅叙了各自对国家大事的看法，以及他们的家庭经济收入。林徽因的到来，又联结起他们往昔的友谊。她有看不完的书，还有女仆和老金周到的照顾，令她十分惬意。

林徽因到昆明时，距发生国民党当局镇压"一二·一"学生运动只有两个半月，她给费慰梅写信说："我们自由地讨论着国家的政治形势"，林徽因没有特指"一二·一"惨案，但可以肯定包括这一事件。她的儿子梁从诫回忆，那段时间在重庆受人鼓动，上街参加了"反苏游行"，林徽因得知后，写信狠狠地骂了他一顿。有资料说林徽因7月初回到重庆，如果稍晚几天，她便能亲闻7月11日、15日，李公朴和闻一多被国民党特务暗杀的事件。7月23日，梁思成、胡适、傅斯年、李济等联名致电闻一多夫人高孝贞，吊唁闻一多先生。

便是在此时，梁思成接受了清华大学的聘请，回北平准备创建清华大学营建系，并任系主任，他很快结束李庄营造学社的一切事务，布置其他成员运送营造学社物品到北平聚首。

6

1946年7月31日，梁林夫妇全家从重庆乘机，与西南联大的教授一起回到阔别九年的故都。他们先住在宣武门内西南联大复员教职工接待处（时为北大四院，中华人民共和国成立后是新华社驻地）暂住，不久又搬进清华大学新林院 8 号居住。

8 月，梁思成赴美考察战后的美国建筑教育，营建系由吴柳生教授暂代，但许多事务由林徽因亲自操持。在美期间，梁思成代表中国政府参加了联合国大厦的设计和耶鲁大学讲学。由于他在中国建筑研究上的贡献，普林斯顿大学授予他荣誉文学博士学位。翌年夏，林徽因病情恶化，肺结核病转移到肾部，须做肾切除手术，梁思成接到电报，心急如焚，立即改变原计划提前回国。10 月初，林徽因住进白塔寺附近民初建的中央医院（此时改名中和医院）。由于发烧等病情极不稳定，直到 12 月 24 日才做了肾切除手术。之前林徽因心情相当不好，先后写了《恶劣的心绪》《写给我的大姊》等诗作，她还给好友费慰梅写了"再见"的诀别信。手术虽然成功了，但因体质太弱，伤口几个月后才勉强愈合。

1948 年 4 月，鉴于梁思成在建筑学领域开拓性的贡献，在国立中央研究员第五届年会上被评选为第一届院士。这年夏天以后，国民党特务经常在校园骚扰，逮捕进步人士，搜查教授住宅，梁家也未能幸免，对此林徽因很气愤，她和大多数教授一样，感到蒋政权气数已尽，中国即将翻开新的一页。还有人来劝梁林夫妇"南迁"，但没有得到他们的响应。12 月末，解放军进驻郊区海淀，大军兵临城下，梁林夫妇一直担心，如果发生攻城战斗，北平的名胜古迹一定会遭到毁灭性的破坏。一天晚上，张奚若带着两名解放军干部来到他们家里，向梁思成请教一旦部队攻城，哪些文物需要保护，并请他们夫妇在带来的地图上一一标出。梁思成和林徽因被深深感动了：仅凭这一点，"这样的军队，值得信赖，值得拥护！"当天晚上，夫妇二人彻夜未眠，将有价值的文物在地图上一一标出。

不久，北平和平解放，军管会正式接管清华大学。3月，女儿梁再冰要求参加"南下工作团"离开北平，梁林夫妇开始有些不舍，最后还是支持了女儿的选择。由于林徽因的病情，女儿这一走，可能是母女最后的道别。

7

1949年7月10日，中央发布了征集国旗、国徽图案和国歌的启事，并成立了三个专门小组负责有关事项。清华大学成立了国徽设计小组。由梁思成领导，因他事务繁多，许多具体事情由林徽因承担，与莫宗江、邓以蛰、王逊、高庄等教授来完成。在全国遴选的基础上，由全国政协主席团召开会议决定，由中央美院小组和清华大学小组分别承担这一任务。经过三个多月夜以继日的奋战，清华小组在梁林夫妇主持下完成了设计的第一稿。

1950年6月11日，全国政协常委会讨论国徽设计稿样，对中央美院和清华大学的方案意见不一，最后"原则上通过天安门图形"做国徽图案。会后，周恩来总理邀梁思成，再按政协常委会要求，组织清华教师重新设计。12日，梁思成在家里开会，扩大设计组成员，增加了李宗津、朱畅中、汪国瑜、胡允敬、张昌龄等。林徽因再次强调国徽与商标的区别，用色不宜过多，要庄严稳重，富丽堂皇，注重民族特色。梁、林大胆突破"以天安门为主题设计要求"，缩小其在图案中的比例，突出五星和新政权特征。

6月20日，政协再次召开会议，会议由沈雁冰主持，会上对中央美院和清华设计方案，仍观点不一。梁思成因病未到会，清华只派了秘书朱畅中做代表去会上听取意见。会上再次对两家图案做了比较，最后认为清华方案气势恢宏，金红两色和民族特色，庄严典雅，赞成清华方案。

6月23日，政协第二次全体会议通过了国徽图案决议，林徽因受邀列席会议，当全体起立通过国徽图案的时候，她激动得热泪盈眶，病弱的身体已无力从座位上站立起来了。这是梁、林等所有参与者历时一年奋斗的重要成果，也是他们在人生里程碑上放出的异彩。

在征集国旗、国徽、国歌设计的同时，全国政协第一次会议还通过了建造人民英雄纪念碑的提案。

1949年9月30日傍晚，全体代表来到天安门广场，举行了纪念碑破土奠基典礼，从此拉开了设计建造的序幕，具体工作由北京市都市计划委员会落实（朱彦、闫树军：《人民英雄纪念碑的故事》，《人民政协报》，2021年9月30日）。两年多后的5月，兴建委员会机构组成，彭真任主任，郑振铎、梁思成任副主任。下设工程事务处、建筑设计组、美术工作组、土木施工组、设备组、采石组、财务组、记录组等机构。林徽因任人民英雄纪念碑兴建委员会成员。

林徽因不仅具体参加了纪念碑底座（须弥座）浮雕的设计，还协助梁思成建筑设计组许多技术方面的工作。如梁思成出访苏联长达几个月，建筑设计组台前幕后、下情上达等工作都由林徽因承担，二人密切配合，不分彼此。

后因碑型设计意见分歧，使得工程难以启动，到1953年4月才动工。纪念碑建造长达五年之久，1958年4月才告完成，此时林徽因已病逝三年。在这期间，恰遇北京特种工艺公司找清华营建系帮助挖掘抢救濒临停产的景泰蓝工艺事业，她带几名助手在调查研究的基础上，设计出一批新型图案，作为"亚洲及太平洋区域和平会议"的纪念品，受到与会成员极高赞誉。为此，林徽因还被邀请参加了第二次文代会。

早在1949年12月，北京城市规划工作会议，苏联专家巴兰尼克夫在报告中指出："北京没有大的工业，但是一个首都，应不仅为文化的、科学的、艺术的城市，同时也应该是一个大工业的城市。""最好先改建城市的一条干线或一处广场"，成为"首都的中心区，由此，主要街道的方向便可断定"。

梁思成和陈占祥也参加了这次会议，会后即着手起草了《关于中央人民政府行政中心区位置的建议》，也就是后来人们常说的"梁陈方案"。这个方案即在北京城西郊三里河一带建立一个北京新城，"作为新的行政中心"。就在此时，北京市建设局提出一份《对于北京市将来发展计划的意见》，对苏联专家的意见表示支持和赞同，"在北京市已有的基础上，考虑到整个国民经济的情况及现实的需要与可能的条件，以达到建设新首都的合理的意见"。这些意见，总体上是符合七届二中全会"由农业国转变为工业国，把中国建设成一个伟大的社会主义国家"的"蓝图"和"一边倒"外交思想的(秦宣:《中国共产党与中国式现代化》,《人民日报》,2021 年 5 月 18 日)。把中央政府机关置于北京旧城中心，用报告形式传达了国家领导人的意见。

梁思成为了引起最高领导和有关部门的重视，将他们的"方案"自费印了一百份，于 1950 年 2 月分别送了上去。后来苏联专家也提出一份北京建设的意见。聂荣臻收到后，非常高兴，即送国家领导审示，国家领导指示："照此方针。北京市的规划就这样定下来了，即以旧城为基础进行扩建。"之后"梁陈方案"正式宣告结束。

然而，在都市建设上，梁思成并没有知难而退，而是据理力争，尤其是拆除北京城墙、主干道东西长安街牌楼时，更形成双方对垒，在 1952 年 8 月 11 日召开的北京市各界人民代表大会上，林徽因代表梁思成发言，一度使人倒戈相向。而"拆改大军"在党内统一思想，"一夜之间这两座三座门就不见了"。最后北京城墙也被"拆改大军"突破。梁思成和林徽因设计建城墙公园的意见也落空了。

对此，梁思成痛心疾首地对市委书记兼市长彭真说："在这些问题上，我是先进的你是落后的"，"五十年后，历史将证明你是错误的，我是对的"。

1953 年，在北海前门的团城存废问题上，梁思成两次找苏联专家寻求保留办法不果，最后不得不去找周总理当面陈情。周总理终被感动，两次上团城进行勘察，决定中南海围墙南移，马路绕一个缓弯，把北京这一处重要史迹保存下来。梁思成在旧城保护上屡战屡败，这一次总算让他那颗执着的心，得到些许安慰。这是一代学人多么珍贵的人格精神。

1954年春天，梁思成从清华的新林院8号搬到胜因院12号，搬家的担子全部落在卧床的林徽因身上。在她的规划下，先将家什分类编号，把安放的位置图画好，再由中医老罗（市政府派来的保健医）和保姆按图索骥搬了家。梁思成从城里办公回来，看了一切都很满意，他只动手装了一部电话。

这年冬天，林徽因和梁思成双双病倒，尤其是林徽因，每到季节转换时总要大病一场。这一年，北京市委秘书长薛子正专为她在西城中组部办公大楼北边的胡同里，安排了一座大四合院并装了暖气（林病故后水利部部长傅作义搬到那里居住）。她一人住在一个大房子里，显得空空荡荡。不久梁思成和林徽因都因肺结核症，先后住进了崇文门北面的同仁医院。

1955年春节刚过，建工部召开了设计和施工工作会议。根据当时媒体披露的基本建设和设计工作中的"复古主义""形式主义"的倾向，进行了激烈的讨论和批判。而且组织了一百多篇文章，已全部打好清样。后来只发了十几篇文章便草草收场。其中就包括梁、林20世纪30年代合写的《平郊建筑杂录》，作为复古主义典型，被一批再批。

在同仁医院，梁、林的病房只隔一道墙壁，二人虽近在咫尺，按医院规定却一步也不能走近，他们联络的方式，便是通过送药的护士传一张字条互致问候。每到周末和节假日，梁从诫便到医院看望和陪床。他那时在沙滩北大历史系读书。女儿梁再冰在新华社上班，都距同仁医院不远。1953年，梁再冰与同事于杭结婚，当时身怀六甲，将要临产。林徽因住院前还为外孙张罗衣被，孩子满月后，女儿立即到医院探视，她欣慰地对护士说："你快看我女儿，她的身体和脸色多好啊！"

病重的时候，吴良镛、钱美华等到医院看望。梁思成告诉吴良镛，同仁医院和北京名中医施今墨一起会诊过，从片子上看，林徽因的肺大部分都坏死了，后来她拒绝再吃药。

林徽因病危通知发出后，高烧一直不退，肺部大面积感染，医院领导立即成立了抢救小组，组织医术最精湛的大夫和护理人员，想尽一切办法进行挽救。

3月31日晚上，同仁医院打电话通知梁再冰，她立即赶到医院，但母亲林徽因已昏迷不醒。护士问要不要叫她父亲过来，她立即说："要，要啊，快叫他过来呀！"

梁思成过来后拉着林徽因的手失声痛哭，他边哭边喃喃地说："受罪呀，徽，受罪呀，你真受罪呀！"然而就在那天晚上，林徽因忽然用微弱的声音对护士说，她要见一见梁思成。护士答，夜深了，有话明天再说吧。如此，这两位共同生活了二十七年的夫妻，天地永隔，失去了最后一次见面的机会。

4月1日早晨六时二十分，林徽因永远告别了这个令她依依不舍的世界，终年五十一岁。

4月2日，《北京日报》刊登了讣告，治丧委员会由张奚若、周培源、钱端升等十三人组成。追悼会在东城金鱼胡同贤良寺举行，钱端升致悼词。追悼会后梁再冰代表家属向同仁医院领导、医生和护士致谢。

按照梁、林生前约定，梁思成为林徽因设计了墓碑。墓是由人民英雄纪念碑建委修建，碑上镌刻着林生前为人民英雄纪念碑底座设计的一方饰样，上方碑文写着建筑师林徽因之墓。

梁、林这一对患难夫妻，历经时代风雨，从小我走向大我，成为建筑界一代名家。

林徽因去世后，伤痛不已的梁思成，经过几年的心灵平复才走出人生低谷，悟得人生大道，并且学会了坚持与反思。20世纪50年代末，他申请加入了中国共产党，当选为全国政协常委。林徽因走后七年，梁思成情缘再起，与清华建筑系一个离异的年轻资料员再婚。然而，因为姐妹等亲属联名反对，以致弄得家人一时情感疏离。1972年1月9日，因肺心病不治，梁思成在北京医院病逝，终年七十一岁。

在他病逝的当年，林徽因的老母何雪媛（1882—1972）也病故了，终年九十岁。

五、金岳霖因她而一生未婚吗

1

走进林徽因情感世界的第三个男人，是后来成为著名哲学家、逻辑学家的金岳霖，并有非林徽因莫娶之说。

果真是这样吗？从现在的资料看，金岳霖一生未娶是真，但也不是没婚姻之实，林病逝后，他又与另一个女性进入谈婚论嫁阶段，后因事而作罢。

他的第一段试婚女性是美国小姐丽莲·泰乐。他们同游欧洲后，于1925年年末一起来到北京同居。据童年跟她学过英语的唐笙女士回忆，泰乐小姐高高的个子，留着一个男生短发，说话高门大嗓，没有女人的文雅，长得也不怎么好看。没过多久，唐女士开始上小学，也不再去找泰乐小姐学英语，据说后来她回国了。许多年后，唐女士读完大学，到英国留学后在纽约联合国总部工作，回国看望金先生时问起过泰乐小姐，金回答早已失去联系。

再一段谈婚论嫁发生在林徽因去世以后，经人介绍他认识了《文汇报》驻京记者浦熙修女士。她是彭德怀元帅的小姨子。快结婚时，因浦"划右"和身患癌症，在他的学生劝说下，最终放弃了这个婚事。

然而，金岳霖对林徽因一往情深，忠贞不渝，绝不是虚言。林、金之恋，发生在徐志摩死后不久，一度给梁思成的家庭带来危机。几十年后，梁思成的续弦林洙在《碑树国土上，美丽人心——我所认识的林徽因》一文中披露：

我曾经问起过梁公，金岳霖为林徽因终身不娶的事。梁公笑了笑说："我们住在北总布胡同的时候，老金住在我们家后院，但另有旁门出入。可能是在1931年，我从宝坻调查回来，徽因见到我哭丧着脸说，她苦恼极了，因为她同时爱上了两个人，不知怎么办才好……听了这件事我半天说不出话来，一种无法形容的痛苦紧紧地抓住了我，我感到血液也凝固了，连呼吸都困难……我想了一夜该怎么办……于是第二天，我把想了一夜的结论告诉了徽因。我说她是自由的，如果她选择了老金，祝愿他们永远幸福。我们都哭了。当徽因把我的话告诉老金时，老金的回答是：'看来思成是真正爱你的，我不能伤害一个真正爱你的人。我应该退出。'"

这件事发生在 1932 年 6 月，林徽因将第二次分娩，金岳霖休年假去了美国，借此到哈佛大学向谢非教授学习逻辑，林、金恋就此告一段落。但从清华教授蓝棣之对林诗的分析看，这件事恐怕没有那么简单。

金岳霖也是官宦之家出身，其父金聘之原籍浙江诸暨，清末到湖南洋务派首领张之洞手下做官，曾任湖南省铁路公司总办和黑龙江省穆河金矿总办等职。金岳霖光绪二十一年（1895）闰五月二十二日出生在长沙（母亲是湖南人），上有六个哥哥和两位姐姐，全是一母同胞。他早年就读于长沙明德小学和雅礼中学，1911 年夏考入清华学堂高等科。1914 年赴美留学，先后毕业于宾夕法尼亚大学（获学士学位）、哥伦比亚大学（获硕士和博士学位）。1921 年年底，母病故他回国奔丧，后又赴欧洲，曾在英国伦敦大学、剑桥大学听课，后漫游德、法、意等国后，于1925 年年底回国。金岳霖与徐志摩在美国留学时就相识，在英伦又做了徐志摩和张幼仪的离婚证人之一。他与林徽因，也是由徐志摩介绍认识的。大约在徐志摩死的那一年，金岳霖也搬到北总布胡同居住，并与林徽因毗邻而居。因"星（期）六聚会"，他与林徽因热络起来。

据清华人文学院教授蓝棣之考证："林徽因的诗歌创作，发端于一九三一年，这时她的年龄是二十七岁，一九三一年和一九三六年是她诗歌创作两个最重要的年头，两个高潮，或者说是两个中心。"他还说,林徽因与徐志摩的感情故事,在 1932 年夏天写过《别丢掉》之后,从诗歌方面看,虽然不能说已经丢掉,但是也就差不多不再记起来了。接下来是另一个感情上的故事。这个故事最初显现于诗歌,是 1933 年岁终创作的《忆》:

> 新年等在窗外,一缕香,
> 枝上刚放出一半朵红。
> 心在转,你曾说过的
> 几句话,白鸽似的盘旋。
>
> 我不曾忘,也不能忘
> 那天的天澄清的透蓝,
> 太阳带点暖,斜照在
> 每棵树梢头,像凤凰。
>
> 是你在笑,仰脸望,
> 多少勇敢话那天,你我
> 全说了——像张风筝
> 向蓝穹,全凭一线力量。

从这首诗的种种意象看,林、金恋于 1933 年岁终已达到相当热度。而发表于 1934 年 5 月《学文》杂志一卷一期的《你是人间四月天》一诗,蓝棣之在"检阅"了全部林诗之后,发现与梁思成告诉儿子梁从诫的意见相左,"不大可能是写给丈夫和孩子的"。他认为是"一位深受西方文化熏陶的新女性在爱情中的体验和成长，从而探索爱情在生命中的意义，诗在人生中的地位"。

金岳霖虽不是诗人，但他是作"对联"的高手，他从这首诗的意象"笑""天真""庄严"，以及"你是夜夜的月圆""你是一树一树的花开""你是人间的四月天"，绝对可以读出是写给谁的。所以在林徽因病故时，金岳霖与邓以蛰仍然送的《你是人间四月天》那首诗题作挽联：

一身诗意千寻瀑

万古人间四月天

但这回所作联语不是什么名号，而是林徽因诗题《你是人间四月天》与千寻瀑样的诗意人生，读来颇具情怀和意味。

梁思成说："从那次谈话以后，我再没有和徽因谈过这件事情。因为我知道老金是个说到做到的人，徽因也是个诚实的人。后来，事实也证明了这一点，我们三个人始终是好朋友。我自己在工作中遇到的难题也常去请教老金，甚至连我和徽因吵架也常要老金来'仲裁'，因为他总是那么理性，把我们因为情绪激动而搞糊涂的问题分析得一清二楚。"

金岳霖晚年也回忆说："梁思成、林徽因是我最亲密的朋友。从1932年到1937年夏，我们住在北总布胡同，他们住前院，大院；我住后院，小院。前后院都单门独户，20世纪30年代，一些朋友每个星期六有集会，这些集会都是在我的小院里进行的。因为我是单身汉，我那时吃洋菜。除了请了一个拉东洋车的外，还请了一个西式厨师。'星（期）六碰头会'吃的咖啡冰激凌和喝的咖啡，都是我的厨师按我要求的浓度做出来的。除早饭在我自己家吃外，我的中饭、晚饭大都搬到前院和梁家一起吃。这样的生活维持到七七事变为止。"

2

抗战开始后，梁林夫妇与金岳霖、张奚若、陈岱孙、朱自清、闻一多等人，从北平乘火车到天津，然后乘船到山东烟台，又从青岛乘火车到济南，之后经徐州、郑州、武汉，9月中旬抵达长沙。林徽因一家租住在火车站附近一座两层灰砖小楼里，金岳霖没有住长沙临时大学租住的西门外圣经学校本部，而是住在南岳衡山长沙临时大学分校。

11月下旬，日机轰炸长沙，林徽因一家险些丧生，不久，全家离开长沙，经常德、晃县、贵阳、曲靖到昆明，住在翠湖附近巡津街9号前市长住宅。一路风餐露宿，林徽因饱受疾病折磨，吃尽苦头。

1938年2月16日，闻一多等师生徒步经贵州赴昆明；金岳霖等则乘火车到广州，再经中国香港、越南，随西南联大文学院和法学院来到蒙自，住在一个叫歌胪士洋行的招待所里。大约五个月后才搬到昆明，住在昆华师范学校中楼，任西南联大文学院哲学心理学教授，兼清华大学哲学系主任。

9月28日，昆华师范学校遭日机轰炸，住在中楼的金岳霖幸运地躲过一劫，他望着南北二楼被炸的惨状不知所措，手中还拿着笔，呆呆地站在那里。他后来回忆说："我的生命介乎几几乎与幸而免之间。"

之后，金岳霖、陈岱孙等五位教授又通过关系租住在北门街唐家花园一座戏台包厢里。

1939 年秋，清华教授疏散到昆明东北郊的龙头村。那时林徽因一家因麦地村住房不足，也来到这个镇，一时间，这个小镇成为文化人聚集的中心。钱端升一家与林徽因一家借李姓富户闲置的空地，自己设计，自费请人建造了三间住房。金岳霖这个单身汉也依林徽因一家的房子，在屋头加盖了一间耳室，他们自北平迁徙云南以来又住到了一起。

在龙头村，林徽因 9 月 20 日给费慰梅写信说：

……老金把你们的信从城里带来给我，他不经意地把信在我的面前晃了晃。天已经快黑了，我刚读了第一段，泪水就模糊了我的视线，我实在忍不住。我的反应是：慰梅仍然是那个"慰梅"。不管这意味着什么，我无法表达，只能傻子似的在我的枕头上哭成一团。老金这时走进已经暗下来的屋子，使事情更加叫人心烦意乱。他先是说些不相干的事，然后便说到那最让人绝望的问题——即必须立即做出决定，教育部已命令我们迁出云南，然后就谈到了我们尴尬的财政状况……

……

……战争，特别是我们自己的这场战争，正在前所未有地阴森森地逼近我们，逼近我们的皮肉、心灵和神经。而现在却是节日，看来更像是对——逻辑（指老金）的一个讽刺（别让老金看到这句话）。

老金无意中听到了这一句，正在他屋里咯咯地笑，说把这几个同放在一起毫无意义。不是我要争辩，逻辑这个词就应当常像别的词一样被用得轻松些，而不要像他那样，像个守财奴似的把它包起来。老金正在过他的暑假，所以上个月跟我们一起住在乡下。更准确地说，他是和其他西南联大的教授一样，在这个间隙中"无宿舍"。他们称之为"假期"，不用上课，却为马上要迁到四川去而苦恼、焦虑。

到了11月，日机空袭更加厉害了，林徽因又给费慰梅写信说：

……日本鬼子的轰炸或歼击机的扫射都像是一阵暴雨，你只能咬紧牙关挺过去，在头顶还是在远处都一个样，有一种让人呕吐的感觉，尤其是当一个人还没有吃过东西，而且今天很久都不会再吃任何东西，就是那种感觉。可怜的老金每天早晨在城里有课，常常要在早上五点半从这个村子出发，而还没有来得及上课空袭就开始了，然后就得跟着一群人奔向另一个方向的一座城门、另一座小山，直到下午五点半，再绕许多路走回这个村子，一整天没吃、没喝、没工作、没休息，什么都没有！这就是生活。

然而，因着中国营造学社与中央研究院的挂靠关系，梁、林随之决定一同迁往四川南溪的李庄。11月末，林徽因一家与金岳霖又告别，随史语所乘汽车踏上北去四川的途程。

3

昆明时期的金岳霖，是他人生事业的高峰。

1937 年，他的《逻辑》一书由商务印书馆再版。为此，他得了个绰号——金逻辑。1940 年 9 月，他的又一部新著《论道》问世。他在《绪论》中写道："每一文化区有它的中坚思想，每一中坚思想有它的最崇高的概念，最基本的原动力……中国思想中最崇高的概念似乎是道。所谓行道、修道、得道，都以道为最终的目标。思想与情感两方面的最基本的原动力似乎也是道。"他阐述的道，不同于中国历史上的道，也不同于西方理论家的哲学命题，是"不道之道"，是国人"景仰之心的道"。因此，这本专著的最大特色，是用"理有固然，势无必至"的原则，对哲学本体论的问题，做了最系统的研究和探索，为这个领域捧出一份最闪光的成果。

几乎在写作《论道》的同时，金岳霖又开始了《知识论》的写作。

林徽因一家迁四川李庄后，金岳霖搬到钱端升家居住，钱夫人陈公蕙也是他的老朋友，有一年陈公蕙婚前与钱端升闹矛盾跑到了天津，金岳霖让梁思成开车，与林徽因三人一起追到天津做工作，最终二人喜结连理，到上海钱端升家举办了婚礼。陈公蕙是林徽因的亲戚，她与钱端升的婚姻，也是林徽因做的大媒。但金岳霖最牵挂的还是林徽因，于是第二年借休年假到四川李庄探望她。

林徽因那时正处于人生的低谷，她刚到李庄，一是高烧不退，汗如雨下，不久便卧床不起；二是弟弟林恒在与日机激战中殒命。金岳霖的到来给林徽因很大慰藉。为了给她补充营养，金岳霖又献出他的拿手好戏，到市上买了黄色毛腿鸡雏，在后院养起鸡来。他这次养鸡不是为了玩耍，而是为了改善林徽因的生活。他有"线"鸡的技能，即把小公鸡的翅下切开，取出它的生殖器，这样鸡可以长到六七斤重，吃起来又肥又嫩。他的这一招非常成功，不久鸡就成了一个群落，母鸡可以下蛋，公鸡可以吃肉。至今李庄纪念馆还保留着金岳霖和梁思成带领再冰、从诚和刘致平女儿刘康龄喂鸡的照片。照片展现了金岳霖这位一米八的大个子，弯着腰，伸出一只手喂鸡的情形。

金岳霖不仅帮梁思成照顾林徽因，还到他心仪的另一个"雅人"陶孟和的夫人沈性仁那里探望。他们不仅是北总布胡同3号的常客，也是新月时期的朋友。遗憾的是，两年后沈在兰州病逝，年仅四十八岁。这是他们最后一次见面。金岳霖为此伤心不已，写下长文来悼念。

金岳霖到来后，成了营造学社的孩子"王"，他走到哪里，身边总是乌泱泱围着一堆儿童。他给他们讲福尔摩斯的故事，教他们唱法国国歌和儿歌等，他那两只会摆动的耳朵，引得这帮孩子大笑不止，不到开饭不肯罢休，而且还得了个"金爸"的称呼。当然梁再冰和梁从诚也是积极参加者。金岳霖用他那沙哑的声音教唱儿歌，虽不好听，但余音绕梁。歌词唱道：

鸡冠花，满院子开，大娘喝酒二娘筛……

儿童有活泼的天性，唱着唱着变了词。梁再冰唱道：

金爸爸，满院子开……

金岳霖摇摇头，一脸的无奈。望着快活的稚儿，他仁慈地发出咯咯的笑声。

三个月后，林徽因的病情渐渐好转，心情也随之开朗。她开始下床走动，并且阅读史书，做读书笔记，为梁思成撰写《中国建筑史》做准备。

他们分别致信费正清和费慰梅，将林徽因三弟林恒在成都上空与日机激战殉国的事迹告诉他们。因为费氏夫妇在北总布胡同见过这位少年，同时也知道他参加过一二·九运动的情况。

8月的一天，林徽因看到大批日机从头上凌空飞过，恐惧之余她给费慰梅写信，称她家杂七杂八的事务像"纽约中央车站，任何时候都会到达的各线火车一样冲他（梁思成）驶来。我也许仍是站长，但他却是车站！我也许会被碾死，他却永远不会。老金（正在这里休假）是那样一种过客"。

金岳霖附言："我曾不知多少次经过纽约中央车站，却从未见过那站长。"

梁思成也在信尾写道："现在轮到车站了"，其"钢铁支架（指梁的钢背心）经过七年服务已经严重损耗，从我下面经过的繁忙的战时交通看来已经动摇了我的基础"。

这封三人合作的信，其幽默风趣让人看了不免窃笑，将战时艰难困苦的乌云驱之殆尽，也将患难中的亲情和友情弹奏得和谐动听。

这次休假，金岳霖也带来了有关《知识论》写作的全部资料和过去的讲稿，他把书稿一章一章地整理出来。结束休假回到昆明后，他把稿子交给他的学生冯锲阅读，提出问题和意见进行修改。然而让他没有想到的是，1943年一次日机空袭，他带着这部书稿跑到昆明北边蛇山躲避。生怕稿子丢了，还坐在上面特加保护，誓与稿子共存亡。等警报解除后，他起身便走，到家后才想起他的稿子，再回去找时，早已不翼而飞，哪里还有稿子的踪影！

金岳霖对此懊悔不已，只好从头再来，等《知识论》一书再度写好，已经是1948年了。

1943年8月，金岳霖和费孝通赴美讲学一年。11月下旬，林徽因夜里给金岳霖写信，第二天梁思成要到重庆，给将要回美国的费正清带回美国转交给金岳霖。林徽因在信中说：

老金：

多久多久了，没有用中文写信，有点儿不舒服。

John（费正清）到底回美国了，我们愈觉到寂寞，远，闷，更盼战事早点结束。

一切都好。近来身体也无问题地复原，至少同在昆明时完全一样。本该到重庆去一次，一半可玩，一半可照X光等。可惜天已过冷，船甚不便。

思成赶这一次大稿（图像中国建筑史），弄得苦不可言。可是总算了一桩大事，虽然结果还不甚满意，它已经是我们好几年来想写一种书的起头。我得到的教训是，我做这种事太不行，以后少做为妙，虽然我很爱做，自己过于不 efficient（有效率），还是不能帮思成多少忙！可是我学到许多东西，有趣的材料，它们本身于我也还是有益。

已经是半夜，明早六时思成行。

我随便写几行，托 John 带来，权当晤面而已。

徽寄爱

这是林徽因现存唯一一封写给金岳霖的信，林、金之恋放弃了婚姻载体，但爱情之火并未泯灭。尤其是落款"徽寄爱"那三个字，令人读来有着无尽的遐想。

1945 年夏天，费慰梅以美国驻华使馆文化专员身份来到重庆。8 月中旬，在梁思成陪同下乘机到达附近机场，去李庄看望分别经年的林徽因。林坐轿子与费慰梅到茶铺庆祝来之不易的抗战胜利。后来林徽因到重庆体检，与费慰梅再次相会。费慰梅开车带林在重庆四处兜风，去看在重庆南开中学上学的儿子，到驻美使馆参加活动等。

1946 年春，费慰梅因事到昆明去，给金岳霖转达了林徽因想访昆明的热望。虽然金也担心林的身体，但最后还是做了细致安排，定下军阀唐继尧祖居后山唐家花园那座房子。原房客迁离后，由金岳霖先搬进去帮助看守。2月15日，林徽因乘机飞抵昆明，与张奚若、钱端升、金岳霖等重聚。先是住在张奚若、杨景任夫妇家中。林徽因住了几天后，又转到那座"梦幻小屋"——唐家花园房子里，并雇了一名"想要的那种女佣"。

2月28日，林徽因给在重庆的费慰梅写信说：

我终于又来到了昆明！我来这里是为了三件事，至少有一件总算彻底实现了。你知道，我是为了把病治好而来的；其次，是来看看这个天气晴朗、熏风和畅、遍地鲜花、五光十色的城市。最后但并非最不关重要的，是和我的老朋友们相聚，好好聊聊。前两个目的还未实现，因为我的病情并未好转，甚至比在重庆时更厉害了——一到昆明我就卧床不起。但最后一件我的享受远远超过了我的预想。这次重逢给我的由衷喜悦，甚至超过了我一个人在李庄时最大的奢望。我们用了十一天才把在昆明和李庄这种特殊境遇下大家生活中的各种琐碎的情况弄清楚……

林徽因还在信中介绍并描述了唐继尧明亮、宽敞的"梦幻小屋"后，又写到她与老金一幅静默的剪影：

如果我和老金能创作出合适的台词，我敢说这真能成为一出精彩戏剧的布景。但是此刻他正背着光线和我，像往常一样戴着他的遮阳帽，坐在一个小圆桌旁专心写作……他们不让我多说话，尽管我还有不少话要说。可是这样的"谈话"真真有点辜负了那布景。

喜欢说话的林徽因，望着老金的背影，大约又有一番别样滋味在心头。在昆明，林徽因先后写了《对残枝》和《对北门街园子》两首诗，这"两对"都是自我生命的感叹，同时传递了她对老金爱的情怀。她在《对残枝》一诗中写道：

梅花你这些残了后的枝条，
是你无法诉说的哀愁！
今晚这一阵雨点落过以后，
我关上窗子又要同你分手。

但我幻想夜色安慰你伤心，
下弦月照白了你，最是同情，
我睡了，我的诗记下你的温柔，
你不妨安心放芽去做成绿荫。

面对曾经热恋的老金，她发出的是花落枝残、"无法诉说的哀愁"，十年前的光阴不再，唯有用"夜色安慰你伤心"，不妨安下心来，"放芽去做成绿荫"。

另一首诗是《对北门街园子》，则以叹息"每晚你留下对话／正是西山最好的夕阳"做结。她用夕阳来象征岁月的无情，面对二人都将终老，望着那一天一地的光亮，虽然美好，但最后还是要坠入生命的深渊。

在昆明期间，十年前就欣赏林徽因诗文的联大教授，同样有着散文大家之称的朱自清，多次来唐家花园看望林徽因，并与之长谈。

六个星期后，梁思成从李庄来信说，营造学社和中央博物馆一起走，排在了47号，然而现在排在第一号的中央大学还未动身。5月下旬，林徽因将回重庆，朱自清来访，与林徽因、金岳霖长谈。不久林徽因告别昆明的朋友，乘机回到重庆。住在中央研究院招待所苦苦地等待，跟四十个无助的家庭挤在一起，抗拒着火一样的重庆。

1946年7月31日，林徽因一家和金岳霖等西南联大教职工一起，终于搭上重庆一架飞机，飞回暌违九载的故都北平。

4

初回北平，林徽因一家暂住宣武门内国会街西南联大复员教职工接待处（这里民初是众议院，后来是北大四院，现在是新华社所在地）。清华大学经济系教授陈岱孙有很强的办事才能，北返之前校长梅贻琦特派他先回清华整修教职工宿舍，恢复遭日军践踏的清华原貌。8月，林徽因一家移住清华大学新林院8号，同住新林院的还有金岳霖、张奚若、周培源等教授。梁思成受聘营建系主任后，即赴美讲学并了解西方建筑前沿信息。营建系主任由吴柳生教授代理。林徽因虽未担任清华教职，但创建营建系的许多工作都落到她的肩上。从聘任教员到课程设置，从添置设备到组织教学，事无巨细，她带病参与其中，甚至系务会议也在梁家召开。金岳霖住在她的隔壁，看到她这样忙碌，常常劝说和无奈地抱怨。他在给费慰梅的信中说："问题在于而且始终在于，她缺乏忍受寂寞的能力，她倒用不到被取悦，但必须老是忙着。"

那时，金岳霖仍任清华大学哲学系教授，上课之外仍写他的《知识论》，洋洋七十万字的巨著，直到1948年才告完成，1984年才获得出版。为抗议北平警察"午夜闯入民宅，肆行搜捕"，金岳霖与朱自清、俞平伯、向达等教授联合签名"保障人权宣言"。那段时间平津学生运动此起彼伏，林徽因同情学生，和其他教授一起签字支持。

1947年夏，林徽因病情恶化，结核菌已经感染到肾部，经医生诊断，必须动手术治疗。林徽因看着这个诊断结论，感到如恶魔向她扑来，心情一时陡降到冰点，她觉得生命之路已经走到尽头。然而她住在阜内大街中和医院里，因发烧却不能手术。

这所医院由美国一家公司承建，早在1915年前由外交部医官、袁世凯总统特医伍连德首次提出创议。后在林徽因的父亲林长民（国务院参事）和北洋政府几位部长的大力推动下才得以通过，聘请伍连德全权负责筹建并任首任院长。地址选在北京内四区羊市大街帝王庙西侧的"阜成门市场"（今阜成门内大街133号）。1916年破土动工，翌年12月落成。建筑坚持"构法期适中国之用"和美、中相结合的风格。东西长80米，南北进深27米，内设九科150张床位，1918年1月27日正式开业。就医者络绎不绝，伍连德在开业四年后离任。该医院初名为中央医院，1946年更名中和医院，中华人民共和国成立后再更名为中央人民医院、北京人民医院。直到今天，人们对它的前世今生不甚了了。

在等待退烧的日子里，林徽因写下了诗作《恶劣的心绪》《写给我的大姊》，用诗来构筑心灵的宁静，去完成她人生的诀别和依恋。

这年夏天，梁思成得到林徽因病重的消息，匆匆结束讲学和联合国大厦的设计，从美国赶回北平。当他看到清华营建系已初具规模，教学也已走上轨道，心中十分欣慰。他从美国带回图书资料、儿童玩具和那辆"小臭虫"汽车，引起林徽因高度兴趣。在二人讨论和阅读这些图书时，金岳霖、张奚若也兴高采烈地来参加讨论。

12月下旬，中和医院为林徽因动了手术，切除了被结核菌感染的一个肾。手术后身体慢慢复原，生命奇迹又一次回到她的身边。不甘寂寞的林徽因开始整理抗战以来的诗作，金岳霖也鼓励她拿出去发表。于是她给了在北大读书的女儿梁再冰，让她转给在北大中文系教书的沈从文先生，先后发表在《经世日报·文艺周刊》和《文学杂志》上。这些组诗旋风般的发表，无疑宣告了她生命的存在。

此时蒋家王朝气数已尽，人民解放军兵临城下，不久清华园就解放了。儿子和女儿都在城里北大上学，二人赶在城门未关闭之前，及时跑回清华，那里已是明朗的解放区了。1949年春天，女儿梁再冰说服父母，与张奚若的女儿张文英一起参加南下工作团。林徽因和梁思成虽不同意女儿的离开，但最后还是支持了女儿的选择。

5

中华人民共和国的诞生，让林徽因如沐春风，她积极投身即将到来的建设高潮。她与梁思成一起翻译了《苏联卫国战争被毁地区之重建》一书，以适应国家和人民的建设需要。不久，她参加了国徽设计和人民英雄纪念碑设计，被任命为北京市都市计划委员会委员兼工程师。她还应邀参加了濒临失传的景泰蓝抢救发掘，并取得创新成果，为此她出席了第二次全国文学艺术工作者代表大会。1954 年 6 月，林徽因当选北京市人民代表大会代表。

金岳霖后来担任了清华大学文学院院长，积极转变旧的哲学观，学习历史唯物论和辩证论，参加了《毛泽东选集》第一卷的英文翻译和定稿工作。1952 年全国高校院系调整，他调到北京大学任哲学系主任。作为政协委员，他参加了全国政协二届一次会议。

1954 年冬天，林徽因病情恶化住进北京同仁医院，梁思成也因肺结核同时住进这所医院。其间，吴良镛、钱美华、大表姐王孟瑜、女儿梁再冰、儿子梁从诫等都来医院探望。

1955 年 3 月 31 日夜晚，林徽因陷入昏迷状态，赶到医院的女儿梁再冰和在隔壁住院的梁思成过来与她做最后一别。4 月 1 日晨六时二十分，林徽因去世，终年五十一岁。

金岳霖在办公室得知林徽因去世的消息，他把头埋在两只胳膊中号啕大哭，几分钟后才停止哭泣，他坐在椅子上目光呆滞，一言不发。坐了好一阵儿，才在学生周礼全的陪同下回到住所燕东园。

4月2日，《北京日报》刊登了林徽因病逝的讣告和治丧委员会名单，由张奚若、金岳霖、周培源、钱端升等十三人组成。4月3日，林徽因的追悼会在北京东城金鱼胡同贤良寺举行。她的两个挚友金岳霖和邓以蛰联名拟就的挽联是："一身诗意千寻瀑／万古人间四月天"。林徽因被安葬在八宝山革命公墓。

几乎在林徽因住院的同时，金岳霖由北大调到中国科学院参与哲学研究所的筹备工作，9月就任哲学所副所长兼逻辑组组长，所长由中科院哲学社会科学部副主任潘梓年兼任。

林徽因逝世多年后的一天，金岳霖突然请他的一班朋友到北京饭店赴宴，受邀的朋友都感到十分纳闷，这不年不节的，金先生请的是哪门子客呢？等人到齐了，金岳霖举杯向大家郑重宣布："今天是林徽因的生日！"此时大家如梦方醒，心有所悟。由此可见，金岳霖对林的缅怀和思念之深。

1983年，林徽因故乡，福建省师大两位教授为整理林徽因年表和编辑她的诗集，到社科院去采访金先生，他对林徽因的评价可用"极赞欲何词"来概括，在谈了林徽因的一些往事后突然停下了。

他严肃地说："我所有的话，都应该同她自己说，我不能说"，言外之意是不能同你们说。停了一会儿，他的神情更为凝重，"我没有机会同她自己说的话，我不愿意说，也不愿有这种话！"说完他闭上眼睛沉默了。这大概是金岳霖留在他到另一个世界两颗灵魂的对话吧！

金岳霖没有后人，他把这种"感情"传递到林徽因之子梁从诚身上。梁从诚"失先"后，又与方晶女士再婚。1974年3月28日，梁从诚一家搬到干面胡同与"金爸"同住，他与安徽保姆倪老太太一起照顾金先生的起居。直到1984年10月19日，金岳霖因肺气肿、冠心病不治离世，终年八十九岁。他的遗体火化后也葬在八宝山革命公墓，与林徽因同在一块墓地，依然相依为邻。在风吹松涛的夜晚，如果你漫步于此，也许仍能听到他们如生前一样，或朗声大笑，或轻声低语……

六、经济学人陈岱孙乡情的同与不同

1

林徽因与陈岱孙在美国康奈尔大学清华校友聚会时相识。

1925年暑期，冰心因读研究生要补习法语，与吴文藻一起来到康奈尔大学所在的小城绮色佳。原在康桥等地读书的清华同学也相聚在这里，其中就有在哈佛大学读博士的福建闽侯同乡陈岱孙。

陈岱孙原名陈总，1900年10月12日生于闽侯螺江陈氏书香之家，家族中在明清两代出过不少进士和举人，一家曾有六子中举，"兄弟三进士同榜夺魁"。陈家世代簪缨，有的官至刑部尚书。

陈岱孙是家中长孙，从小入陈家私塾，在祖父陈宝璐（进士）

的催促下学了大量的中国典籍。外祖父、舅舅都是驻外使节，专门请了西语教师教他学习英语。陈岱孙十五岁考入当地有名的鹤龄英华中学，免听中、英课程，只参加期末考试。他两年半读完四年级课程，十七岁考入清华学堂，入高等科三年级，两年后毕业甄选，成功取得公费留美资格，入威斯康星州立大学经济系，1922 年 6 月毕业，同年秋进入哈佛大学研究院，两年后取得文学硕士学位。1926 年又获哈佛大学哲学博士学位。

吴文藻、梁思成、陈岱孙三人并不陌生，他们都是清华先后校友，此时梁、陈又同在哈佛大学读研。但林徽因与陈岱孙、吴文藻、冰心经历不同，且年龄比他们都小，那年暑假，康校清华校友聚会，林徽因与两个同乡是第一次见面。

一天，吴文藻向女友冰心说，梁思成和林小姐也要到绮色佳来了。冰心听了一时诧异，经过吴文藻一番介绍才知道，原来林徽因也是她的福建同乡。

那时冰心在波士顿城西威尔斯利女子学院读研究生，陈岱孙在波士顿城北查理斯河左岸剑桥镇哈佛大学读博士，二人同在一个城市，相隔不远早已相识，因撰写硕士论文，她还请在哈佛读书的这位同乡，代借哈佛图书馆的《宋史》。在陈岱孙那个小隔间里，将有关资料抄了下来。哈佛那时非但不招女生，就连图书馆也不让女生进。陈岱孙只好用巧妙的办法来帮助冰心查找有关论文的资料。

这天，清华的同学都到了，梁思成和林徽因最后才赶来，老远就看到，梁思成一个人一瘸一拐地跑来了，吴文藻等同学问：

"小姐呢？"

"还在车上呢！"

一群人赶紧下去请林徽因。林徽因来后，娇羞地挨着冰心坐下来。大家海阔天空地聊了起来。

在冰心的介绍下，陈岱孙也认识了林徽因这位同乡小妹。

之后，这群清华同学漫游了美丽的绮色佳。冰心和林徽因还留下她们在野餐时唯一一张青春时代的合影。

这年春天，闻一多在芝加哥美术学院、科罗拉多大学和纽约艺术学院学习美术已届三年，正准备回国。前不久，他与余上沅等组织了中华戏剧改进社，成员有林徽因、梁思成、梁实秋、顾一樵、瞿世英、张嘉铸、熊佛西、熊正瑾等十余名中国留学生。

与此同时，闻一多和清华同学在波士顿开会又筹建大江学会，成员有陈岱孙、梁实秋、顾一樵、沈宗濂、曾昭抡、闻一多、潘光旦、时昭沄、瞿世英等。闻一多是位热心的筹划者和活跃的组织者。5月14日，闻一多从纽约登船回国。直到11月15日，大江学会才发表《大江宣言》，其宗旨是宣传中华文化和国家主义。

1926年陈岱孙获哈佛大学哲学博士学位，于同年4月到欧洲游学，年底从法国马赛乘轮船回国，于1927年2月抵沪，旋赴阔别七年的福州故乡探亲。9月接到母校邀请，旋赴清华大学经济系任教授，时年二十七岁。

1928年3月，林徽因和梁思成结束留学生涯，在加拿大渥太华梁思成姐夫周希哲任职的领事馆家中结婚后赴欧洲漫游，后乘火车经西伯利亚回国，双双赴东北大学建筑系任教。1931年春，梁思成、林徽因辞去东北大学教职，回京一起加入中国营造学社，开始了中国古建筑考察的历程。

2

林徽因与陈岱孙有较多的接触，是在20世纪30年代初，北平东城北总布胡同3号林徽因的"太太客厅"。

每周末举办沙龙活动，许多朋友从四面八方来到这里相聚。他们吃茶品茗，交流信息，畅谈文艺，成为故都一处独特的文化风景。来者多是清华、北大、燕京等大学的教授，他们有着欧美留学背景。徐志摩、金岳霖、陈岱孙、张奚若、钱端升、邓以蛰、陶孟和、周培源、吴有训、李济、叶企孙等，都是这里的常客，而沈从文却是其中的例外。

据金岳霖说：20世纪30年代，我们一些朋友每星期六有个聚会，称为"星（期）六碰头会"。陈岱孙先生也是"星（期）六碰头会"成员之一。

"太太客厅"和"星（期）六碰头会"实际上是一回事。林徽因和梁思成住北总布胡同3号，金岳霖住后面一个小院，门向西开，还有一个门向南开，通林、梁的3号院落。碰头会时，张奚若、陶孟和讲些政治情况，如南京方面人事安排。金岳霖是搞哲学的，从来不谈哲学。他们谈得最多的是建筑和字画，特别是山水画。有时邓以蛰带来一两幅画供大家欣赏。那时冰心写了一篇小说，题目叫《我们太太的客厅》，这篇小说好像是批评20世纪30年代中国的少奶奶们有一种"不知亡国恨"的毛病。金岳霖认为，批判"客厅"的对象很明显是指林徽因。不过批判者没有掌握具体情况，以为星期六活动一定是以女性为表面中心——客厅主人一定是少奶奶。哪里知道客厅主人是一个单身汉呢？

金岳霖说，参加碰头会的人有时在前院，有时在后院。吃饭时在金岳霖的后院，又称"湖南饭店"。有时是中餐，有时是地道的西餐。每次，咖啡和咖啡冰激凌是必不可少的。

陈岱孙在回忆"星（期）六碰头会"时说：战前在北总布胡同，经常是星期六下午约请朋友来金家茶叙，久而久之成为习惯，他在星期六下午都会备些茶点在家恭候客人光临，而他的朋友常常是不速之客。其中有的是常客，有的是稀客、生客。常客以学界中的人为最多，也不排除学生。记得一两次我就遇见燕大的女学生，其中有一位常来华访问的华裔作家韩素音女士。学界中也有外籍学人。一次遇到20世纪30年代美国哈佛大学校长坎农博士，他是由他女儿慰梅和女婿费正清介绍来的。有一次我在他的茶会上遇见几位当时戏剧界正在绽蕾的青年演员，另一次又遇见几个玩蟋蟀的老头，人物的广泛性是茶会的特点。

3

抗日战争全面爆发后，林徽因一家和陈岱孙等先后到了湖南长沙，不久又长途跋涉来到云南昆明。

刚到昆明时，林徽因一家住巡津街尽头前市长的旧宅，后又搬了一次家。因日机轰炸再搬到郊区麦地村和龙泉镇的龙头村，并借地自建了一处平房。

在昆明，林徽因在《彼此》一文中写到当时的心态。她说："经过炮火或流浪的洗礼，变换又变换的日月，难道彼此脸上没有一点记载"，大家"脸上所刻那几道并不使彼此惊讶，所以还只是笑笑好。口角边常添几道酸甜的纹路，可以帮助彼此咀嚼生活"。

七七事变后，陈岱孙南下的路并不平坦。他与清华的同事陈之迈在天津得到一个旅行社的帮助，乘英轮到青岛，再乘火车到济南、南京，又搭船到汉口，再乘车赴长沙。1938年春天，学校以军事化行军方式迁往昆明，陈岱孙和朱自清乘船到越南河内，然后乘火车抵昆明。那时周培源一家和任之恭一家已合租滇地东侧一私人别墅。陈岱孙和学校同人被安排租住昆明农业专科学校。不久，学校在一次空袭中被毁，他捡拾余烬和另几个同事迁到北门街唐家花园的一座戏台，稍做修整改为卧室，陈岱孙、金岳霖、朱自清、陈福田、李继侗五位教授分别住在大包厢里，这一住就是五六年，直到日本投降。周培源一家为躲空袭，迁到离城较远的龙王庙租屋，他先买马代步，到联大上课，后因买不起草料，又卖马换自行车来往。

陈岱孙在日军气焰最嚣张的抗战初期，在昆明的《今日评论》、重庆的《新经济半月刊》《现代知识》等刊物发表二十多篇评论，就战时工业化思想、战时财政思想和战时金融思想提出针砭时弊的对策，为抗战胜利建言献策。他虽无家室之累，但生活拮据得连一根香烟都买不起。在一无图书，二无设备的条件下，艰难地进行着教学和学术研究。

在战争环境下，一些同事好友并不住在一起，大都散居昆明城外，教学之余他不忘与林徽因一家和周培源一家等朋友的聚会，1938 年在昆明西华亭内住所、1939 年在西南联大郊游时等几张照片，都记录了他与林徽因、王蒂澂等朋友亲切交往的身影。

4

1940 年 11 月，林徽因一家随中央研究院史语所迁往四川李庄，从此与陈岱孙分居两地。但是林徽因一家与之飞鸿传音，一直保持着紧密的通信联系。

抗战时期的大后方物资极其匮乏，通货膨胀，知识分子普遍生活穷困。近年从陈岱孙遗物中发现林徽因、梁思成为谋生存之道，写给"群主"陈岱孙的信件，尊称这位一直未婚并不老的陈岱孙为"岱老"，可见他在朋友中的声望之高。这些信从变卖两块手表开始，展开"朋友圈"的故事叙述。先看林徽因 1943 年写给陈岱孙的第一封信：

岱老：

从通信之频繁上看，就可以知道你新设立之"救友 agency（代办处）"规模已略可观，此该受贺还是被人同情，观点不一，还是说可贺好一点。

我们复你的信刚刚发出，立刻又有"三表之讯"，好事接踵，大可兴奋。如老兄所言：二加二可等于四；我们尽管试做福尔摩斯一次。

据我的观察，现时救人救肚子，这三表如同维他命一样都是准备我们吃的。表之自然用处早已是滋补生命而非记录时间。惟其如此，故据在行者说国内表已到了饱和点，故如非特别讲究或时髦的，有时颇不易"变化其气质"，正如这里牛肉之不易蒸烂！而在美国因战时工业，表价则相当之高。博士（金岳霖）到底书生家死心眼，还始终以为表所含的滋补最为丰富！实可惋惜。我的意思是恐怕一表分数人吃，无多大维他命也。

关于注明准备送到李庄之二表，我的猜想是其中有一个为博士给我们红烧的，另一个或许 Nancy 效法送思永家清蒸去，送者大约是两人，受其惠者亦必会是两人及两人以上无疑。这年头无论什么救济法都不免僧多粥少也。既有此猜疑，故最好先观望一些时候等他们信来，如果有思永的一个，我们尚须得其同意如何处置。

关于内中最可能属于我们的一个，梁公思成意见甚多，对其去留、烧煮、煎烤问题颇不易决定。原因是虽然我们现在蛰居乡僻，山中方七日，世上可能千年百年的时间，我们到底还需要保存时间观念，家中现时共有旧钟表六七个，除来四川那一年咬着牙为孩子上学所卖的一个闹钟外，其他已完全罢工者四，勉强可以时修、时坏、时行、时歇者二。倒着便走、立起便停者有之，周中走得好好的、周末又不走了的亦有之；玻璃破而无法配者有之，短针没有、长针尚在者有之；此外尚有老太太（在昆明时）的被工友偷去因而丢在地上，赃物破获，表已粉碎者，及博士留有女友（E.F.）相片在壳后而表中缺两钻者。此间虽有莫宗江先生精于修表且有家伙一套，不时代劳，不用我们花钱，但为挣扎保存时间观念而消耗去的时间与精力实不可计量！

愈是经过了困难，思公对表兴趣愈大，现已以内行自居，天天盼着弄到一只好表可以一劳永逸。据他结论如下，（一）表分各种"made"（制造）及各种"grade"（档次）。A."made"，最知名的是 Omega、Cyma、Movado、Tissot、Longines（都不是美国本身出，all swiss made 全是瑞士造）及 Elgin（美国所出）。B. 各种"made"之中都可有上中下各等，"grades"所谓上者乃是从十九至二十一钻，中者十五或十七钻，下者在十五钻以下、七八个至十三钻等，但多半不写在表后。

（二）表可以以各种价钱决定其等级。A. 在战前上海，一个表，外壳平平，注：许多表价钱都落在外壳之装饰上 [steel、chromium（钢、铬）等]，而价钱在百元至百五十元之间便是个可以非常经久之好表。外壳平淡、价钱在五六十元间乃中等好表，三四十乃至以下便都是如 Ford、Chevrolet（福特、雪弗兰）阶级之汽车。B. 在战初的香港，一个表（外壳平常）价在七八十港币以上乃上等表，价在三四十以上乃中等，以下就是下等了。而梁思成本人就在那时买了一个二十元港币之时髦表，洋洋得意了仅两年，此表便开始出花样，现在实已行将就木、病入膏肓的老太爷，老要人小心服侍还要发发脾气，最近连躺着也不走了！

话回原题上来，现在的问题是博士三表照以上标准观察的话，据你看大约是哪一种？如果是十七钻，真大可以留下"自足用"

之，尤其是我们现时之情形下，今冬粮食费用都可支持若干时日，而表的问题则实在非常狼狈。此次胡博士（胡适）曾送傅胖子（傅斯年）十七钻之 Omega 一只，外貌又时髦内容又是相当之"中等"，如果金博士（指金岳霖）所购亦有此规模，则不但我们的一个可留，你经手那一只大概亦可多榨出一点油水脂肪也。

以上关于表之知识大可帮你们变化其气质时用也。

上次所云有人坐船来替费正清，此人名 George Kale，我曾说博士或托其带现金，那完全是我神经过敏（jump into a conclusion）。因为博士说 when Kale arrives, your financial difficulty may berelieved。"Kale"到后，你们的拮据状况谅可缓解。等等，我又听到 John Davies 为端公（钱端升），带现票子在皮包内，因飞机出事跳伞时肋下皮包猛然震落等等（后来竟然寻到），我便二同二放在一起，以为博士或亦托人带票子来。路远通信牛头不对马嘴，我总想博士必会做出许多很聪明或很不聪明的事。

此信之主要点除向"救友 agency"道谢外，便是请代检查表之等级以备思公（指梁思成）参考决定解决之法。如果是个中表（那便是我们所盼之"好表"），再烦人带到重庆交 John（费正清），在替手未来前，他总不会离开，而思成自己便快到重庆去了。

不过多半此表是十数元美金者，在美国表是贵东西，十数元之表大约不会太好的，如何请老兄检查，我们等你回话。如果是 cheaper grade（便宜货），当然以在昆明出脱为上算。

不会写短信的人写起信总是如此，奈何？还有一点笑话新闻之类，可许我翻一页过去再写一点，因为既有写长信之名，应该也有多新闻之实。

近一年来李庄风气崇尚打架，所闻所见莫不是打架；同事与同事，朋友与朋友，职员与上司，教授与校长，inter-institute（机构之间），inter-family（家庭之间）。胖子（傅斯年）之脾气尤可观，初与本所各组，后与孟和公（陶孟和），近与济之公（李济），颇似当年老金所玩之蟋蟀，好勇斗狠之处令人钦佩！！！这里许多中年人牢骚，青年人发疯自不用说，就是老年人也不能"安之"。济之老太太已一次游重庆，最近又"将"儿子"一军"，吵着重游旧地。方桂（李方桂）把老太太接来之后，婆媳间弄得颇僵（媳妇便先赴渝去看自己母亲），老太太住了些日感到烦闷又要回重庆，因此方桂又大举奉母远行。故前星期当这里博物院（指中央博物院）职员押运石器时代遗物去重庆展览之时，同船上并有七十六岁之李老太爷一人，七十三岁之李老太太一位。一舱四位就占去两李家的老人两位，虽不如石器时代之古，责任上之严重或有过之，同行之押运员当然叫苦连天。好在方桂自己也去，只是李老太爷一人需要 extra service（特别照顾）。

近来各人生活之苦及复杂本来可以增加大家之间彼此同情，可是事有不然者。据我们观察，大家好像愈来愈酸，对人好像倾向刻薄时多、忠厚处少，大可悲也。我们近来因受教授补助金之医药补助过两次，近又有哈佛燕京（指哈佛燕京学社 Harvard Yenching Institute）之款，已被目为发洋财者，思成感到中研院史语所之酸溜溜，曾喟然叹曰：洋人固穷，华人穷则酸矣，颇有道理。好在我们对于这里各机关仍然隔阂，对于各种人之寒酸处不甚有灵敏之感觉，仍然像不懂事之客人，三年如一日，尚能安然无事，未曾头破血流如其他衮衮诸公，差足自慰。此两三段新闻写得不够幽默，比起实在内容差得太远，但无论如何仍是gossip（闲话），除至熟好友如继侗（李继侗）、叔玉（萧蘧）、熙若（张奚若）诸公，实不足为外人道也。

徽因　十一月四日

林徽因1944年8月5日写给陈岱孙的第二封信：

岱老：

　　你以元老的资格给我们的信早已收到。又有款来的新闻自是好新闻。那时正值思永相当的窘迫，得了这新闻自是感激Agency组织之扩大与周密，老朋友关心之实际化。

　　当时一得消息我连忙派了再冰小姐做联络员上山去报告她的三叔，谁知这小姐本来有点不好过，赶了一个来回之后便病倒了，那时我又在家发热，家中便又陷入纷乱而思公便忙了起来。这下子倒弄成了我们两人都没有回你一信的事实。

　　日子过得真快，再冰一病就是三个星期，这一波未平时便又被从诫少爷将了一军：原来重庆清华中学招生就在七月二十九。一切迫在眉睫，于是老子连孩子本人都临时抱起佛脚，请了先生补补温温。此外做母亲的便找女工来为小学生赶制蚊帐及衣服！这年头买不起布，所以便拆了这件变成另一件，居然在十日之内穿的、盖的、用的一切也都有了几件可以拿出去洗而不会立刻破成碎段的。这在我们家庭中已是桩很吃力的事。那时又正是寒暑表到了九十几度（华氏）的时期。大家出钱的出钱，出力的出力，而又都出了汗。

这也都是说我们未写回信之"尚可原谅之处"，想必理会得到。我们的确很惨，也很懒，也很可原谅的忙不过来。

上次寄回款的原故是因为我们骤然收到两三处给我们接济，一时感到过于阔绰及自私，所以先寄还你那边接济其他需款之尤急者。这次如果寄来，则我们不但自当接受，并且也大有需要。儿子上学，爸爸送去，这一下子是去了全部可动之财产。所以当日之阔绰情形已成过去。而今后之穷酸情形正在侵入中。

两只金表之从重庆转到李庄，大家检查观摩叹息了，但亦尚未卖出。原来还是个十九钻石者，真可惜外貌之不扬若是。思公带了一个到重庆，预备如果临时有在陈之忧时出脱，另一个在宜宾候主顾。一切又都该向你道谢也道歉，请你别烦厌这重复的几句话。思公七月二十七到达重庆的，忘了说了。

金博士大糊涂之处依然。曾来信告诉我六月十二日一定离开美国。我这死心眼人在相当懒的情况下便计算着四月底为这边最后发信时期。偏偏四月一个月我病得快死了（比第一年有过无不及），非常怕告诉他这边情形。而因此说瞎话如同"身体甚佳"这一套，又怕地狱中割舌头，所以便以无消息即为好消息的原则保守缄默。等到病稍好时已五月初，于是急得写封信由美使馆Panfield转去，以为可以快！谁知为朋友转信的使馆"袋"中是违背定规。这位 Jim Panfield 急得没法，只好代我将信中大意转给费家，再请费家转金博士等等。这边乱了一阵而他老先生最后的信（昨日收到），六月底费（费正清）尚在纽约，信里说须至八月才走！（当中有过两信，奇怪我们怎么没有信等等。）他居然现在得到 J.P. 转去消息才知道我以为赶不及而停止发信由邮局寄等情形。自认糊涂把一切看得那么确定。

至于他坐什么样交通工具回国，一字未提！坐船之议也未说起。只提过行李限制量，船比飞机大得多一事而已。据他说眼已割好，虽然看得清楚，而两眼不合作这情形是否暂时亦未说。

来信说种胜利菜园，非常美慕。我们每年六棵番茄在花台中，今年全数失败！

照例我把信写到无法签名时为止，这封也是如此。

　　　　　　　　　　　徽因谨签名于此了　八月五日

林徽因 1944 年 9 月 2 日写给陈岱孙的第三封信：

岱老：

上次人太糊涂，给你的信忘却写上"航空"两字，现在一直在幻想着它失落在十八盘三十六盘等深山之中！

以许锡良名义汇来巨款已收到两周。肉已多买几斤，且吃过一只肥鸡。钱之作用今年又多了一层认识。梁思永一家穷愁相当，经此"汇"之后眉头确见开展。感激不尽。

如果上次的信真的失落，那么在此再报告一下：梁氏父子到京里（重庆）投考状元去也。至少梁从诫是去投考。昨有信来，两校均已录取，成绩不坏，可是中间又费踌躇，不知决进何校为宜。一慕母校之名，一贪沙坪坝有友人照应之便，结果仍入了南开。儿子一路如刘姥姥进入大观园，闻见莫不感新异，老头儿却眼见车费饭费之大贵，天天叫苦连天，叹息不已。本要立刻回李，又不幸得到"中基"结束消息，只好守在首都等等碎骨头啃。整年挣扎汗流满背，现在一半寄居博物院之篱下，滋味甚苦，"中基"结束正不知下文如何！！

今夏我的养病等于零，精神上太劳苦，体温又上去，真不愿在(金)博士回来时告他此种不争气的消息，但不说则必需说瞎话，正不知如何是好。不过博士大约也是预备割舌头的，他并不告我们坐船而瞎说大约八月中才离美等等！我真希望海上真的安全，他这种走法实是加增友人惦挂，严格说，并不慈悲。

林耀六月二十六在前线机中弹失踪至今无消息。大约凶多吉少。闻讯怆然累日，一切不堪回想。抗战七年直接伤亡消息以空军为最重，我已多次如惊弓之鸟，见到不常见之空军友人姓名在信封上，就知道常见的名字已不能自己签名来信！难过之极。

端公信不日就回。你的菜园安吉否，念之。极念熙若一家，却因自己无信，不敢问候。

徽因匆匆　九月二日

与此同时，还有梁思成写给陈岱孙的三封信，因篇幅长，不再一一列举，放在梁思成一章中引用。

5

1945 年 11 月，日本无条件投降不久。梅贻琦校长即派陈岱孙和土木系的王明之教授先期回到北平，他担任清华大学保管委员会主任，负责从日本投降者手中接管清华大学，并带领三十多名工作人员，完成师生返校和秋季开学准备工作。金岳霖后来回忆："陈岱孙是能够办事的知识分子"，"对于陈岱孙先生，我可以说更熟悉了，但是，我仍然不知道他能办事。可是梅校长知道，他知道陈岱孙先生能办事，所以大家回到清华园以前，他派陈先生回北平做恢复清华园的麻烦工作"。

在日军侵华战争期间，清华园成了一座兵营和陆军伤病医院，教师宿舍成了马厩，日本兵在校园内大兴土木，弄得伤痕累累，"水木清华"面目全非。陈岱孙带一干人回到校园，第一便是清除路障，整修屋舍，恢复校园原貌，这一干便是十个月。

1946年7月，当林徽因、梁思成一家从西郊机场停机坪走下悬梯时，是老友陈岱孙安排好接人的车辆。林、陈二人从1940年11月分别到这次见面，他们已成清华大学同事，情感上又近了一步。他热情地帮林徽因和梁思成拿东西，又拉着梁再冰、梁从诫姐弟二人走出机场，到停车处上车。他们从西直门进城，由新街口向南，到宣武门内西南联大复员教职工接待处暂住。不久，林、梁一家搬进清华大学宿舍新林院8号，梁思成被任命为清华大学营建系主任。8月，梁思成应邀赴美讲学，系主任由土木系教授吴柳生暂代，筹建及教学事务由林徽因协助。陈岱孙完成校园修复后，仍回经济系任主任，忙于秋季开学和招生事宜。

1952年7月，全国高校院系调整，陈岱孙调到北京大学任教，就不在清华了。

1955 年 4 月 1 日，林徽因在北京同仁医院病逝。《北京日报》发布了林徽因病逝讣告和十三人治丧委员会名单，陈岱孙的名字赫然在目，俨然证明一代人天长地久的友谊。

6

陈岱孙身材颀长、高大俊朗、风度翩翩、处事干练、玉树临风，篮球、高尔夫球、网球、跳舞、游泳、打猎无所不能，尤其桥牌打得极为精彩，一时成为西南联大女生的择偶样板。然而他一生却未婚，在人们眼中成了一个谜。

有人说，陈岱孙四十多岁还未结婚，是因为和周培源在美国留学时同时爱上一个女同学，回国后，这个女同学成了周培源的夫人，导致陈岱孙终身不娶。

20 世纪六七十年代，某位"天才写大字报者"认为陈岱孙和周培源是情敌，异想天开杜撰"三角故事"。

有人写文章说，十九岁那年，陈岱孙与他的同学同时爱上一位女子，两人相争，又恰逢要出国留学，于是两人击掌为约，谁先得到了博士，谁娶其为妻。

还有人写文章说得更为具体，陈终身不娶，为的是一个叫王蒂澂的女子。在美国留学的时候，他和一个校友同时爱上了她，他们双双回国后，王蒂澂在他们二人之间选择了他的校友。他坦然退出，他和那位校友仍是好朋友，只是他再没法爱上别人，选择了独身至终老。

人总是喜欢把别人的事情按照自己的趣味来渲染。上述这些传说皆指向周培源、王蒂澂夫妇。我们先看看王蒂澂女士的履历，那些传说便不攻自破。

王蒂澂，原名王素莲，1910年生于吉林扶余，父亲一生开造纸作坊，五十岁时因病去世。生活拮据，但母亲咬牙供女儿读书，小学毕业时被保送到省立师范，后又被省官费送到北平女师大英语系学习，那一年她十七岁（1927），她天生丽质、机智伶俐，是女师大的校花。1930年经同学介绍，她认识了清华教授周培源。据说介绍人拿了一打照片让周过目。当翻到王蒂澂的照片时，周培源当机立断选定了她，那时王刚二十岁。经过将近两年的恋爱，1932年6月18日走进了婚姻殿堂。后来她连生了几个女儿，还得了那时被认为是不治之症的肺结核。中华人民共和国成立后王蒂澂在清华附中教书到离休。周培源1902年生人，大她八岁，1993年逝世。王晚年卧病在床，2009年病逝，享年九十九岁。

从王蒂澂的履历看，陈、周留学时，王才十来岁，且在原籍读小学，怎么可能成为二人相争的对象呢？真是滑天下之大稽。

陈岱孙1927年应母校之聘，来清华大学任经济系教授。周培源1929年回国，受聘于清华大学物理系任教授，二人皆留学美国，虽专业不同，但二人早就是好友，九一八事变时，清华大学同仇敌忾，学生纷纷参加军训，教师们成立了一个射击班和一个马术班，陈、周二人皆报名参加，以备战时之需。他们还一起到山西打猎射击做体验，二人分在一个组相互配合。即使周、王结婚，抗战时随校流转大西南，他们仍保持着早年的友谊。

上述传闻周培源之女矢口否认。

陈岱孙的堂外甥女唐斯复也撰文《失实的故事》，对传言予以否认。陈岱孙是家中独子，那个年代的独子承载着传宗接代的重任，家里自然为他的婚事着急，从美国初回福州时，家里安排他去相过几次亲，但都无果。本应有一个好的婚姻，但命运与他开了个天大的玩笑，偏偏不能月圆成双。还因父亲逝世尽孝服丧，而失去婚姻的最佳良机，致使他一生孑身度过。正因为这个不圆满，却成就了一代学人和经济学大师的美誉。

后来中央电视台《东方之子》采访陈岱孙时，问到为什么不结婚之事。他说："第一我没有时间；第二这种事情怎么也得两情相悦。我没有碰到合适的人。"

像陈岱孙这样的学者、大师，他对专业精益求精、一丝不苟，生活上也容不得一点马虎。王蒂澂的学识和美丽给他留下极好的印象。但生活总是不尽如人意，鱼与熊掌难以兼得。后来在京亲友为他介绍过一位女士，但他没有相中。总之他没有遇到有知识、美丽和能与之擦出火花的人。遗憾又不遗憾，正是他灵魂和精神至高至纯的坚守，在经济领域创造了一个高峰，获得了多个荣誉头衔。1997 年，他在九十七岁高龄之时告别了这个世界。正应了唐代诗人钱起那句名言："曲终人不见，江上数峰青。"

林徽因、陈岱孙这一代学人，如今已离我们远去，但他们留给这个世界的余音，却依然在人们心中缭绕。

七、胡适与小妹林徽因

1

胡适与林徽因是不同性别、不同时代差的两个人。那时，一个是梳着两条小辫子的中学生，一个是堂堂北京大学的著名教授，二人何以走近？主要是两个人物起了桥梁作用。先是她的父亲林长民，后是她在欧洲的初恋情人徐志摩。林徽因便在人生不可知的际遇中，与胡适慢慢熟稔起来。

1920 年 4 月，作为徐世昌总统府外交委员会事务长和国际联盟协会理事的林长民出游欧洲，在家设便宴招待北大代理教务长胡适，让女儿出席作陪。这之前有消息说林长民拟任教育总长，他选胡适做他的助手，因而两人成为知交。离京前胡适等人到前门火车站为父女二人送行。这便是林徽因认识胡适的开始。

后来，林徽因渐渐从父亲嘴里知道，胡适从小失怙，由母亲把他养大，十九岁时考取留美官费生，在美国读书七年，回国后被聘为北大教授。他只在故土与母亲相守数日，并在母亲主持下完成了婚姻大事，即回北京执教。没想到第二年母亲便撒手人寰。他外出求学十五年，与寡母相聚不足半年，生未能养，病未能待，是他一生的遗憾与惨痛。母亲只在世上活了四十五年，与即将到来的幸福失之交臂。

胡适在做事和为人的态度上，先天带有母亲的遗传，他待人仁慈、温和，学得母亲一样的好脾气，严以律己，宽以待人。然而，他做学问很欣赏尼采的"上帝死了，一切应重新开始"和"重新估定一切价值"之言；他还推崇老师约翰·杜威的实证主义，处事上注重逻辑分析和推理，提倡具有创造性的思想力。

尽管林父与胡适在理念上不尽相同，但在倡导新文化、新思想，挽救民族危亡上是一致的。

1917年11月，林长民辞去段祺瑞内阁司法总长后，没有一刻消停，又以宪法研究会成员身份出入朝野，用民间外交推动政府外交。1918年12月，总统徐世昌特命总统府设外交委员会，让他任事务长。1919年2月，国联同志会成立，林长民任总干事。继而国民外交协会诞生，他又任理事。4月中旬，外交部密电出席巴黎和会的中国代表，令其在对日交涉中让步。他得到消息，立即撰写了《外交警报敬告国民》一文，并利用与主持《晨报》编务的刘道铿的同乡关系，点燃了五四运动的导火索，谱写了他一生事业最光彩的一笔。

1919年3月，胡适、蒋梦麟和陶行知力推杜威来中国讲学，希冀以此在中国知识界启发人们的智慧。胡适认为，任何压制和扭曲都可能改变人类的性情，助长社会陷入僵局，鼓励用暴力变革。中国在20世纪初深度被儒家思想困厄着，除了克己之外，难有他途。胡适非常赞同老师杜威的思想，承认世界的差异，容忍异己事务存在，努力通过独立思考，共同促进人类环境的改善。与林长民不同的是，他在其所在的教育界，从哲学、散文、诗歌、剧本入手，成为中国五四新文化运动的践行者和领导者之一。

林长民退出执政当局后，与梁启超等人筹建共学社和讲学社，致力于国际国内文化交流，与专司教育的胡适走近，虽有差异，但在文化心理和性情上有着许多相近之处。

1920年4月1日，林徽因和父亲从上海的杨树浦码头上船，同船的还有北大的王光祈、魏嗣銮（时珍）和陈宝锷。商务印书馆（林孝恂在商务曾投有股份）的张元济、高梦旦、李拔可等到码头送行。那一天风狂雨暴，把黄浦的江岸都遮住了，诗坛新秀康白情用白话诗《送王光祈、魏嗣銮往德意志，陈宝锷往法兰西》记下了送行的场面。林徽因父女二人从马赛下船坐火车抵巴黎，再乘车、乘船过海峡，于9月21日到达英国伦敦。林徽因在补习一段英语后，考入圣玛丽（女子）学院就读。不久，她又在随父亲参加的一次会议上，与时在伦敦大学政治经济学院留学的徐志摩相识。

林徽因的美丽令徐志摩惊为天人，魂不守舍，很快陷入一场热恋中。后来徐志摩转到剑桥读书，二人书信不断，为此徐志摩写了两大本英文日记和诗，向林徽因表达思恋之情。一年后林徽因随父回国。徐志摩则由金岳霖、吴经熊做证，与妻子张幼仪在德国签了离婚协议书。

2

再是胡适与徐志摩办聚餐会和新月社，林徽因虽不是该社成员，但她与表姐们都是积极参加者。

1922年10月，徐志摩未结束学业即坐船回国。等他来到北京时，那场"热恋"已胎死腹中。林徽因的婚事经家庭诸多成员参与，与梁启超之子梁思成定下了婚约，但未定聘。这场恋爱的变化令徐志摩愁肠百结，久久积压于心。在表叔蒋百里（讲学社总干事，松坡图书馆图书部主任、《改造》杂志主编）的帮助下，做了松坡图书馆外文部秘书，这是他回国后的第一份工作。在这期间，他在操办讲学社聚餐会时与主持欧美同学会聚餐会的胡适相识。然而，胡、徐真正成为莫逆之交，是在1923年8月下旬，徐志摩因祖母病故，从北戴河回硖石奔丧，而胡适因痔疮在杭州烟霞洞休养。

志摩在守孝期间，多次到杭州烟霞洞看望胡适。正逢中秋观潮的大好时机，志摩便邀了胡适、曹诚英、汪精卫、朱经农、任叔永、陈衡哲、马君武等一班朋友，乘船到海宁观潮。10月11日，张东荪在上海请客，在酒足饭饱之后，胡适拉上志摩在下榻的沧州饭店闲谈，胡适和徐志摩便敞开了心扉，先是胡适让徐志摩看

了《烟霞杂诗》；而后又谈他与曹诚英的亲密关系。胡适借此也
问了志摩和林徽因在欧洲时的恋情。

徐志摩在《西湖记》（日记）里是这样记载和作答的："适
之问我'冒险'事，云得自可怖来源，大约梦也。"

这件事向来让人理解模糊，近年有人考证，那天胡适问我"冒
险"事，来源是有可怖的，大约是梦也。

不久，志摩到常州旅游，写出了诗作《常州天宁寺闻礼忏声》，
胡适对此评价很高。他说："志摩对诗的见解甚高，学力也好"，"我
很希望志摩在这方面作一员先锋大将。"

便是这段时间的交往，胡适很快喜欢上志摩的热情和才学，
志摩当然也知道胡适在社会上的影响力，于是很快奠定了他们之
间的友谊基础。

胡适创办的《努力周刊》，只存活了五个月。他与志摩商量，
把他主持的欧美留学会的聚餐人员和徐志摩聚餐会的人员进行
整合，借印度诗人泰戈尔诗句，最后达成创办新月社的共识。胡
适是五四新文化运动的著名人物，此时他当然也成了新月社的主
持人。这期间林徽因虽然在培华女中读书（石驸马大街培华女中
与西单石虎胡同松坡图书馆隔街相望），由于胡适、徐志摩的关系，
也经常带上她的几个表姐妹参加聚餐会的活动。

1924 年 4 月中旬，泰戈尔来到北平讲演、拜会清逊帝溥仪，
都有林徽因和徐志摩作陪，一时间轰动京城各大媒体，弄得梁家
婆母二人很有意见。梁思成因车祸致残，行动不便，也只是陪着
泰戈尔照照相。在泰戈尔六十四岁生辰之际，胡适做主席，筹备

了四百位北平名流参加的宴会。宴会之后，还上演了泰氏抒情诗剧《齐德拉》，林徽因主演马尼浦王的女儿，徐志摩演剧中的爱神，博得了观众一致好评。在落下帷幕之际，泰戈尔到舞台上赞誉她的出色表演，胡适也高兴地称林徽因是"北京第一才女"。

3

第三是林徽因在美留学，到抗日战争前与胡适的一段交往。

1926年7月，胡适赴英参加中英庚子赔款委员会会议，会后他到英国博物馆和法国图书馆寻找敦煌文物有关禅宗的资料，年末，再由英转美接受他在哥伦比亚大学博士学位的补授，转眼就已是1927年2月初了。

2月6日，林徽因受美国费城教育会之托，给正在美国纽约访问的胡适写信，邀请他到费城演讲。同时她也急盼借此机会，与阔别两年多的胡适会面，了解一些国内的情况。她在信中说：

适之先生：

也许你很诧异这封唐突的来信，但是千万请你原谅，你到美的消息传到一个精神充军的耳朵里，这不过是个很自然的影响。

我这两年多的渴想北京和最近惨酷的遭遇给我许多烦恼和苦痛。我想你一定能够原谅我对于你到美的踊跃。我愿意见着你，我愿意听到我所狂念的北京的声音和消息，你不以为太过吧？纽约离此很近，我有希望欢迎你到费城来么？哥伦比亚演讲一定很忙，又不知周末可以走动不？

这二月底第三或第四周末有空否，因为那时彭校新创的教育会有个演讲托我找中国 Speaker（演讲人），胡先生若可以来费可否答应当晚的（Speaker）？本来这会极不要紧的，不该劳动大驾，只因我们可以聚会晤谈，所以函问。若是月底太忙不能来费，请即示知，以便早早通知该会（Dr.H.Mnnreh 会长）。过些时候我也许可以到纽约来拜访。

很不该这样唐突打扰，但是——原谅。

徽音上

二月六日于费城

胡适，是林徽因出国两年多最为熟悉的人，她极为迫切地想见到胡适，诉说对北京的"狂念"，父亲去年秋天"惨酷的遭遇"，更是给了她"烦恼和苦痛"，加之刚到美国不久，与梁思成"在刀山剑树"上过活的矛盾，一度让她想结束留学，回国照顾她的母亲，却遭到梁启超的"劝阻"。因此她把这次赴美留学的自己当成"一个精神充军"。这是她迫切想见胡适的原因所在。

胡适也很理解林徽因的不幸，不久便从纽约赶到费城给彭校新创的教育会完成了那场讲演，并与久别的林徽因做了一番推心置腹的长谈，她很明白胡适与志摩的关系，这自然就成了他们交谈的重要话题。2 月 15 日，林徽因又致信回到纽约的胡适说：

你那天所谈的一切——宗教，人事，教育到政治——我全都忘不了的，尤其是"人事"；一切的事情我从前不明白，现在已经清楚了许多，就还有要说要问的，也就让他们去，不说不问了，"让过去的算过去的"，这是志摩的一句现成话。

……回去时看见朋友替我问候；请你告诉志摩我这三年来寂寞受够了，失望也遇多了，现在倒能在寂寞和失望中得着自慰和满足。告诉他我绝对的不怪他，只有盼他原谅我从前的种种的不了解。但是路远，隔膜误会是所不免的，他也该原谅我。我昨天把他的旧信一一翻阅了。旧的志摩我现在真真透彻地明白了，但是过去，现在不必重提了，我只求永远纪念着……

照事实上看来我没有什么不满足的。现在一时国内要不能开始我的工作，我便留在国外继续用一年工夫再说。有便请你再告诉志摩，他怕美国把我宠坏了，事实上倒不尽然，我在北京那一年的 Spoilt（娇养坏了的）生活用了三年的工夫才一点一点改过来，要说 Spoilt，世界上没有比中国更容易 Spoilt 人了，他自己也就该留心点。

她还告诉胡适，代为问候胡太太、陈源夫妇，并请凌叔华有暇到雪池胡同她住过的房子拍几张照片给她。她还说："我眼看着还要充军一年半，不由得不害怕呀。"

4

回国后与胡适最后见面已是 1931 年了。胡适从西雅图上船回国的同一天，国内发生了四一二反革命政变，国共两党第一次合作瓦解。4 月 24 日船到日本横滨，胡适接到丁再君由航运公司转来的信，南京蒋介石和北平奉军大肆屠杀共产党人，北大教授李大钊及高仁山、邵飘萍先后被杀，清华教授王国维投湖，信上劝他在日本逗留一段时间，不要着急回国。直到 5 月 20 日，胡适才小心翼翼地回到上海，仍不敢贸然北上。后来中国公学何鲁辞职，胡适应邀回母校做了校长。

那时徐志摩已在光华大学外文系执教，叶公超、梁实秋、刘英士、丁西林、饶孟侃、罗隆基、闻一多等南下，这些新月同人又聚集到一起。7 月 1 日，新月书店开业，翌年 3 月 10 日，《新月》杂志创刊。该刊先后发表了胡适的《人权与法》《知难行亦不易》《我们什么时候才可以有宪法》，触动了国民党政权的痛处，《新月》杂志遭到查禁。1929 年 8 月 20 日，国民党教育部饬令将胡适撤职查办，中央社对胡适发布警告令，胡适在上海难以立身，亲朋好友也劝他远离政治，提醒他莫蹈梁任公之辙。1930 年 11 月底，胡适决定回北平任北京大学文学院院长兼文学系主任，随之全家也迁回北平。第二年 2 月 24 日，徐志摩因光华大学学潮也离开上海，到北京大学英文系任教。

而林徽因 1927 年 6 月结束宾大本科学业，又到耶鲁大学学习舞美设计半年，梁思成宾大毕业后（获硕士学位），转哈佛大学研究并收集中国古代建筑资料的目标业已完成，于是她接受了梁思成的结婚请求，到其姐夫任职的加拿大渥太华总领馆大姐家举行了结婚仪式。之后又打点行装到欧洲游历和参观经典建筑，8 月末回到北京。不久梁思成到东北大学筹建建筑系，林徽因回福州探亲，将母亲接到沈阳同住。

1929 年 8 月生下女儿梁再冰，第二年 12 月因病回到北平，暂住梁思成大姐梁思顺家中。1930 年年初，林徽因到协和医院看病，无意中碰到了一位熟悉的大夫，在这位大夫的建议下做了 X 光检查，确诊患上了肺结核，大夫嘱她必须停止工作全休。3 月初，她与母亲到香山双清别墅附近一处平房疗养。其间徐志摩等友人一拨儿又一拨儿到山上看望，便是在此时林徽因在徐志摩的鼓励下开始了文学创作，从此一发不可收，令北京文坛刮目相看。1931 年年初，日军侵华日紧，她与梁思成辞去东大教职，加盟朱启钤先生创办的中国营造学社。9 月末林徽因结束西山的疗养，梁思成也交接完东大事宜回到北平。起初他们住在地安门米粮库胡同，与胡适、傅斯年比邻而居。后因住房狭窄，又移居东城南小街北总布胡同 3 号，直到七七事变抗战全面爆发。

其后，林徽因与胡适两家相距较远，大多通过信件往来。1931 年秋季开学前，林徽因在家举行茶会欢迎英国作家曼殊斐儿的姐夫柏雷，徐志摩当然是与会者。之后林徽因受徐之托，买绣货由她转赠曼殊斐儿的姐姐。柏雷之行主要是到上海参加太平洋国际学会会议，胡适是会议主席，10 月 21 日开会前不久，林徽因给胡适写信说：

适之先生：

志摩去时嘱购绣货赠 Bell（柏雷）夫妇，托先生带往燕京大学，现奉上。

渠眷念 K.M. 之情直转到她姊姊身上，真可以表示多情厚道的东方色彩，一笑。

大驾刚北返，尚未得晤面，怅怅。迟日愚夫妇当同来领教。

徽音

这一年的 11 月 19 日，徐志摩由南京乘邮件飞机北返，不幸在山东济南党家庄上空触山罹难。林徽因带着极大的悲痛，写了《悼志摩》一文。在处理完徐志摩后事不久，凌叔华到林徽因家征集徐志摩的信件，拟编辑《志摩信札》。林徽因提出想看保存在凌家里的"康桥日记"。凌叔华答，她只是代为保管，要交也只能交给小曼。林徽因又去找胡适帮忙，胡打几次电话，凌叔华只是搪塞。这件事一直延宕到 1932 年年关，林徽因因"八宝箱"信件、日记也顾不得过春节了，急急给胡适写信求助。落款写的是"徽音二十年元日"，元日，即正月初一，公历是 1932 年 2 月 6 日，信中说：

志摩刚刚离开我们，遗集事尚毫无头绪，为他的文件，就有了些纠纷，真是不幸到万分，令人想着难过至极。我觉得甚对不起您，为我受了许多麻烦，又累了别的许多朋友也受了些许牵扰，更是不应该。

事情已经如此，现在只得听之，不过我求您相信我不是个多疑的人，这一桩事的蹊跷曲折，全在叔华一开头便不痛快——便说瞎话——所致。

我这方面的事情很简单：

（一）大半年前志摩和我谈到我们英国一段事，说到他的"康桥日记"仍存在，回硖石时可找出给我看。如果我肯要，他要给我（因为他知道我留有他当时的旧信，他觉得可收藏在一起）。

注：整三年前他北来时，他向我诉说他订婚、结婚经过，讲到小曼看到他的"雪池时代日记"，不高兴极了，把它烧了的话，当时也说过。不过我尚存下我的"康桥日记"。

（二）志摩死后我对您说了这段话——还当着好几个人说的——在欧美同学会，奚若、思成从济南回来那天。

（三）十一月二十八日星期六晨，由您处拿到一堆日记簿（有满的一本、有几行的数本，皆中文，有小曼的两本，一大一小。后交叔华由您负责取回的），有两本英文日记，即所谓 Cambridge（康桥）日记者，一本乃从 July.31.1921（1921 年 7 月 31 日）起。次本从 Dec.2nd.（同年 12 月 2 日）起始，至回国。又有一小本英文为志摩一九二五在意大利写的。此外几包晨副原稿，两包晨副零张杂纸，空本子、小相片、两把扇面、零零星星纸片，住址本。

注：那天在您处仅留一小时，理诗刊稿子，无暇细看箱内零本，所以一起将箱带回细看，此箱内物是您放入的，我丝毫未动，我更知道此箱装的不是志摩平日原来的那些东西，而是在您将所有信件分人分类检出后，单单将以上那些本子、纸包子聚成这一箱的。

（四）由您处取出日记箱后，三四日或四五日听到奚若说：

公超在叔华处看到志摩康桥日记，叔华预备约公超共同为志摩作传的。

注：据公超后来告我，叔华是在十一月二十六日开会（讨论追悼志摩）的那一晚上约他去看日记的。

（五）追悼志摩的第二天（十二月七号）叔华来到我家向我要点志摩给我的信，由她编辑成一种"志摩信札"之类的东西。我告诉她旧信全在天津，百分之九十为英文，怕一时拿不出来，拿出来也不能印，我告诉她我拿到有好几本日记，并请她看一遍大概是些什么，并告诉她，当时您有要交给大雨的意思，我有点儿不赞成。您竟然将全堆"日记类的东西"都交我，我又embarrassed（困惑）却又不敢负您的那种 trust（信任）——您要我看一遍编个目录——所以我看东西绝对的 impersonal（不近人性的）带上历史考虑眼光。interested only in（兴趣只在）事实的辗进变化，忘却谁是谁。

最后我向她要公超所看到的志摩日记——我自然作为她不会说"没有"的可能说法，公超既已看到。（我说：听说你有志摩的康桥日记在你处，可否让我看看，等等。她停了一停说可以。）

我问她："你处有几本？两本么？"

她说两——本，声音拖慢，说后极不高兴。

我还问："两本是一对么？"未待答，"是否与这两本（指我处康桥日记两本）相同的封皮？"

她含糊应了些话，似乎说："是，不是"，说不清等，"似乎一本是——"现在我是绝对记不清这个答案（这句话待考）。

因为当时问此话时，她的神色极不高兴，我大窘。

（六）我说要去她家取，她说她下午不在，我想同她回去，却未敢开口。

后约定星期三（十二月九号）遣人到她处取。

（七）星期三九号晨十一时半，我自己去取，叔华不在家，留一信备给我的，信差带复我的。

此函您已看过。她说（原文）："昨归遍找志摩日记不得，后检自己当年日记，乃知志摩交我乃三本，两小，一大，小者即在君处箱内，阅完放入的。大的一本（满写的）未阅完，想来在字画箱内（因友人物，多加意保全），因三四年中四方奔走，家中书物皆叠成山，甚少机缘重为整理，日间得闲当细检一下，必可找出来阅。此两日内，人事烦忧，大约须此星期底才有空翻寻也。"

注：这一篇信内有几处瞎说不必再论，即是"阅完放入""未阅完"两句亦有语病，即说志摩交她三本日记，何来"阅完放入"君处箱内？可见非志摩交出，乃从箱内取出阅，而"阅完放入"，而有一本（？）未阅完而未放入。此箱偏偏又是当日志摩曾寄存她处的一个箱子，曾被她私开过的。（此句话志摩曾亲语我，他自叔华老太太处取回箱时，亦大喊"我锁的，如何开了，这是我最要紧的文件箱，如何无锁，怪事"——又"太奇怪，许多东西不见了，missing（丢失）"，旁有思成、Lilian Tailor 及我三人。）

（八）我留字，请她务必找出借我一读。说那是个不幸事的留痕，我欲一读，想她可以原谅我。

（九）我觉得事情有些周折，气得通宵没有睡着，可是我猜她推到"星期底"必是要抄留一份底子，故或需要时间（她许怕我以后不还她那日记）。我未想到她不给我。更想不到以后收到半册，而这半册日记正巧断在刚要遇到我的前一两日。

（十）十二月十四号（星期一）Halt a book with 128 pages received（收到半本共 128 页），dated from Nov.17.1920（始自 1920 年 11 月 17 日）ended with sentence "It was badly planned."（结尾一句是"计划得很糟"）。叔华送到我家来，我不在家，她留了一个 note（便条），说怕我急，赶早送来的话。

（十一）事后知道里边有故事，却也未胡猜，后奚若来说，叔华跑到性仁家说，她处有志摩日记（未说清几本），徽音要，我不想给（不愿意给）的话，又说小曼日记两本她拿去也不想还等等。大家都替我生气，觉得叔华这样，实在有些古怪。

（十二）我到底全盘说给公超听了（也说给您听了），公超看了日记说，这本正是他那天（离十一月二十八日最近的那星期）看到了的，不过当时未注意底下是如何，是否只是半册未注意到，她告诉他是两本，而他看到的只是一本，但他告诉您（适之）"I refuse to be quoted"（我拒绝被引用）。

底下事不必再讲了。

正月初一下午，林徽因再次致信胡适，进一步阐述了两本"英文日记"内容的始末：

下午写了一信，今附上寄呈，想历史家必不以为我这种信为怪。我为人直爽性急，最恨人家小气曲折说瞎话。此次因为叔华瞎说，简直气糊涂了。

我要不是因为知道公超看到志摩日记，就不知道叔华处会有的。谁料过了多日向她要借看时，她倒说"便找不得"，"在书画箱内多年未检"的话。真叫人不寒而栗！我从前不认得她，对她无感情，无理由的，没有看得起过她。后来因她嫁通伯，又有《送车》等作品，觉得也许我狗眼看低了人，始大大谦让真诚地招呼她，万料不到她是这样一个人！真令人寒心。

志摩常说："叔华这人小气极了。"我总说："是么？小心点吧，别得罪了她。"

女人小气虽常有事，像她这种有相当学问知名的人也该学点大方才好。

现在无论日记谁裁去的，当中一段缺了是事实，她没有坦白说明以前，对那几句瞎话没有相当解释以前，她永有嫌疑的（志摩自己不会撕的，小曼尚在，可问）。

关于我想看那段日记，想也是女人小气处或好奇处多事处，不过这心理太 Human（人性），我也不觉得惭愧。

实说，我也不会以诗人的美谀为荣，也不会以被人恋爱为辱。我永是"我"，被诗人恭维了也不会增美增能，有过一段不幸的曲折的旧历史也没有什么可羞惭。（我只是要读读那日记，给我是种满足，好奇心满足回味这古怪的事实，纪念老朋友而已。）

我觉得这桩事人事方面看来真不幸，精神方面看来这桩事或为造成志摩为诗人的原因，而也给我不少人格上知识上磨炼修养的帮助，志摩 in a way（在某种意义下）不悔他有这一段苦痛历史，我觉得我的一生至少没有太堕入凡俗的满足也不算一桩坏事。志摩警醒了我，他变成一种 stimulant（兴奋剂）在我生命中，或恨、或怒、或 happy（幸福）、或 sorry（抱歉）、或难过、或苦痛，我也不悔的，我也不 proud（傲慢）我自己的倔强，我也不惭愧。

我的教育是旧的，我变不出什么新的人来，我只要"对得起"人——爹娘、丈夫（一个爱我的人，待我极好的人）、儿子，家族等等，后来更要对得起另一个爱我的人，我自己有时的心，我的性情便弄得十分为难。前几年不管对得起他不，倒容易——现在结果，也许我谁都没有对得起，您看多冤！

我自己也到了相当年纪，也没有什么成就，眼看得机会愈少——我是个兴奋 type（类型）accomplish things by sudden inspiration and master stroke（做事全凭突然降临的灵感和灵光闪现）不是能用功慢慢修炼的人。现在身体也不好，家常的负担也繁重，真是怕从此平庸处世，做妻生仔地过一世！我禁不住伤心起来，想到志摩今夏的 inspiring frindship and love（使人振奋的友谊和爱）；对于我，我难过极了。

这几天思念他得很，但是他如果活着，恐怕我待他仍不能改的。事实上太不可能。也许那就是我不够爱他的缘故，也就是我爱我现在的家在一切之上的确证，志摩也承认过这话。

之后，林徽因把这两封信一并寄给胡适。胡适给凌叔华打电话和写信，几经周折，凌终于向胡适交出她所保管的志摩的那几本日记。其中的"康桥日记",据卞之琳后来撰文说,林徽因一直保存到她生命的最后一刻,后焚于 20 世纪六七十年代。

另两本与陆小曼有关的日记交给了陆小曼,她将两本日记整理后,以《爱眉小札》和《眉轩琐语》为题发表。

1932 年 5 月,林徽因因怀孕再次到香山疗养。6 月 14 日,林徽因致信胡适:

适之先生:

上次我上山以前,你到我们家里来,不凑巧我正出去错过了,没有晤着真可惜。你大忙中跑来我们家,使我疑心到你是有什么特别事情的,可是猜了半天都猜不出,如果真的有事,那就请你给我个信罢。

那一天我答应了胡太太代找房子,似乎对于香山房子还有一点把握,这两天打听的结果,多半是失望,请转达。但是这不是说香山绝对没有可住的地方,租的是说没有了,可借的却似乎还有很多。双清别墅听说已让 × × 夫妇暂借了,虽然是短期。

我的姑丈卓君庸的自青榭倒也不错,并且他是极欢迎人家借住的,如果愿意,很可以去接洽一下。去年刘子楷太太借助几星期,客人主人都高兴一场的。自青榭在玉泉山对门,虽是平地,却也别饶风趣,有池;有柳;有荷花鲜藕;有小山坡;有天陌;即是有卧佛寺、碧云寺、香山,骑驴洋车皆极方便。

谢谢送来独立周刊。听到这刊出世已久,却尚未得一见,前日那一期还是初次见面。读杨经(今)甫那篇东西颇多感触,志摩已别半载，对他的文集文稿一类的整理尚未有任何头绪，对他文字严格批评的文字也没有人认真做过一篇。国难期中大家没有心绪，沪战烈时更谈不到文章自是大原因，现在过时这么久，集中问题不容易了，奈何！

我今年入山已月余，触景伤怀，对于死友的悲念，几乎成个固定的咽梗结在喉间，生活则仍然照旧辗进，这不自然的缄默像个无形的十字架，我奇怪我不曾一次颠仆在那重量底下。

有时也还想说几句话，但是那些说话似乎为了它们命定的原因，绝不会诞生在语言上，虽然它们的幻灭是为了忠诚，不是为了虚伪，但是一样让我感到伤心，不可忍的苦闷。整日在悲思悲感中挣扎，是太没意思的颓废。先生你有什么通达的哲理赐给我没有？

新月的新组织听说已经正式完成，月刊在哪里印、下期预备哪一天付印，可否示知一二。"独立"容否小文字？有篇书评只怕太长些。（关于萧翁与爱莲戴莱通讯和戈登克雷写的他母亲的小传作对照的评论，我认为那两本东西是剧界极重要的document，不能作浪费通讯看待。）

思成又跑路去，这次又是一个宋初木建——在宝坻县——比蓟州独乐寺或能更早。这种工作在国内甚少人注意关心，我们单等他的测绘详图和报告印出来时吓日本鬼子一下痛快：省得他们目中无人以为中国好欺侮。

天气好得很，有空千万上山玩一次，保管你欢喜不觉得白跑。

徽音香山六月十四日

　　这封信在梁从诫编的《林徽因文集》中没有收入。从这封信不仅看到她与胡适、徐志摩之间过从甚密和相交至深，而且可以看出林徽因在志摩去世八个月之后，仍未走出"悲念"的影子，其情感的强度，远远超出她悼念志摩的文章。她的诗《别丢掉》，即是这年夏天写成的，也是她的代表作之一。

　　1934 年 5 月 24 日，费慰梅之父——哈佛大学医学院生理学家坎农来协和讲学，梁思成、林徽因请他吃饭，胡适和傅斯年应邀作陪。接下来的几年二人交往日渐减少。1937 年北平沦陷后，胡适被国民政府派往美国出任驻美大使，林徽因一家流徙西南诸省，可说是天各一方，从此再未见有晤面和书信往来。

八、恰似"中表兄弟"的李济

1

林徽因与李济相识，与梁思成有密不可分的关系。他们曾是清华校友，一个是演剧队队长，一个是管乐队队长。

1918年夏，苦读七年半的李济从清华毕业（戊午级）并考上留美官费生，8月14日在上海登"南京号"远航客轮，扬帆出海，赴大洋彼岸的美国马州乌斯特克拉克大学"啃青"，1923年毕业回国任教。

20世纪30年代初叶，他们在北京相遇的时候，都成了地下发掘考古和地上古建考察的开山人物，并且在各自供职的领域取得了卓越的成果，真可谓一对"中表兄弟"。

一段时间以来，李济淡出大陆学术界，几乎不为世人所知，还差一点被定为"文化战犯"。比如中华人民共和国成立初期出版的范文澜所著《中国通史》等书，就全部抹去了李济的名字。上海鲁迅纪念馆开馆时，把李济1933年2月24日在上海新雅酒店与鲁迅、杨杏佛的合影，从中裁去了李济。拂去历史的尘埃，今天李济又重新回到人们的视野。

李济，原籍湖北，清光绪二十二年（1896）六月二日出生在钟祥中果园街双眼井一户书香之家。其父李权，别号郢客，光绪三十三年（1907），以优贡被钟祥送到北京参加会考，得了个七品文官，从此改变了全家人的命运，李济也随全家人迁来京城，把家安在府右街东边的达子营16号（中华人民共和国成立后划入中南海）。李济十二岁在北京江汉学堂念书，后入和平门厂甸五城中学。宣统三年（1911），十五岁的李济考入清华学堂。他从中等科读起，直到民国七年（1918）高等科毕业，考上留美官费生出国。在清华他遇上国文良师马季立，据说他曾教过梁启超，十分赏识梁的文才。由此李济也对这位岭南夫子佩服有加。1914年冬，梁启超（时任司法总长）应邀到清华演讲，以《君子》为题，引用《易经》"自强不息""厚德载物"勉励学子，后成为清华校训。20世纪20年代梁启超应聘清华，成为"四大导师"之一。

在美国克拉克大学，与李济一起就读的还有徐志摩和董时（任坚）。董时是徐志摩杭州府一中的老同学，受徐父之托，负责照顾徐志摩。他们一进校就读三年级，在两个学期里，成绩在全校总是徐志摩第一，李济第二。起初三人关系颇好，日子久了，徐志摩不服董时的"管教"，就跑去跟李济同住一个寝室。一年后，他们大学毕业，李济获心理学学士，徐志摩获历史系的学士学位及一等荣誉奖。

1920 年 1 月，李济申请硕士学位，师从韩金斯教授读人口学和社会学研究生，当年 6 月完成论文和口试，获得硕士学位。而徐志摩告别李济，去纽约哥伦比亚大学政治学系攻读硕士学位，10 月离开纽约去了英国。徐的硕士论文题目是《论中国妇女的社会地位》，据说此文 1921 年才补交。

1920 年 9 月，李济入哈佛大学读人类学系博士学位，此后在马萨诸塞州查尔斯河畔的剑桥度过三个寒暑，于 1923 年 6 月获博士学位回到故都北京。同年秋，他应南开大学之聘，教授人类学和社会学，次年任文科主任。

1925 年，他又应清华国学院聘请，与梁启超、王国维、陈寅恪、赵元任四大导师共执教鞭，讲授人类学、社会学。第二年冬，由美方出资，与袁复礼等人共同对山西夏县西阴村史前遗址进行了为期两个多月的考古发掘。

1928 年，应傅斯年之邀，告别清华加盟中央研究院历史语言研究所，次年初任考古组主任。

1929 年至 1937 年，李济多次主持河南安阳殷墟、山东滕县安上村、山东章丘城子崖、河南浚县辛村等地考古挖掘，确立了他在学术界的至尊地位。这中间有几件事值得一记：

1930 年夏，梁思永从美国哈佛大学完成考古学专业，获硕士学位，应李济之聘先后到黑龙江、河南安阳和山东章丘龙山城子崖发掘考古，并发现三叠层，第一次从地层学明确了仰韶文化和龙山文化石器的先后顺序，以及它们与商文化的关系。

1931 年 11 月 19 日，李济留美同窗好友徐志摩飞机失事罹难。大约五个月之前二人见面，在北平公园玩了一个晚上，他们各自人际圈子不同，谈话的内容也相当广泛。徐逝世时李济野外考古正忙得不可开交，他没有时间和心情去宣泄哀伤，但对志摩的早逝十分惋惜，连说"可惜可惜！"后来有人问他志摩是一个什么样人？他毫不踌躇地说："志摩是一个好人，他向不扯谎。"仔细思之，这不是一般恭维之词。在北平，因和梁思成的同学关系，他也成了林徽因"太太客厅"的一位常客。

1933 年春，史语所南迁上海小万柳堂，与社会科学所合并，由傅斯年任所长。一段时间因傅请假由李济代理所长。第二年 4 月，中央博物院筹备处成立，首任主任由傅斯年兼任。7 月李济接任。10 月，李济全家迁往南京。李家未盖房，而是租住在杨步伟祖父杨仁山抄纸巷印庵 1 号的二层小洋楼里。上任伊始，他便聘请梁思成为中博院建筑委员会专门委员，开始了博物院在南京的选址和建筑工程。

2

1937 年 7 月抗日战争全面爆发，南京方面吃紧，李济临危受命，押运史语所图书、考古资料等物，由水路租轮船西行，经武汉、长沙、桂林，最后迁往昆明。而李济一家则由他的父亲李权带领，在一片混乱中离开居住了三年多的南京。

其间，李济在桂林住了一个多月，史语所全部人马再度启程。先是乘汽车经柳州、南宁到龙州，再经凭祥过镇南关至越南同登，然后换乘火车经凉山、河内、老街至河口，兜了半个大圈子，一路风尘颠簸，1938年春节过后才抵达昆明。

甫到昆明，迁徙到这里的文教机关很多。先是一部分人住在拓东路663号华洋义赈会修滇缅公路留下的办公室，因住不下又租住翠华街靛花巷计两处房子。1939年秋天，因日机频繁轰炸，史语所迁至昆明北门外十六华里处的龙泉镇。这些人一下子涌来一个乡下小镇，租房已无条件，于是纷纷借地建起住所。

傅斯年带头在棕皮营村长西院原竹笋地拟盖五间房子；李济因家中人口较多，他在傅斯年的斜对门盖的房子有过之而无不及；梁思成、林徽因自己设计，在龙头村一个李姓场院请人盖起三间居室，此外，金岳霖在西边山墙外加建了一间小耳房，他们又成了邻居。这几家人虽不在一起，但还是时相过从。

那时李济有三个孩子——长女凤徵、二女鹤徵和儿子光谟，却在离家有十多里的岗头村住校读书，周六才能回家。真是天有不测风云，1940年5月31日忽报二女鹤徵患急性肠炎，李济冒雨赶到学校，将女儿送到医院，他同意开肠诊治，结果第二天殒命。李济6月2日生日，遇此哀痛，自此便不再过生日。可知二女儿的不幸离世，对李济的心灵创伤之重。

9月10日，李济致信傅斯年，建议让营造学社梁思成代替自己的职务。之后又连上两书，向中研院代院长朱家骅坚辞博物院筹备处主任一职。然而时局维艰，日寇从南、东两个方向进攻陪都重庆，日机对昆明的空袭也越来越紧，西南联大被炸。迫于战火，中研院史语所、社会所、中博院和营造学社，酝酿再三，决定迁往四川南溪县李庄镇躲避日军的炮火。

1940年11月，在一个雪花飞舞的日子，李济一家、林徽因一家等，告别居住了三年的昆明，乘汽车又一次踏上了北徙之旅。

李庄是长江边上的一个千年古镇，也是岷江下游的重要码头。北周的南广、隋代的南溪县治所都曾设在李庄。后来历经朝代变迁，李庄结束了作为州、县治所的历史，然而此镇却积淀了丰厚的人文历史。

这次迁来李庄，史语所住板栗坳，中博院筹备处在张家祠堂，社会所在石崖湾和门官田，营造学社在上坝村月亮湾，同济大学在三江碛东岳庙、禹王宫和慧光寺等处。驻足李庄前期，傅斯年因任国民参政会驻会参政员留在重庆，有事则遥控指挥所务。

李济最早住镇上胡家大院，因嘈杂又迁往羊街6号曾家后院。妻子陈启华小他四岁，在留美前一年与他结婚。她虽上的是旧学，在湖北钟祥却是富户人家的女儿。她的工作主要是照顾公公、丈夫和儿女，却跟林徽因、俞大彩、徐樱等一班留洋太太过从甚密。

1941年11月，他们的十七岁的大女儿凤徵忽染伤寒，夫妻二人日夜细致照料，到第二年的1月5日凤徵又撒手人寰，全家人痛不欲生。李济更是万念俱灰，自责"仰不足以事父母，俯不足以蓄妻子"。

然而，事还不止于此。他们本定在羊街6号居住两年，此时房东又发事端，迷信考古是掘人祖先陵墓，人死了会被鬼捉去。于是想毁约并鼓动新租户前来纠缠，还将石条抬入院内。李济持约找区长平息此事，直到 1943 年夏天过后，才搬到张家祠堂。

三年之间，李济六口之家连殇两人，李济倍感凄怆。为了安慰李济一家，林徽因、俞大彩、徐樱将她们的女儿认李妻陈启华为干娘，来慰藉李家人心灵的创伤。

1943 年 6 月，为晒印敦煌考察照片，李济博物院筹备处的人员使用了史语所照相室两种药料，因而与傅斯年发生了矛盾。过去他们是一家人，到李庄后分灶自理。傅所在的史语所属于中研院系统，经费由财政部拨给；李所在的博物院筹备处隶属教育部，经费也由教育部拨发，但李还兼着史语所三组主任一职。此事傅本该睁一只眼闭一只眼，此时却相互计较起来，他们把事情告到中研院朱家骅和总干事叶企孙那里，且火气都不小。造成矛盾冲突双方都有责任。但那时李济为殇女事确实"心绪不佳"，夙夜辗转，接连失眠。总办事处多方劝解，双方矛盾才慢慢平息下来。费慰梅在《林徽因和梁思成》一书记录了此事："1943 年 2 月底，逃难来的一群研究员还有他们的眷属之间，一波波流言蜚语像传染病般蔓延开来，最终引起一连串的嫉妒、争吵、愤怒和谩骂。"她引用林徽因给她的信说：

这是一个心胸狭窄的小镇社区。最近，这里有些事发生，这些受过高等教育的人居然总是吵架，吵得很滑稽，吵到快要不可收拾的地步。我很怀疑，是不是在一座孤岛上，当日常生活供应不足时，人们就会像小孩子一样互打起来。

她的信中没有点名道姓，但指的就是这些事情。

林徽因到李庄后过得也很艰辛，首先是她自己生病发烧，多日不退，从此身体垮了下来。另一件事是在空军当飞行员的胞弟林恒，在成都上空与日机战斗时殉国。她的小叔梁思永突然患"奔马痨"，本来身体就不太好的梁思成，要奔来跑去照顾两个病人。1943年以后，林徽因身体好转后，又协助梁思成为写作《中国建筑史》做准备，读了大量的中外文书籍，有时间还写一点诗。

社会所所长陶孟和的夫人沈性仁，也是北总布胡同时期林家的常客。1943年1月19日，沈性仁因肺结核不治病逝。沈家三姊妹是浙江嘉兴名媛，大姐沈亦云嫁南京国民政府成立后的上海特别市首任市长黄郛，小妹沈性元嫁国民政府国防设计委员会副秘书长钱昌照，沈性仁也是民国一代才女，貌美惊人，且翻译了不少外国图书，颇有些名气。金岳霖曾赠她藏头诗联："性如竹影疏中日，仁是兰香静处风。"她的死，令林徽因等一班朋友十分惋惜。费正清在文章中感叹："她是我们朋友中最早去世的一个。"金岳霖在云南看到电文说"我总不大相信电报所说的是真的"，随即他写了祭文来悼念沈性仁女士。

3

1945年9月18日，英国一家博物馆馆长捷因来李庄中博院考察，下榻李庄张家祠堂。适逢中国传统节日中秋节，李济一家想请梁思成与费慰梅一起聚餐。林徽因考虑李济父亲曾是朝廷命官，是重传统的旧式文人，中秋节阖家团圆，兀自来了一个高鼻子蓝眼睛的洋人，内心一定会感到别扭，于是她给李济和陈启华夫妇写信相商：

　　昨晚你们走后突然想起二十日是中秋节，晚上你们有老人也许要家宴，有外客实在不便。

　　我们这里已经有了一个外客且为她已备几菜晚饭，加入一人倒无所谓。有了费太太（费慰梅），熟人在一起，为此外人计，他也可以不拘束一点。所以想当晚就请那位捷因先生过来同我们过节。晚上再派人用火把把他送回，在那一段吃饭时间内，也给你们以喘气机会。

　　珠罗小帐已补好，洗好（老妈病了，自己动手），今晚即可送来，如何请决定，一切我们都可以配合起来，省得大家有何过分不便及困难。

　　林徽因匆匆写完这封短笺，意犹未尽，于是提起笔来，又给"李太太"写了一信：

　　请您千万不要客气，告诉我一下老太爷是不是希望中秋节有个家宴，多个外人与你们不便？

　　我们这边的确无问题。老妈虽病，做菜请客事素来可以找学社工友，与老妈无关（如果客人在此住，则早饭方面因我不能跑厨房，自己房间又得先收拾出客人才有坐处，则必狼狈不堪，招架不来，我说实话）。现在客人住你们那里，我希望能够把他请来吃晚饭，让你们家人吃团圆饭，方便清静许多。真希望你们不要客气同我直说，我们可以分配对付这毛子，不要害得你们中秋节弄得不合适。

我这边人极少，且已有费太太，费又同捷因很熟，故在一起过节连老太太、莫宗江等才八个人，可以完全合适毫无不便之处。

至于找思成及费太太过去吃晚饭事，如果不是中秋我想我一定替他们答应下来。因为是中秋，而思成同我两人已多年中秋不在一起，这次颇想在家里吃晚饭，所以已做了四五个菜等他。不要笑我们。

如果客人在此吃饭，与你们的过节，方便两边都极妥当。饭后思成可送他回去，一路赏月，且可到江边看看热闹，陪同济之先生一起招呼这洋人也。

请千万千万不要客气，随便决定。因为我们这边菜饭是一样准备了。帐子如果真的有，我就不送过来，但请千万不要客气，昨天我只补了几个洞，小姐（再冰）帮着洗出，毫不费力，只因未大干故未送来。

对不起，我的信送得太晚，济之先生已上山，两下不接头，但一切等济之先生决定，反正不影响任何事情。

从这两封普通短信可以看出林徽因与李济、陈启华一家来往和友谊之深。1947年，李济辞去任职十四年的中博院筹备处主任一职，推荐梁思成接任，因梁已受聘清华，故推辞未就。后由曾昭燏（留英硕士，曾国藩大弟曾国潢长曾孙女）暂代。1948 年他们同被评为中研院首届院士。

1949 年 2 月，李济夫妇随中研院迁往台北。傅斯年掌台湾大学后，李济等受聘到台大文学院考古系任教。

从此，这对分别从事地上古建考察和地下考古挖掘的好友失去了联系。

林徽因 1955 年 4 月病逝。李济 1979 年 8 月病逝于台北寓所，终年八十三岁。

九、与沈从文的半生缘

　　林徽因与沈从文的相识，缘于徐志摩与他一同去香山看望正在那里养病的徽因。时在 1931 年 6 月 14 日。从此，拉开了他们之间友谊的序幕。徐志摩在致妻子陆小曼的信中说：

　　星五午刻，我和罗隆基同出城。先在燕京，叔华亦在，从文亦在。我们同去香山看徽因，她还是不见好，新近又发了十天烧，人颇疲乏。孩子倒极俊，可爱得很，眼珠是林家的，脸盘是梁家的。

　　这是见诸文字最早的记载。之前是否见过面，亦未可知。因为林徽因 1928 年 8 月从美国留学回来后，一直在沈阳东北大学教书。而沈从文由北平南下，经徐志摩帮助先后到上海中国公学、武汉大学和青岛大学任教。后青大校长杨振声受国民政府教育部委托，为华北学生编写中小学教材，沈从文又随杨振声到他熟悉的北平。此时徐志摩也受胡适之邀，由上海光华大学北来，到北京大学英语系任教。徐、林是旧交，徐、沈是20世纪20年代的师友，在这个时空交叉点上，三人又回到他们曾生活过数年的北平。林和沈本来不相识，在徐志摩的穿针引线下，使得这两位文学素人相逢相识，在以后的岁月里，展开了他们亲密的合作和绵长的友谊。

1

沈从文，本名岳焕，1902年生于湖南凤凰。曾用休芸芸、小兵、凤哥、懋琳、璇若、甲辰、黑君、红黑旧人等二十来个笔名。他祖籍贵州铜仁，自曾祖父沈岐山起，迁居湘西凤凰。祖父沈宏富受清提督衔，曾任云南昭通镇守使、贵州总督；父亲沈宗嗣也在军中供职，当过上校军医，后为中医院院长。

沈从文只在家乡念过小学。十四岁他便离开学校，加入地方土著部队，辗转黔北、川东、湘西一带，幼年时就阅读了"人生这本大书"，积淀了丰富的生活经历。他在一个连队任文书，靠一部《辞源》，一份《申报》，一批古书和碑帖，获得了人生最初的知识道理。

在五四运动波及湘西时，他从一位印刷工人那里得到指点，接触到白话文，并阅读《新潮》《改造》和《创造周刊》等杂志，开启了求新、求知，"放下权力"的旧思维，到他神往的湘西以外的世界探寻新知。

二十岁那年，他毅然离开湘西流徙式的士兵生活，独自一人到了人地两生的北平。在报考大学的梦失败后，一边到北京大学旁听，一边到京师图书馆自学。在最初的两年里，他靠姐夫田真一、表弟黄村生的关系，认识了知识界一批朋友，如董景天、司徒乔、焦菊隐等，利用三十来名湖南同乡的关系靠在晚清留下的湖南会馆借宿、赊账维持最基本的食宿。他曾经人引荐，到香山熊希龄慈幼园图书馆做过办事员，一度还到冯玉祥部秘书处做过事，在《现代评论》当过发行员，到东北哥哥画像处小住，他还曾设想半工半读，到小工场打工，但都归于失败。

二十二岁那年冬天，他住在"窄而霉小斋"写信向郁达夫求助，并诉说自己的处境。郁接信后到住处看望他，见状将一条淡灰色羊毛围巾摘下，围到他的身上，并邀他到附近一家小饭馆吃了一顿饭，结账时将找回的三元多钱全留给了他。回到住处，沈从文伏在桌上大哭一场。

郁达夫看望他三个月后，沈从文以休芸芸为笔名，在《晨报·副刊》发表了散文《遥夜》。这篇文章被北大教授林宰平（林庚之父）看到了。有感于青年学生在艰难困苦中挣扎，写了一篇署名唯刚的文章，他在引用了沈从文一段文字后说：

上面所抄的这一段文章，我是做不出来的，是我不认识的一个天才青年休芸芸君在《遥夜—五》中的一节。芸芸君听说是个学生，这种学生生活，经他很曲折的深刻的传写出来——《遥夜》全文俱佳——实在能够感动人。然而凄清、无聊、失望、烦恼，这是人类什么生活呢？

之后林宰平托人找到沈从文，邀他到家中长谈，从中得知沈从文并非大学生，而是生活在困境中的文学青年。末了他对沈从文说："要找事做，我可以替你想想办法。一个人仅仅活下来容易；可是活下来，抱着自己的理想不放，坚持下去，却很难。"后来，他到香山图书馆当办事员，就是林宰平和梁启超给介绍的。

1925年9月，在北大教授林宰平指引下，沈从文第一次见到徐志摩，他是新月社中人，又通过徐结识了陈西滢和凌叔华等人。认识徐志摩是绝对的天意，也是沈从文改变命运的开始。不久徐志摩任《晨报·副刊》主编，由于徐的大力提携，沈从文两个月内接连发表了《茶会以后》《市集》《野店》等十三篇小说、散文和剧本。第二年，沈从文又以《鸭子》为书名，出版了他的第一本散文结集。由此沈从文摆脱了生活困境，踏上了北京文坛。

2

1927年4月，中国政局发生了重大变化，蒋介石策划了"清党"事变，大肆抓捕并屠杀共产党人，并派兵北伐，在南京成立国民政府，取代了北洋军阀统治，中国政治重心南移。奉军张作霖在北京也大肆捕杀共产党人和进步人士，一时风声鹤唳。胡适、叶公超等纷纷南下。徐志摩早在上一年再婚，携陆小曼回硖石居住。这一变化当然也影响到沈从文的去留，他在北京建立起来的人脉已经不存，于是沈从文把从湘西来看望他的母亲和九妹暂留北京，他一人先行到了上海。7月，好友胡也频、丁玲从杭州辗转至上海，三人商定，独立编辑出版《红黑》和《人间》杂志。然而，在《人间》出了四期、《红黑》出了八期之后，一年的经营非但没有盈利，一结账，连原来的本钱也赔了进去。为偿还所欠债务，大家只好分头去找事做。

又是徐志摩鼎力推荐，经新任上海中国公学校长胡适首肯，沈从文于1929年9月去中国公学教书，月薪一百七十元。他把母亲和妹妹也接来上海居住。不久，丁玲参加了中国左翼作家联盟，出任左联机关刊物《北斗》主编。胡也频一度去济南中学教书，因从事革命活动被通缉，又回到上海。他加入中国共产党后，被推选为全国苏维埃区域代表会议代表。

教书伊始，沈从文神奇地爱上了班上人称"黑凤"的学生张兆和，这场师生恋还弄到了校长胡适那里。在胡适给双方说和不成的情况下，沈从文向徐志摩哭诉了自己的痛苦。徐说："你还是去北京吧，北京不会因你而米贵。"胡适知道沈从文不会生活，便将他介绍给武汉大学文学院的陈西滢，并由凌叔华来照顾他的生活。

1930年8月，陈西滢聘沈从文为文学院讲师，月薪一百二十元。沈从文将九妹留在上海继续读书，9月16日，他独自买棹西去，到武昌（阅马厂东首）武大文学院报到，仍教他的新文学和小说创作。教书刚刚两月，父亲沈宗嗣病故，他未能回去，只得在武汉向西方为父亲而面悼。放寒假的时候，他回上海看九妹，适逢好友胡也频被法租界巡捕房逮捕，他四处奔波托人营救，1931 年 2 月 7 日，胡也频和"左联"五烈士在上海龙华荒郊被国民党杀害。丁玲刚生下儿子，又失去丈夫，沈从文悲悯她的遭遇，他通过徐志摩向郑振铎为丁玲预支了两百元稿酬，又向邵洵美借了一笔钱，才得以护送丁玲回湖南常德老家。丁玲怕沈从文失去新教职，劝他不要去，沈从文还是坚持送她回湖南。结果像丁玲预料的那样，沈从文最终还是延误了归期，未能赶回武大开课，只好留在上海继续写作。

3

1930 年 11 月，胡适辞去中国公学校长之职，重回他眷恋的北京大学任教（1932 年任文学院院长），1931 年 2 月 20 日，徐志摩在胡适的劝说下，也去了北京大学任教。6 月，困守上海的沈从文为了生计，无奈第二次赴故都北平，找徐志摩和胡适想办法。沈从文就是在这样的背景下，随徐志摩去香山看望并结识了林徽因。据说沈从文那天带着一本他的新著要送给另外一个诗人，签字未完，扉页上只写了"送给诗人"几个字，书被林徽因发现，沈从文灵机一动，随手便在前加了"与其"二字，后面又写了"不如送给诗一样的人"。（因为那时林徽因创作刚刚起步）她看了书后十分欣赏沈从文独特的生活和才情。

在北平期间，徐志摩带他去找胡适，听徐说明来意，胡适便爽快答应，并立即给杨振声打电话，随之去青岛大学教书的事便定了下来。回到住处达园，沈从文即给张兆和去信，告之"我预备秋天到青岛去"。这次北来，沈从文的职业便有了着落。

回到上海，沈从文即做去青岛的准备。9月开学前，他带上妹妹来到青大，担任国文系讲师，主讲小说史和散文写作，月薪百元之多。他和九妹住学校提供的福山路3号宿舍，妹妹仍插班借读。

4

1931年9月20日，丁玲在上海主编的《北斗》杂志创刊，创刊号上刊登了冰心、林徽因、徐志摩等人的文章，其中不少稿子是沈从文还在北平时为丁玲拉来的。据冰心回忆，是沈从文上门代为丁玲约的稿子，7月底，她便写出《我劝你》这首诗。冰心在诗中写道：

> 只有女人知道女人的心，
> 虽然我晓得
> 只有女人的话，你不爱听。
> ……
> 你莫相信诗人的话语：
> 他洒下满天的花雨，
> 他对你诉尽他灵魂上的飘零，
> ……

沈从文后来说，这首诗是冰心送给另一个女诗人的，是"用一种说教方式告给她不宜同另一男诗人继续一种友谊"。这句话指的就是林徽因与徐志摩。丁玲还在该期杂志的编后记中说："我自己觉得这里是很有几篇可看的东西。"

11 月 15 日，沈从文给徐志摩去信说："你见'山友'（指林徽因香山养病时的绰号）为我问一问要一张画，难道不行吗？""我这里留有一份礼物：'教婆'（指冰心）诗的原稿、丁玲对那诗的见解、你的那一封信，以及我的一点记录。等你到五十岁时，好好地印成一本书，作为你五十大寿的礼仪。"

而林徽因刊登在《北斗》上这期杂志的诗是《激昂》。徐志摩的诗是《雁儿们》。

距沈从文上次写信刚刚过了四天，徐志摩从南京乘机北返，在途经济南党家庄火车站附近上空时，因遇大雾触山罹难。11 月 21 日，沈从文正在校长杨振声家喝茶，有人从济南给杨打来长途，得知志摩遇难的消息，沈从文第一时间搭夜车从青岛赶往济南齐鲁大学，与从北京赶来的张奚若、金岳霖、梁思成相会，不久，从上海、南京来的张嘉铸、徐积锴、张慰慈、郭有守及徐志摩的儿子阿欢也赶到了，一行人冒雨来到开山村福缘庵徐志摩停灵处。沈从文见状，悲恸得无言以对，因为他见到的死亡太多了。直到三年后才写了题为《三年前的十一月二十日》的悼念文章。天黑下来的时候，来人才发觉一天还未吃饭，遂由济南中国银行行长做东吃饭。徐志摩的灵柩安排晚十一点南行。

5

沈从文在经历了接二连三亲友死亡的打击后，终于收获了爱情的喜悦。1931 年寒假他第二次去苏州，敲定了他与张兆和的婚约，到上海看过张的父母后，他们一同来到了青岛。张兆和暂在青大图书馆编辑图书目录。不久校长杨振声因学潮辞职，沈从文也受邀一起到北平编辑中小学教科书，张兆和、九妹沈岳萌同行，跟杨振声一家住在北平西单西斜街 55 号甲，一座有着高门大墙的宅院里。

1933 年 9 月 9 日，沈从文与张兆和终于跑完了四年的马拉松式恋爱，在北平中央公园水榭宣布结婚。婚事办得极为简单，新郎穿一件蓝毛葛衣，新娘穿一件浅豆色绸旗袍。赶来祝贺的是故都几所大学和文学界的朋友。张家代表有大姐元和、四妹充和、大弟宗和及三叔晴江一家；沈家代表是表弟黄村生、九妹沈岳萌。

新居在西城达子营 28 号，一个北平普通小院落，有三间正房和一间小厢房，院里有一棵枣树和一棵槐树，沈从文称它为"一枣一槐庐"。房内四壁空空，最夺人眼球的是梁思成林徽因夫妇补送的两套锦缎百子图被罩。沈从文结婚时，林徽因和梁思成赴山西调查古建筑未归，他们回来后林徽因特意跑到前门大栅栏绸缎庄精选的礼品，如今与简陋的屋子形成了鲜明的对比，尤显婚礼的喜庆之色。让沈从文、张兆和许多年后仍不能忘怀。

有趣的是，结婚当晚便遭到了小偷的光顾。睡到三更半夜，张兆和发觉一个人在院子里解网篮，便大声惊呼："沈二哥起来，有贼！"

沈从文听到呼喊，顺手抄起一件"武器"，高举着大叫："强盗，哪里走！"在一阵呼叫声中，小偷竟然被吓住了，丢下网篮，爬上房顶一溜烟逃走了。

在一场虚惊之后，张兆和突然发现，沈从文手中抄起的"武器"竟然是一把牙刷，顿时一家人笑破了肚皮。

夫妻二人刚来就闹贼，虽令人扫兴，但也成为沈从文、张兆和一段美丽有趣的佳话。

达子营，传说是乾隆为买香妃一笑，在西城建起的伊斯兰风格的景观。又招了许多回民到这里居住。日久就成了繁华的巷陌，后来俗称达子营。

达子营不仅是沈从文喜结良缘之地，也是著名小说《边城》的创作之地，这让沈从文对此有着深刻的记忆。晚年他曾重访旧地而不得。直到近年从民国初年的一张老《北京地图》上发现，达子营胡同在中海的西边，西首是朝阳洞，东首是倚子胡同。中华人民共和国成立后整修拓宽府右街时，将这里划归中南海红墙里边，位置在中南海西墙根附近，沈先生怎么能找到呢？

张兆和回忆，这次结婚前后用去一千两百元。沈从文曾写信给张兆和的父亲，表示不要家里给钱。张武龄见信后向家里人夸这个女婿："做人就应该这样。"然而，让他没有想到的是，三女儿结婚竟当去了手上的戒指。沈从文答应张兆和等小说《女人》连载完后，就去把戒指赎回来。张兆和坦然地说："别在意，一枚戒指，身外之物。"后来杨振声的雇工为沈从文洗衣服时，发现了这张当票。杨振声说，人家结婚给女方买戒指，你沈从文结婚却当掉人家的戒指，哪有这等事？于是赶紧支给他五十元钱。

林徽因也有意在生活上接济沈从文，怕他碍于面子不肯接受，便借还书之机，悄悄在书里给他夹进些钱，让堂弟林宣给他送去。

6

《大公报·文学副刊》原是由清华大学教授吴宓先生主持。到了20世纪30年代初，《大公报》经理胡政之和总编辑张季鸾不得不考虑改变"文学复古"的现象，于是找到杨振声和沈从文，在1933年秋天二人接编了《大公报·文学副刊》，并更名为《大公报·文艺副刊》。地址即设在杨振声北平西单西斜街55号甲的家里。

杨振声与五四时期第一代文学作家有着密切联系，沈从文也联系着一大批新进青年作家。二人办了几次聚餐会，很快集合了周作人、废名、朱自清、俞平伯、冰心等名家，还有新月社后期的林徽因、叶公超、何其芳等新秀，一时间新老作家济济一堂，为20世纪30年代文坛掀起了一片波澜。沈从文除完成编选中小学教科书外，全身心投入副刊编辑工作之中。达子营的家一时成了文学作坊和来稿作者的集散地。每一篇稿子由沈从文精心加工并誊清后，再由张兆和跑邮局寄往天津大公报报社排印出版。

为了活跃创作气氛，与作者沟通思想，每隔一两个月，杨振声、沈从文就选一处地方，举办作者座谈会或聚餐会，联络作者感情，沟通信息。中山公园的来今雨轩，北海的仿膳、五龙亭和漪澜堂等处，都是聚会常去的地方。每到这时，林徽因必是一个积极参加者和支持者。沈从文与林徽因时相过从，星期六到北总布胡同"太太客厅"参加茶会。到会的多是留学欧美的学者。沈从文参加这样的聚会，无疑拉高了他的境界和层次，同时与林徽因建立起了深厚的友谊。

在沈从文编辑《文艺副刊》的两年间（1933 年秋至 1935 年 7 月），林徽因先后发表了诗《微风》《秋天，这秋天》《年关》，散文《惟其是脆嫩》《山西通信》《窗子以外》，短篇小说《钟绿》《吉公》等作品，特别是散文《窗子以外》和稍后发表的诗《别丢掉》，以及在《学文》杂志发的小说《九十九度中》，广为流传，为世人所称颂，奠定了林徽因在文坛的地位。

不久，杨振声和沈从文退到幕后，由燕大毕业的萧乾接编。

沈从文以"上官碧"笔名，仍撰文《新诗的旧账》给予支持。他评论说："林徽因、陈梦家、卞之琳、戴望舒、臧克家、何其芳……算得是几个特有成就的作者，这些人完全不是理论家，却有作品证明'新诗不是无路可走，可走的路实在很多'。"

搞"华北自治"的日本人下令停刊天津的《大公报》，拟另出《联合亚洲先驱报》代替。林徽因接此报约稿信，气愤地问："难道他们不知道他们在做什么？"她致信沈从文："昨晚我们这里忽收到两份怪报，名叫《亚洲民报》，篇幅极大，似乎内中还有文艺副刊，是大规模的组织，且有计划的，看情形似乎要《大公报》永远关门。气糊涂了我！我只希望是我神经过敏。社论看了叫人毛发能倒竖。这日子如何'打发'？我们这国民连骨头都腐了！"

1934 年年初，沈从文与张兆和遇到一场情感危机。起因是沈从文去香山拜访原北洋政府总理熊希龄（跟沈有亲戚关系），接待他的是熊的家庭教师高韵秀，她是福建人，高中文化，笔名高青子。二人一见钟情，之后就秘密地联络起来。她遍读沈从文的小说，颇有见地。一个月后，沈从文公干再次到熊家，高青子奉命陪吃饭。高的衣着让沈从文为之一惊：她穿一件绿地小黄花绸子夹衫，袖口镶着淡淡的紫色的边儿，脚下是粉红鞋子。沈从文一眼便认出了是他的小说《第四》里的人物穿着。饭后，高青子拿出她的习作《紫》，请沈从文指点。沈很欣赏她的文采，后将她写的小说发表在他主编的《国文周刊》上。张兆和看到小说《紫》后，读出了其中奥秘。沈从文在妻子的追问下，如实说了与高青子的关系。张兆和一气之下，抱起儿子龙朱回了苏州娘家。为此沈从文给妻子写信解释，张兆和毫不原谅。无奈之下，沈从文只好写信向林徽因求助。

2 月 27 日，林徽因回信说，"二十四个钟头中，我前前后后……看过好几遍"，"你希望抓住理性的自己，或许找个聪明的人帮忙你整理一下你的苦恼或是'横溢的情感'，设法把它安排妥帖一点，你竟找到我来，我懂得的，我也常常被同种的纠纷弄得左不是右不是"。她劝沈从文"任性到损害旁人时如果你不忍，你就根本办不到任性的事"。林徽因在做了人性分析后说："算了吧！二哥，别太虐待自己，有空来我这里，咱们再费点时间讨论讨论它，你还可以告诉一点实在情形。我在二十四小时中"，"而使我苦得想死的那个人，自己在去上海火车中也苦得要命，已经给我来了两封电报一封信，这不是'人性'的悲剧么？那个人便是说他最不喜管人性的梁二哥！"

一天清晨，沈从文几乎哭着赶到梁家，来寻求林徽因的帮助。他说每天给张兆和写信，还拿出一封刚刚收到的张兆和的信给林徽因看，就是这封信带给了沈从文痛苦。他为自己辩护，他不能想象和张兆和有什么冲突。林徽因在给费慰梅的信中讲到了此事。她在信中说：

> 这个安静、善解人意、"多情"而又"坚毅"的人，一位小说家，又是如此一个天才。他使自己陷入这样一种感情纠葛，像任何一个初出茅庐小青年一样，对这种事陷于绝望。他的诗人气质造了他自己的反，使他对生活和耳中的冲突茫然不知所措……而我坐在那里，又老又疲惫地跟他谈，骂他、劝他，和他讨论生活极其曲折，人类的天性、其动人之处及其中的悲剧、理想和现实……

在林徽因的帮助下，一场家庭纠纷终于平息了。这中间，无疑也透着林徽因关于人性和理性的劝勉。

不难看出林徽因与沈从文的友谊在思想交流中慢慢温厚起来。

7

1937 年 7 月 7 日，抗日战争全面爆发，在山西搞古建筑考察的梁思成、林徽因夫妇赶回北平已是 7 月 12 日了。9 月 4 日，他们收拾行装，带上儿子和徽因母亲匆匆赶往天津，女儿梁再冰在北戴河过暑假后便在天津家中等着。9 月 25 日，林徽因一家与金岳霖、朱自清等乘海轮抵烟台，又乘火车到济南、徐州、郑州、武汉，10 月 14 日到长沙，借住在火车站附近韭菜园教厂坪一家姓刘的三间房子里。24 日下午，日机空袭长沙，房子被炸毁，全家人幸运地逃过一劫。当晚只得借住在张奚若家中，后移往长沙圣经学院。12 月 8 日，林徽因一家先行离开长沙，赶往昆明。

沈从文于同年 8 月 12 日乔装成商人离开沦陷了的北平（7 月 29 日沦陷），随国民政府教育部的同事走上逃亡之路。妻子张兆和与两个孩子、九妹、张充和暂时留在北平。

沈从文从北平到昆明走了八个半月。9 月 4 日到达武昌与杨振声会合，租住珞珈山原耿丹的别墅，借用武大图书资料，由杨振声主持继续编教科书。10 月下旬，沈从文先回了一次长沙，见到伤愈出院的弟弟沈荃。那天弟弟正召集他的下级军官训话，拟回沅陵招收新兵。沈从文问清临时大学那边有多少熟人，由沈从文做东，邀请了张奚若、林徽因夫妇、金岳霖、梅贻琦、闻一多、朱自清、叶企孙等人吃饭。席间沈荃介绍了"八一三"上海战役情况，大家听了十分感动。之后沈从文又回到武汉。

在这期间，林徽因与沈从文书信联系不断。她在沈从文第一次来长沙之前写信说："大家当时（北平）分手得那么突兀惨淡，现在零零落落地似乎又聚集起来"，"端公（钱端升）和太太、公超（叶公超）太太住在我家，临别真是说不出地感到似乎是那么狠心地把他们抛下，（张）兆和也是一个使我顶不知怎么样才好的，而偏偏我就根本赶不上去北城一趟看看她"。她还写道：

由卢沟桥事变到现在，我们把中国所有的铁路都走了一段！最紧张的是由北平到天津，由济南到郑州。带着行李小孩奉着老母，由天津到长沙，共计上下舟车十六次，进出旅店十二次，这样走路也就很够经验的，所为的是回到自己的后方……一到就发生住的问题，同时患腹泻，所以在极马虎中租到一个人家楼上的两间屋。就在火车站旁，火车可以说是从我窗下过去！所以空袭时颇不妙，多暂避于临时大学［熟人尚多见面，金甫（金岳霖）亦"高个子"如故］。文艺理想都像在北海王龙亭看虹那么样，是过去中一种偶然的遭遇，现实只有一堆矛盾的现实抓在手里。话又说多了，且乱，正像我的老样子。二哥你现实在做什么，有空快给我一封信（在汉口时，我知道你在隔江，就无法来找你一趟）。我在长沙回首雁门，正不知有多少伤心呢……

从林徽因写信时间看，沈从文依然在湖北武昌编教科书。

林徽因接到沈从文第一封信，11 月 9 日至 10 日回信说：

这十天里长沙的雨更象征着一切霉湿、凄怆、惶惑的生活。那种永不开缝的阴霾封锁着上面的天，留下一串串继续着檐漏般不愉快的雨，屋里人冻成更渺小无能的小动物，缩着脖子只在呆扭中让时间赶到头里，拖着自己半蛰伏的灵魂……这种悬着的日子也不都是侈奢？好比说一个非常有精神喜欢挣扎着生存的人，为什么需要肺病。如果是需要，许多希望着健康的想念在她也就很奢侈，是不是最好没有？死在长沙的雨里，死得虽未免太冷点，往昆明跑，跑后的结果假如是一样，那又怎么样？

……好比差不多二十年前，我独自坐在一间顶大的书房里看雨，那是英国不断的雨。我爸爸到瑞士国联开会去，我能在楼上嗅到顶下层楼下厨房里炸牛腰子同羊咸肉，到晚上又是在顶大的饭厅里（点着一盏顶暗的灯）独自坐着（垂着两条不着地的腿同刚刚垂肩的发辫），一个人吃饭一面咬着手指头哭——闷到实在不能不哭！理想的我老希望生活有点浪漫的发生……或是同我同坐在楼上炉边给我讲故事，最要紧的还是有个人要来爱我。我做着所有女孩做的梦。而实际上却是天天落雨又落雨，我从不认识一个男朋友，从没有一个浪漫聪明的人走来同我玩——实际生活上所认识的人从没有一个像我所想象的浪漫人物，却还加上一大堆人事上的纠纷……

林徽因此时意识到"话说得太远了"，"更是无法再想英国或二十年前事"。此刻，她又接到沈从文的另一封信，"我仍然还须你更具体的回信一封"。

在给沈从文这次去信的12月8日，林徽因便与全家踏上往昆明的漫长旅途。第一天晚上住在官庄，第二天中午就顺利到达沅陵。她在给沈从文的信中说：

今天中午到了沅陵。昨晚是住在官庄的。沿途风物又秀丽又雄壮时就使我们想到你，二哥，对这些苍翠的天，排布的深浅山头，碧绿的水和其间稍稍带点天真的人为的点缀，如何的亲切爱好，感到一种愉快。天气是好到不能更好，我说如果不是在这战期中时时心里负着一种悲伤哀愁的话，这旅行真是不知几世修来。

……

今天来到沅陵，风景愈来愈妙，有时颇疑心有翠翠这种的人物在！沅陵城也极好玩，我爱极了。你老兄的房子在小山上非常别致有雅趣，原来你一家子都是敏感的，有精致爱好的。我同思成带了两个孩子来找他，意外还见到你的三弟，就从前线回来，他伤已愈，可以拐杖走路，他们待我们太好了（个个性情都有点像你）。我们真喜欢极了，都又感到太打扰得他们有点过意不去。虽然，有半天工夫在楼上廊子上坐着谈天，可是我真感到有无限亲切。沅陵的风景，沅陵的城市，同沅陵的人物，在我们心里是一片很完整的记忆，我愿意再回到沅陵一次，无论什么时候，当然最好是打完仗……

这次分别大家都怀着深忧！不知以后事如何？相见在何日？只要有着信心，我们还要再见的呢。

无限亲切的感觉，因为我们在你的家乡。

沅陵是汉置县，以"因冈傍阿""临沅对酉"而得名，它地处交通要冲，有大河穿境，故地分南北，河谷高高低低布满了县境。

从文的大哥沈云麓细长个子，高度近视，有着湘西人殊无可比的热情，且会一手画像绝活儿，足可以养活两口之家。后来联合大学的师生再次打扰，身在北平的张兆和也很为大哥云麓的负累而担忧。

告别沅陵，林徽因一家继续往昆明赶路。然而没有想到的是，走到湘南和贵州交界的晃县，她患了急性肺炎，高烧四十摄氏度。整座县城没有一所医院，梁思成找了同车的一位留学日本又懂得中草药的女医生，给林徽因开了中药，半个月之后她才退烧。

再次上路，梁思成好不容易买到了汽车票。上车时才知道，战时好车都被政府征用，他们只能坐这破旧的"老爷车"，而且还是不能遮风挡雨的无篷卡车。一天傍晚，汽车在大山顶上抛锚了，前不着村，后不着店，全车人只能推车下山，林徽因大病初愈，只能在凛冽的寒风中苦挨。车到贵阳的时候，一家人才住进条件较好的中国旅行社。他们在那里休息了十多天，到1938年1月中旬，终于到达迁徙的目的地——昆明。屈指算来，原本十天的行程，这段路却让他们走了足足三十九天。

初到昆明，林徽因和家人租住在翠湖巡津街尽头前市长的寓所止园。

春天的时候，她给沈从文写信说："昆明的白云悠闲疏散在蓝天里。现在生活的压迫似乎比前天更有分量了"，"虽然思成与我整天宣言我们愿意服务的，替政府或其他公共机关效力，到如今，人家还是不找我们做正经事"，"所以我仍然得另想别的办法来付昆明的高价房租，结果又是接受了教书生涯，一星期来往爬四次山坡走老远的路到云大去教六点钟补习英文，上月净得四十余元法币"。她在信中又说：

> 到如今我还不明白我们来到昆明是做生意，是"走江湖"，还是做"社会性的骗子"——因为梁家老太爷的名分，人家常抬举这对愚夫妇，所以我们是常常有些阔绰的应酬需要我们笑脸的应付……思成不能酒，我不能牌，两人都不能烟，在做人方面已经是十分惭愧！现在昆明人才济济，哪一方面人都有，云南的习惯，香港的服装，南京的风度，大中华民国的洋钱，把生活描画得十三分对不起那些在天上冒险的青年，其他更不用说了，现在我们所认识的穷愁朋友已来了许多，同感者自然甚多……
>
> 这封信做一个赔罪的先锋，我当时也知道朋友们一定记挂，不知怎么我偏不写信，好像是罚自己似的——一股坏脾气发作！

云南不是天堂。战争将他们赶到这里躲避战火，到云南无钱却无法生存。穷愁如一把尖利的刀子，直向他们刺来，林徽因到后向他报告的可不是福音。

沈从文跟杨振声大约1937年12月下旬到达长沙，杨又接到筹办临时大学的任务，沈从文在他的领导下，也加入筹办的行列。

1938年4月13日，他们才启程南行，到贵阳时又见了蹇先艾，他是贵州人，在北京跟叔父蹇念益读书。与李健吾、朱大枏是北师大附中"文学三少年"，后考入北平大学法学院经济系，毕业后曾任北京松坡图书馆编辑部主任、《贵州日报》副刊主编、贵州大学教授。4月30日，杨振声、沈从文到达昆明，梁思成、林徽因前去接站。之后沈从文租住在云南大学附近二楼一间低矮的民房里，本地人做堆贮杂物用，不住人。

生活一旦相对稳定，沈从文就更加希望妻小到自己身边来。1938 年年初，张兆和带着九妹和两个儿子从北京出发，经上海到香港，在回上海省亲的施蛰存的帮助下，还有顾颉刚的夫人等结伴同行，搭乘一艘开往越南海防的小轮船，再转火车到中越边境的老街，办完入境签证，然后从海防乘法国的窄轨火车到达昆明。11 月 4 日沈从文和一家人终于团聚。初住昆明青云街 217 号，后又搬到北门街一处民宅。

第二年 6 月，沈从文完成教科书编写收尾工作后，被聘为西南联大师范学院教授，月薪二百八十元。刘文典、查良铮因文凭问题对他能否胜任教授一职多有质疑。沈从文对此不予理睬，而且所教课程备受欢迎。后来成为作家的汪曾祺在这里成了他的得意门生。为躲避空袭和缓解家庭经济困难，沈从文把家搬到东南郊呈贡县龙街。张兆和在华侨中学志愿教书，那里距联大三十华里，沈从文只好来回跑着上课。四年后华侨难民学校结束，张兆和应新创办的建国中学校长卢伟民之聘，到桃源村教书，成了拿工资的教师。桃源村属关渡区，沈从文又把家搬到桃源村，距西南联大近了许多，这也减少了他许多奔波之苦。

抗日战争全面爆发后，高青子与熊希龄之女熊瑜于 1937 年也来到昆明，租住在玉龙堆 4 号。北大才女徐芳和张敬同住一个房间，高青子和熊瑜同住一个房间，四人共享一间客厅。经沈从文介绍，高青子到西南联大图书馆任职，二人的感情一时大有死灰复燃之势，曾遭到许多人的议论。据有关资料记载，高青子到联大图书馆登记的时间是1939年6月，离职时间是1941年2月。他们的感情退潮后，沈从文写了小说《看虹录》，记录了那段感情经历。文中说："因为明白这事得有个终结，就装作为了友谊的完美"，"带有一点悲伤，一种出于勉强的充满痛苦的笑"。

高青子后来与滕固（病亡）、青年诗人罗梦贲也谈过恋爱，都未成功。高青子离职后倏然飘隐，听说与一位工程师结了婚。

在昆明，随着其他营造学社的人员南来，学社又开始复办。随后梁思成从中华文化基金会领到一笔款子，经费支撑到第二年已不成问题。此外，梁思成、林徽因又担任西南联大校舍建筑顾问，还承担了云南大学女生宿舍的设计工作，迁徙的阴影渐渐从他们身边褪去。一段时间，"太太客厅"又呈现复苏的态势，北平那些旧友又聚合到一起，沈从文当然是其中不可或缺的一位。林徽因又开始写诗和散文。

据沈从文的大儿子沈龙朱回忆：沈从文非常崇拜梁思成和林徽因的学问，敬佩他们极仔细的古建筑考察精神，认为"这就是实践，踏踏实实地实践"。沈从文依旧参加她家的沙龙活动，一如在北平一样，总是听得多，说得少。后来他们两家住在昆明城南和城北相反方向，路途让他们减少了之间的来往。

1939年秋，为防日机空袭，林徽因一家迁到昆明市北麦地村兴国庵。他们自己设计并建造了三间正房、一间厢房的新居，耗尽资金，并超出了预算。后来费慰梅寄款帮他们还清了债务。

1940年初冬，中央研究院的史语所迁往四川李庄，他们只得放弃刚刚建立起来的新家，再一次做长途迁徙。林徽因带领全家从 11 月 29 日到 12 月 13 日，冒着风寒经过半个月行程，终于来到距宜宾约六十华里的李庄镇，营造学社则住在镇西两三里路的上坝村。梁思成因脚伤怕染上破伤风，一个星期后才赶到。

到李庄不久，林徽因肺结核病复发，来势凶猛，竟卧床不起。病情好转后，她抱病协助梁思成撰写《中国建筑史》，第二年又遭到三弟林恒空战阵亡等不幸。日本投降后的第二年 7 月 31 日，他们一家与清华教工一起，从重庆乘机回到阔别九年的故都北平。梁思成应聘到清华大学创办营建系，一度因出国考察和讲学，一些开创性的工作由林徽因来承担。

8

抗战胜利后，沈从文一家亦从昆明到北平，住在北大中老胡同 32 号宿舍，继续担任北大教授。然而，不久厄运便落到了他的头上。起因是 1948 年 3 月，郭沫若在香港《大众文艺丛刊》发表的《斥反动文艺》一文，文中说：沈从文"一直是有意识地作为反动派而活动着"，"是粉红色的小生"。北大也贴出了声讨沈从文的大字报和标语：打倒新月派、现代评论派和第三条路线的沈从文，家中也收到了恐吓信。一夜间成了"人民公敌"，沈从文的精神一下崩溃了。他的学生汪曾祺在《沈从文转业之谜》一文中说，沈先生一生遭遇过三次"挨骂"：

一次是抗日战争时期，约在一九四二年顷，从桂林发动，有几篇很锐利的文章，我记得有一篇是聂绀弩写的……

第二次是一九四七年，沈先生写了两篇杂文，引来一场围攻。那时我在上海，到巴金先生家，李健吾先生在座。李健吾先生说，劝从文不要写这样的杂论，还是写他的小说。巴金先生很以为然。我给沈先生写的两封信，说的便是这样的意思。

第三次是从香港发动的。一九四八年三月，香港出了一本《大众文艺丛刊》……其中有一篇郭沫若写的《斥反动文艺》，文中说沈从文"一直是有意识地作为反动派而活动着"。这对沈先生是致命一击。可以说，是郭沫若的这篇文章，把沈从文从一个作家骂成一个文物研究者。

林徽因在清华听到消息，托人从清华给他带去了冰激凌粉和梁思成的短信：

从文：听（罗）念生谈起近状，我们大家至为惦念。现在我们想请你出来住几天。此间情形非常良好，一切安定。你出来可住老金（岳霖）家里，吃饭当然在我们家。我们切盼你出来，同时可看看此间"空气"，我想此间"空气"，比城内比较安静得多。即问双安。

张兆和见信，也极为主动地劝他到清华住一段，减缓一下他的精神压力。1月28日，罗念生陪同，把他送往郊外清华园老金处。林徽因不厌其烦地与他聊天，开导他，有时金岳霖也给予简约的概括和理论上的阐释。

到清华两天后北平就解放了。2月2日张兆和致信林徽因和梁思成表示感谢。后来沈从文从清华回来，从精神上看，他的压力得到了释放，张兆和很感谢林徽因和梁思成夫妇。然而，回家后的沈从文负累感没有真正解决，想触电解脱而不会操作，被在家的儿子龙朱拔掉插销救下。刚过一两天，他趁家中无人，一念再发，遂将卧室的门锁上，用刮胡子刀片割开了自己的动脉。正巧在清华读书的内弟张中和来他家，听到屋里有呻吟之声，情急之下破门而入，鲜血淋漓的沈从文已经昏迷，张中和等迅速把他送进医院。在张兆和的照料下，沈从文渐渐恢复了健康。之后领导送他到北京西郊华北"革大"学习，十个月后他从那里结业。经国家文物局局长郑振铎推荐，沈从文调到历史博物馆工作。沈从文在给友人丁玲的信中说："涉于私，即为致疯致辱因果。为补救改正，或放弃文学。"他以退为进默默地开始了他的《中国古代服饰研究》的研究工作。

改革开放后，此书得以出版，很快引起国内外学术界的轰动。1979年，沈从文调中国社会科学院任研究员，住房和生活条件得到较大改善。1985年《光明日报》头版头条发表了他的长篇专访，两年后，他得到正式通知："沈从文按部长级待遇，工资提高到三百元，外出有专车接送。"遗憾的是，这件事来得太晚了，没有多大实际意义，1988年5月10日，八十六岁的沈从文安详地离开了人世。

他的妻妹张充和的挽联是："不折不从，亦慈亦让；星斗其文，赤子其人。"概括了沈从文为人为文的一生。

与沈从文患难相依、甘苦与共的夫人张兆和，于2003年2月16日以九十三岁高龄辞世。

林徽因从清华送走沈从文后，抱病与梁思成一起完成了国徽设计、人民英雄纪念碑须弥座纹饰设计和抢救濒临失传的景泰蓝工艺等工作，为新中国做出了重大贡献。出于二人工作处境和身体原因，此后就没再见到有他们之间来往的记载。1955年4月1日，林徽因久病不治在同仁医院逝世。

林徽因虽然不在了，但沈从文仍惦着他们的友谊，他常常在与友人的通信中提到这位才女的一些往事。1985年人民文学出版社要出版《林徽因诗集》，编者特请沈从文题写了书名（后做内封用）。那五个娟秀的字，是对歌者无言的对话和缅怀，永远在他们友谊的枝头亮着。

十、谔谔之士傅斯年

1

疾病、穷困和死亡无声地吞噬着这个历尽劫波的川南小镇：李庄。

1940年11月，中央研究院的史语所、社会所、体质人类学所和挂靠在中研院的中国营造学社等，分期分批迁来四川南溪县的李庄。在不长的时间里，因战争和天灾弄得通货膨胀，经济缩水，广大民众生活质量下降，家家日子过得举步维艰。不久，疾病这个魔鬼便找上门来，李济、陶孟和、傅斯年、林徽因等都有挂丧之痛，家家悲恸欲绝。

林徽因带家人于11月随史语所来到李庄的上坝村。因川南冬天湿冷，不久她的肺结核病就复发了，而且来势凶猛，高烧不退，体温迅速上升到四十摄氏度，三九天她像雨中的苦楝，全身被汗水湿透。梁思成束手无策，守在她的床边，一次次用毛巾为她拭去身上的汗水。他第一次感到生活艰难和愁肠百结，无奈地低下头嘤嘤地哭了起来。此时的林徽因，因发烧竟不能下床了。

接着，梁思成的大弟梁思永因肺病也病了，当他两头跑不过来的时候，只好写信让南下广州婆家的妹妹梁思庄来帮忙。

所长傅斯年并不比林徽因一家的情况好多少。1941 年春患高血压居高不下，他只好辞去中研院总干事之职，把史语所交给董作宾全权代理。从 3 月起便到重庆歌乐山中央医院住院治疗，五个月之后才出院。他还未来得及回李庄，母亲李叔音又病倒，到 10 月终不治在重庆病逝。这对于六岁丧父、母子相依为命的傅斯年来说，无疑是一个沉重的打击。有孝子之称的他，想起母子之情，悲从中来，不禁潸然泪下。

傅斯年，字孟真，1896 年 3 月出生于山东聊城北门里路东相府大院，其家系鲁西名门望族。他的七世祖傅以渐是清初开国状元、武英殿大学士、兵部尚书。祖父傅淦少有才名，博通经史，但淡名利，尚义气，乐善好施，晚年以教孙为乐。他的父亲傅旭安，勤奋好学，仁慈宽厚，长期执教乡里，曾任龙山书院山长，不幸三十九岁病逝。傅斯年幼年在故乡读私塾和东昌府高等学堂。十三岁时，得清廷刑部主事侯延爽（其父亲支持过的学生）、《大公报》创始人英敛之和吴树堂（其父生前好友）的接济，考入天津府立第一中学堂。十六岁时与聊城姑娘丁蘸萃成婚。十七岁那年夏天毕业，又以优异成绩考入北京大学预科，三年后又升入本科国文门，1919 年二十三岁毕业。在北大期间，他是全校闻名的高才生，得到蔡元培的器重和全校师生的赞扬。他与罗家伦、康白情等人创办《新潮》杂志，发动领导了著名的五四运动。不久，他考取山东官费留学生，于 1920 年 1 月乘船从上海赴英国伦敦，进入伦敦大学研究院读实验心理学，选修物理、化学和数学等课程，对于英国文学、史学、政治学等也感兴趣。他和陈源及后来从美国转来的徐志摩、刘叔和，同住在伦敦东南隅的陋巷里。他的老校长蔡元培来英考察，林长民出席国联会议，以及章士钊来欧考察等，他们几个学生都同去看望并畅谈。

1923 年 9 月，他又离开伦敦大学到德国柏林大学哲学院继续学习，同学有陈寅恪和后来成为禅道学家的俞大维。那时在法国留学的还有之前曾在北大教德语的朱家骅和北大校友罗家伦、毛子水、段锡朋等。

1926 年冬，他由德国归国，返山东聊城省亲。12 月，接受朱家骅邀请，赴广州中山大学任文学院长兼国文、历史两系主任，创办了该校语言历史研究所。南京中央研究院成立后，他应聘任历史语言研究所所长，协助院长蔡元培等筹划院务。

1929 年春，傅斯年任历史语言研究所研究员兼所长，并随所前往北平，所址设在北海静心斋。

他在北平与胡适、陈垣同住在景山后街的米粮库胡同，距北海公园静心斋仅一步之遥。林徽因、梁思成从东北大学回来后，一度也与胡适、傅斯年住于此，比邻而居，林徽因与傅斯年最初在此相识。梁林一家后来搬到离中国营造学社社长朱启钤住地不远的北总布胡同3号。自此，傅斯年开始了他的专职研究生涯。在北平一待便是七年，他一边在北大兼课，一边亲自领导了河南安阳小屯的第三次殷墟考察，其间他经历了一场婚变，以四十亩地为条件，与原配丁夫人协议离婚。不久，由同学俞大维做媒，和他的妹妹俞大彩在北平结婚。俞大彩毕业于上海沪江大学外文系，长于文学和体育运动。第二年，俞大彩为傅斯年生下了唯一的儿子傅仁轨。

1933年后，日军侵华日紧，史语所南迁上海曹家渡小万柳堂，不久再迁南京北极阁史语所大厦，但傅斯年一家并未离开北平。1934年5月24日，哈佛医学院教授坎农（1871—1945）来华讲学即将返美，林徽因、梁思成宴请他和他的夫人，还有他的女儿费慰梅、女婿费正清，胡适、傅斯年等出席。直到1936年春，傅才辞去北大教职，移家南京，主持史语所的工作。一年后，战争让他不得不离开南京，开始流徙长沙、昆明和四川李庄，一度生活漂泊不定。

母亲死后，傅斯年又因操劳过度，以致高血压复发。静下来的时候，他不免对自己的性格和病情做些反思。1942年2月，他向亦师亦友的胡适写信倾诉：古人有以天下为己任之说，我向不以此言为然，"但自己不自觉之间，常在多管闲事，真把别人的事弄成自己的事"，"我本以不满政治社会，又看不出好道路来之故，而思遁学问，偏不能忘此生民，于是在此门里门外跑来跑去，至于咆哮，出也出不远，进也住不久。此其所以一事无成也"。

胡适回信劝说:"我在此实在无善状可告朋友。'不眠忧战伐,无力正乾坤。'这两句杜诗,时时在哼着。千言万语,不如用我们徽州的一经常俗语奉寄:'徽州朝奉,自己保重。'"

就傅斯年的性格,对他的健康来说,并不一定有利,但于国于民还是得到普罗大众的交口称赞。尤其是他讨伐孔祥熙徇私舞弊、中饱私囊案,直到把孔赶下台,得到大众的掌声。正是抗战期间傅斯年的积极参政议政,大义凛然而名动朝野,才得了这个为世人赞誉的绰号:傅大炮!

2

1942 年春天,傅斯年携妻带子回到了李庄板栗坳。

当他得知梁思永、林徽因生病卧床的消息后,特别是林徽因三弟林恒在成都上空与日机厮杀而阵亡的消息,便到上坝村去梁宅看望和慰问。他一见林徽因的惨状,简直与两年前他们两家一起住在昆明龙泉镇龙街时的样子判若两人,林徽因两眼深陷,颧骨隆起,卧在一张帆布床上,瘦成一把骨头。缺医少药不说,生活状况也很让人担心,柴米无继时,梁思成把家中值钱之物已当光吃净。"屋漏偏逢连夜雨",林徽因至爱的三弟为国捐躯一事,更是给她重重一击,因思虑过度,又常常使她夜不能寐。

有"谔谔之士"之誉的傅斯年,在重庆一年,他的日子并不比林徽因一家强多少。战前每月四百大洋,战争环境下,所里领导等人每月只发六十元生活费度日。接济不上时，傅斯年还要卖掉自己购置多年的宋版珍本图书来换米下锅，他每餐也只有一盘藤藤菜（空心菜）下肚。一次有人来他家探望，妻子俞大彩只好从并不熟识的邻居那里借了一百元钱来招待客人，欠款数月以后才还清。战争状态下，迁徙不易，安居又何尝容易！

　　傅斯年不仅治学有方，爱才也是出了名的。眼前这位"中国第一才女"的厄运确也引起他的同情。20 世纪 30 年代初他们在北平相识，一度在米粮库胡同比邻而居，搬到北总布胡同后他虽不是常客，但费慰梅父亲坎农一家来北京看望女儿和在协和医学院讲学时，梁林夫妇设宴请客，也都不忘请胡适和傅斯年到场。梁思永是他找来的部下，如今也得肺病躺在床上。鉴于此，他还是想到与梁氏兄弟一份责任和友情。

　　于是 4 月 18 日，他给时任教育部部长兼中研院代院长的朱家骅和经济部部长翁文灏同时上书为成、永两家请款，信中说：

骝先（朱家骅的字）兄左右：

　　兹有一事与兄商之。梁思成、思永兄弟皆困在李庄。思成之困是因其夫人林徽因女士生了 T.B.（肺结核英文缩写），卧床二年矣。思永是闹了三年胃病，甚重之胃病，近忽患气管炎，一查，肺病甚重。梁任公家道清寒，兄必知之，他们二人万里跋涉，到湘、到桂、到滇、到川，已弄得吃尽当光，又逢此等病，其势不可终日，弟在此看着，实在难过，兄必有同感也。弟之看法，政府对于他们兄弟，似当给些补助，其理如下：

一、梁任公虽曾为国民党之敌人，然其人于中国新教育及青年之爱国思想上大有影响启明之作用，在清末大有可观，其人一生未尝有心做坏事，仍是读书人，护国之役，立功甚大，此亦可谓功在民国者也。其长子、次子，皆爱国向学之士，与其他之家风不同。国民党此时应该表示宽大。即如去年蒋先生赙蔡松坡夫人之丧，弟以为甚得事体之正也。

二、思成之研究中国建筑，并世无匹，营造学社，即彼一人耳（在君语）。营造学社历年之成绩为日本人美妒不置，此亦发扬中国文物之一大科目也。其夫人，今之女学士，才学至少在谢冰心之上。

三、思永为人，在敝所同事中最有公道心，安阳发掘，后来完全靠他，今日写报告亦靠他。忠于其职任，虽在此穷困中，一切先公后私。

总之，二人皆今日难得之贤士，亦皆国际知名中国学人。今日在此困难中，论其家世，论其个人，政府似皆宜有所体恤也。未知吾兄可否与陈布雷先生一商此事，便中向介公一言，说明梁任公之后嗣，人品学问，皆中国之第一流人物，国际知名，而病困至此，似乎可赠以二、三万元（此数虽大，然此等病症，所费当不止此也）。国家虽不能承认梁任公在政治上有何贡献，然其在文化上之贡献有不可没者，而名人之后，如梁氏兄弟者，亦复少！二人所作皆发扬中国历史上之文物，亦此时介公所提倡者也。此事弟觉得在体统上不失为正。弟平日向不赞成此等事，今日国家如此，个人如此，为人谋应稍从权。此事看来，弟全是多事，弟于任公，本不佩服，然知其在文运上之贡献有不可没者，今日徘徊思永、思成二人之处境，恐无外边帮助要出事，而此帮助似亦有其理由也，此事请兄谈及时千万勿说明是弟起意为感，如何？乞示及，至荷。

专此敬颂

道安

弟 斯年谨上 四月十八日

弟写此信，未告二梁，彼等不知。

因兄在病中，此写了同样信给咏霓（翁文灏），咏霓与任公有故也。弟为人谋，故标准看得松。如何？

弟 年又白

傅斯年这封信发出不久，很快便收到朱家骅的回音。他给傅建议，此事惊动最高层，未必会有效果，在自己的能力范围内想想办法或许更为有效。并说他已将信转给陈布雷了。

于是，傅斯年一方面去游说中英庚款基金董事会总干事杭立武，以"科学研究补助"为由，申报课题争取科研经费。另一方面又让林徽因报一份未完成的《中国建筑研究》论文，并指示李济写推荐信，向杭立武提出"拟请给最高之待遇，即立武先生近示一般办法中三百八十元之数"，还提出从"四月份或五月份起支给"。此信写于1942年5月13日。

傅斯年等了许久，见陈布雷那边没有动静，傅斯年决定亲自向蒋介石进言，并让李济拟稿。

李济不明傅斯年的心思，如实将报告写了两个部分：第一部分题为"梁思永对于中国上古史之贡献"；第二部分题为"梁思成、林徽因对于建筑学之贡献"。6月16日，傅斯年看了李济起草的报告，亲手做了大刀阔斧的修改：首先，将第一部分和第二部分前后顺序换了位置；其次，在梁、林部分中，增加了林徽因内容的表述。如"思成之夫人林徽因女士，当代之才女也。亦留美学建筑，与思成同志，于营造学社之工作贡献甚多"。他还特意说明，"徽因女士虽工作，亦如其他营造学社社员，但并无独立收入……卧床之人尤不能缺少医药营养，故思成所需之救济，与思永等。"

9月28日，傅斯年在等了五个多月之后，终于收到蒋介石"两万元"的批复。批件送到财长翁文灏办公室后，最后由傅斯年代签，并取回了取款的条子。

当傅斯年给朱家骅的信和取款条子的信转到上坝村张家大院梁林夫妇住处的时候，梁思成却出差去了重庆。林徽因踌躇再三，终于还是以十分感激的心情，回书相报：

孟真先生：

接到要件一束，大吃一惊，开函拜读，则感与惭并，半天作奇异感！空言不能陈万一，雅不欲循俗进谢，但得书不报，意又未安。踌躇了许久仍是临书木讷，话不知从何说起！

今日里巷之士穷愁疾病，屯蹶颠沛者甚多。固为抗战生活之一部，独思成兄弟年来蒙你老兄种种帮忙，营救护理无所不至，一切医药未曾欠缺，在你方面固然是存天下之义，而无有所私，但在我们方面虽感到 lucky 终增愧悚，深觉抗战中未有贡献，自身先成朋友及社会上的累赘的可耻。

现在你又以成永兄弟危苦之情上闻介公，丛细之事累及咏霓先生，为拟长文说明工作之优异，侈誉过实，必使动听，深知老兄苦心，但读后惭汗满背矣！

尤其是关于我的地方，一言之誉可使我疚心疾首，夙夜愁痛。日念平白吃了三十多年饭，始终是一张空头支票难得兑现。好容易盼到孩子稍大，可以全力工作几年，偏偏碰上大战，转入井白柴米的阵地，五年大好时光又失之交臂。近来更胶着于疾病处残之阶段，体衰智困，学问工作恐已无分（份），将来终负今日教勉之意，太难为情了。

素来厚惠可以言图报，惟受同情，则感奋之余反而缄默，此情老兄伉俪皆能体谅，匆匆这几行，自然书不尽意。

思永已知此事否？思成平日谦谦怕见人，得电必苦不知所措。希望咏霓先生会将经过略告知之，俾引见访谢时不至于茫然。此问

双安

　　　　　　　　　　　　　　　　林徽因

至此，傅斯年为林徽因和梁氏兄弟仗义请款的事终于告一段落。有了这两万元的救命钱，梁思永和林徽因的生活和医药条件得到一定的改善，借此度过了那段最困难的日子，同时也见证了

这位谔谔之士的为人和一腔情怀。

这以后，傅斯年和李济对陷入困境的营造学社再伸援手，把原先挂靠在中研院的关系，转为博物院编制，使得营造学社的五个人每月能领到一份固定的薪水。梁思成1939年便是史语所的"通信研究员"，此时傅斯年又把他转为"兼职研究员"。一词之变，是为能够给予一点经济上的补偿，尽力减轻营造学社的经济压力。

3

抗战胜利后，梁思成、林徽因要返回北平，筹建清华大学营建系，将开始他们的教学生涯。而傅斯年也要回北平，出任北大代理校长，在未去之前，又奉最高当局之命去昆明处理一二·一事件。

11月，在梁思成的陪同下，林徽因去重庆检查了一次身体，二人住在上清寺聚兴村中研院招待所，此地也是傅斯年在重庆的办公处。傅未到昆明之前，去看望过梁林夫妇。据《傅斯年遗札》记载，11月30日，他在给夫人俞大彩的信中说："梁思成夫妇这次来，竟是颇疏远的样子！"这恐怕是傅斯年自己的一种感觉。那时梁思成在重庆刚请美国胸外科专家里奥·埃娄塞尔博士给林徽因做过肺部检查，埃氏告诉梁思成林只剩下五年的生命。梁思成和林徽因此时的心情和压力可想而知。所谓"颇疏远"，明显是傅斯年的误读。

1946年1月，傅斯年作为无党派人士代表赴重庆参加政治协商会议。这次会议从 1 月 10 日开始，31 日结束。会议设秘书处，雷震任秘书长。委员分政府组织、施政纲领、军事问题、国民大会和宪法草案五个组进行专题协商。核心是和平建国、政治体制、宪法章案诸问题。参加会议的有国民党、共产党、民盟、青年党和无党派代表共三十八人。傅斯年被分到宪法草案组。

当月，在会议未开之前他在写给夫人俞大彩的信里，又一次提到梁思成夫妇："现在托徐轶游兄带去此信，另带啤酒一小罐 [林徽因送我，梁二（梁思成排行简称）反对之]。"

徐轶游是医学教育者，与傅在北大读书时相识。徐是艾酉学会会友，这个学会由北京医学"专门学"毕业生发起，1919 年夏在北京成立。北京大学医学部的前身便是这所学校，1923 年汤尔和始创，几度与北京大学分合。

2 月 15 日，林徽因在费慰梅的陪同下，从重庆乘飞机赴昆明疗养，同时看望在联大的老朋友。

3 月 5 日，傅斯年在给俞大彩的信里说："林徽因的病，实在没法了。他近月在此，似乎觉得我对他事不太热心，实因他一家事又卷入营造学社，太复杂，无能为力。他走以前，似透露这意思，言下甚为怆然，我只有力辨其无而已。他觉得是他们一家得罪了我。他的处境甚凄惨，明知一切无望了，加上他的办法，我看，不过一二年而已。"又注："你可写信给他。昆明北门街七十一号金岳霖转。"信中指称女性用他字，是那时的一个习惯。从信中内容得知，林徽因在重庆期间，傅斯年不止一次去看望过她，而且有较广泛和深入的交谈。

林徽因一家和傅斯年一家在昆明龙泉镇和四川李庄都曾比邻而居，林、俞又都是知识女性，相互之间自然非常熟悉。抗战胜利后，他们分手在即，梁、林的归宿已有了着落。尽管在林的疾病治疗上，作为公众人物的傅斯年已不可能再给多少切实的帮助，但作为老朋友，他还是希望妻子写信安慰病困中的林徽因。

1946 年 5 月 4 日，傅斯年由重庆飞往北平，安排北大由昆明回迁事宜。在北平，他曾多次发表声明，绝不录取伪北大教职员，尽管这些伪职员四处活动，力谋反对，但终未得逞。7 月，胡适回国，8 月 4 日来到北平。9 月北大从昆明迁回。傅斯年辞去代校长之职，胡适正式接任，对傅斯年这位代理校长倍加赞扬。同年冬，傅斯年主持史语所由四川迁回南京。

1946 年 7 月，林徽因从昆明回到重庆与梁思成团聚，月末随同西南联大教职工乘飞机回到阔别九年的故都北平。

1947 年 6 月，傅斯年偕夫人和儿子赴美治病。第二年 8 月，傅斯年把儿子留在美国读书，他和夫人俞大彩回国。此时国民党政权在大陆败局已定，在朱家骅的再三劝说下，他接受台湾大学校长任命。

1949 年元旦之夜，胡适与傅斯年在南京共度岁末，师徒二人置酒对饮，相视怆然。1 月 19 日，他偕夫人俞大彩走出史语所大院的家门，乘机飞往台湾，接任台湾大学校长。

1950 年 12 月 20 日，傅斯年列席参议会第五次会议，在回答议员询问时旧病又发，送往医院抢救，延至当晚十一时二十分不治去世，终年五十四岁。夫人俞大彩后赴美国定居，与儿子住一起。

十一、细雨淡如酥的朱自清

1

　　林徽因和朱自清相识是在杨振声组织的一次聚会上，时间是1933年1月1日。

　　据朱自清日记记载，那次赴宴的还有沈从文，梁思成、林徽因夫妇等人。朱是杨振声北大校友，当年一块儿听过课，可算是老同学，朱自清有基层教学的丰富经验，杨振声这次请客，其动因大约是请他加入正在为教育部编写的中小学教材的工作。梁林夫妇与沈从文是旧相识，沈是梁家"太太客厅"的常客。那时林徽因在京城文坛风头正劲，杨请客有公务和半公务性质，请梁氏夫妇也有想结识生前好友徐志摩这位女友之意（杨也是散文和小说知名作家）。自这次宴会后，林徽因与这位早已享誉文坛的才子朱自清，开始了他们后半生的交往。

朱自清，名自华，号实秋，在北京大学求学时改名朱自清，又号佩弦，并以此名步入文坛。他生于1898年11月22日，比杨振声大一岁，却晚他一年入北大。朱自清没有留学背景，杨振声毕业后即赴美哥伦比亚和哈佛大学留学。朱自清原籍浙江绍兴，其曾祖、祖父和父亲都在江苏任地方小官，后老家田产、房屋逐渐被族人侵吞，其父朱鸿钧将家迁至扬州定居。朱自清童年也在此度过，先后读过私塾、高小、中学，1916年考入北京大学预科，第二年升入北大本科哲学系。1920年修完规定学分，提前一年毕业，获文学学士学位。后在浙江一师、扬州八中、台州浙江省立六师、温州省立十中和宁波省立四中执教计五年。1925年8月，由好友俞平伯向胡适转荐到清华学校大学部任国文教授，讲大一国文和李杜诗课程。因讲授古典诗词需要，他开始向黄节学作古诗词。1928年8月，清华学校改为国立清华大学，罗家伦为校长，杨振声任文学院院长兼文学系主任，朱参与了中文系草创，决定了国文系新的方向。1930年7月，杨振声因赴青岛筹办青岛大学，朱代理主任，1932年9月任主任，并在燕京等大学兼课。

朱自清在北大读书时就是新潮社成员，写诗并参加了五四运动。在地方中学执教时转入散文创作，并驰名当时文坛，他的散文《匆匆》《桨声灯影里的秦淮河》《背影》《哀韦杰三君》等，都是那个时期的名篇和代表作。

林徽因自 1931 年开始诗歌创作，并很快在文坛声名鹊起，她不仅写诗，又兼及散文和小说。如诗《那一晚》《笑》《情愿》《仍然》《一首桃花》《莲灯》等，可说脍炙人口；散文如《悼志摩》《惟其是脆嫩》《窗子以外》等，文笔清新犀利，让人惊艳；小说《窘》《九十九度中》，尤其是后者，将传统引入现代性，把碎片状的生活连缀成一件精美彩衣，通篇洋溢着一个"热"字，仿佛这个世界是一个开了锅的水，所有的面孔都在生活的蒸汽里迷蒙着，而内里却透着一个发人深省的人生冷风景。

这篇小说在未发表之前，朱自清就读了林徽因的手稿，他在日记中评论："读林徽因《九十九度中》，确系佳作，其清新也（用沃尔夫体）。"此文第二年 5 月 1 日在《学文》创刊号上正式发表。

8 月 31 日中午，杨振声、沈从文再次宴请，商议从学衡派吴宓手里接编《大公报·文艺副刊》事，参加者有郑振铎、朱自清、林徽因等人。

1933 年 9 月 9 日，沈从文、张兆和在中山公园水榭宣布结婚。婚事办得极为简单，没有仪式，也没有主婚人和证婚人。赶来祝贺的是杨振声、朱自清等在北方几所大学和文学界的朋友。张家有大姐元和、四妹充和、大弟宗和、三叔晴江一家；沈家有表弟黄村生、九妹岳萌做代表。林徽因、梁思成当然在邀请之列，因为二人在大同云冈石窟考察未能参加婚礼，回来后送的礼品是锦缎百子图被罩，给新房内略添一些喜气。婚前张兆和将自己一只戒指让沈从文当掉，作为婚礼支用。杨家雇工拿沈从文换下的裤子去洗，发现口袋里那张当票，立即交给了杨振声，杨即预支五十元薪金做应急。后来，杨振声对张兆和之妹张充和说："人家订婚，都送给小姐戒指，哪有还未结婚，就当小姐戒指之理！"沈从文即使困窘也坚持不要张家父亲给婚礼钱，张武龄见信十分高兴，向家里人夸奖这个未来的女婿，只把一部《宋拓集王羲之圣教序》字帖送给沈从文，作为他们结婚的唯一嫁妆。

这年 12 月 9 日，朱自清应金岳霖之邀，出席"星（期）六碰头会"。他在日记中写道："在座的有梁思成徽因夫妇、陶孟和夫妇、李健吾夫妇、张奚若、杨振声等。"朱在日记里又说："林徽因甚修饰，梁思成亦甚潇洒……林论庆生社剧，非只脸谱为妙，其实架子亦好……张（奚若）叙述故事，诚如林徽因所云，嫌啰唆。"

1934 年 8 月上旬，梁林二人和费正清夫妇赴山西考察，林徽因在乡间写成散文《窗子以外》，9 月 5 日发表在《大公报·文艺副刊》上，此文 20 世纪 40 年代由朱自清选入他编撰的《西南联大语体文示范》教材。

1935 年 1 月 20 日下午，朱自清、林徽因等参加朱光潜组织的读诗与文讨论会，在座的有李健吾等。这个读诗会是与"太太客厅"有着同样影响的文化沙龙，地点在景山西面慈慧殿 3 号朱光潜的寓所，每月集会一次，朗诵中外诗歌和散文，朱自清（朱光潜在宁波任教时的同事和好友）、冯至、郑振铎、孙大雨、周作人等都是读诗会的成员。林徽因虽不是这个沙龙的成员，但也经常参加沙龙的活动。朱光潜是安徽桐城人，字孟实，香港大学毕业，后留学英法，1933 年 7 月归国后，受聘于北大西语系，主讲西方名著选读和文学批评史。

在这次会上，林徽因重点阐述曼殊斐儿日记中的一句话，即"坦普尔先生，你太多心了。我想买一块腌肉"，她从中悟出诸多言外之意。朱自清不以为然，认为那言外之意，似乎太多了些。他还说："与采用口语体连着的，便是诵读。听说张仲述先生前回在南大电台广播，诵读徐志摩先生的诗，成绩很好。清华那边也有过两回诵读会。"

过了两天，朱自清在日记中追记，前天读书会上林徽因谈及乔同浦的新居："这幢房子是现代化的中国式洛可可建筑。从设计平面图上来看直线不多，这说明造价很高。承建商是一位俄国舞厅装饰家，乔是在上海的一个舞会里遇到他的。这幢建筑是俄国教堂与舞厅的混合体。在大厅里有一排装饰得很豪华的柱子，一直延伸到餐厅，这反使其面积容纳不下乔同浦手下那帮人了。所谓中国式的装潢，简直粗俗得可笑。"

朱自清很欣赏林徽因这位新女性的才情，不仅是她的诗、小说和散文，对她的一言一行也特别关注。他没有欧美留学背景，只在 1932 年 5 月漫游过欧洲五国。他知道，作为学者和作家，不仅要专，更要广博，他在日记中记下的洛可可艺术在中国的传播，它不是纯粹的洛可可，而是由俄国建筑师改造了的"混合体"。在这方面，林徽因从专业方面把乔同浦的新居风格说得极为精确。朱自清没有这方面的专业知识，但他却能随时扩大自己的知识面。

1936 年 3 月 20 日，北大胡适等人创办的《自由评论》第 16 期发表了灵雨的一篇题为《诗的意境与文学》的文章，批评林徽因的诗《别丢掉》"不大容易懂"，意即说不大通。

3月31日，沈从文致信胡适，说如果这篇文章是梁实秋写的，您应劝他以后别写这种文章。又说"佩弦（朱自清的号）、孟实（朱光潜）、（叶）公超、（罗）念生……大家都懂"，"那文章却实在写得不大好"。

大约过了半年，朱自清撰文《解诗》，对灵雨（梁实秋）批评文字持不同看法，并对林诗《别丢掉》详加解析：

这是一首理想的爱情诗，托为当事人的一造向另一造的说话；说你"别丢掉""过往的热情"，那热情"现在"虽然"渺茫"了，可是"你仍要保存着那真"。

三行至七行是一个显喻，以"流水"的轻轻"叹息"比热情的"渺茫"；但诗里"渺茫"似乎是形容词。下文说"月明"（明月），"隔山灯火"，"满天的星"和往日两人同在时还是"一样"，只是你却不在了，这"月"，这些"灯火"，这些"星"，只"梦似的挂起"而已。你当时说过"我爱你"这一句话，虽没第三人听见，却有"黑夜"听见；你想"要回那一句话"，你可以"向黑夜要回那一句话"。

但是，"黑夜"肯了，"山谷中留着有那回音"，你的话还是要不回的。总而言之，我还恋着你。"黑夜"可以听话，是一个隐喻。第一二行和第八行本来是一句话的两种说法，只因"流水"那个长比喻，又带着转个弯儿，便容易把读者绕住了。"梦似的挂起"，本来指明月灯火和星，却插了"只有人不见"一语，也容易教读者看错了主词。但这一点技巧的运用，作者应该是有权利的。

　　林徽因这首诗写于 1932 年夏，即徐志摩去世后的第二年，以后几年林都写诗或文纪念。这首诗直到五年后才在《大公报·文艺副刊》3 月 15 日发表，原文是：

> 别丢掉
> 这一把过往的热情，
> 现在流水似的，
> 轻轻
> 在幽冷的山泉底，
> 在黑夜，在松林，
> 叹息似的渺茫，
> 你仍要保存着那真！
> 一样是月明，
> 一样是隔山灯火，
> 满天的星，
> 只有人不见，
> 梦似的挂起，
> 你向黑夜要回
> 那一句话——你仍得相信
> 山谷中留着
> 有那回音！

读者可对照朱文阅读，这是林徽因诗中一首佳作。

1936 年 4 月 25 日，朱自清在日记中写道：赴朱光潜宅参加诵诗会，听顾颉刚作关于"吴歌"的讲演。在座的有周作人、沈从文、林徽因、卞之琳、李素英、徐芳（胡适的学生，有文章说是胡的情人）等。

5 月 30 日，朱自清忽接三弟国华从扬州来信，拆开一看，使他大吃一惊，原来母亲病重，催他赶快寄款回去。他即拿金戒指赴前门当铺兑换，但未成交，晚上只好留宿城内朋友家。第二天赶回清华家中，又接父亲来信，说母亲已于 5 月 28 日晨去世（终年六十五岁）。朱自清悲痛万分，因工作太忙，不能回去奔丧，只好先借钱寄回。

7 月 6 日，朱自清借暑假之机，立刻回扬州探亲。

7 月 7 日，当朱自清乘坐的火车路过济南时，在车上突遇在山东考察的梁思成、林徽因和麦俨曾。朱自清见到老朋友，由悲转喜，他们高兴地交谈起来。

梁思成、林徽因自 5 月 28 日到河南洛阳后，和在豫西北考察的刘敦桢、陈明达、赵正之小分队会合，到龙门石窟做为期四天的考察。6 月初，梁、林与刘敦桢等分手，转道河南开封做古塔考察，而后又抵山东济南与麦俨曾会合，到鲁东的历城、章丘、临淄、益都、潍县五县考察，当他们一行回到济南再乘火车到鲁西南的长清、泰安、滋阳、济宁、邹县、滕县六县考察时，与从北平回乡的朱自清相遇。他们在火车上一路长谈。下火车时，梁、林请朱自清转达对其父的问候并请其节哀。

朱自清在日记中写道："七月六日动身回扬州探家。夫人陈竹隐等人送。七月八日抵扬州家中。"7月9日为母亲举行出殡仪式。他在家只待了三天，便与父亲和前妻留下的几个孩子泣别，转道杭州看望四妹朱玉华，7月27日回到北平。

山东十一县考察，林徽因在青州和临淄曾写信问候刚从广东来北平的小姑思庄；在鲁西南考察时又写了诗《黄昏过泰山》。

9月3日，在上海筹办《大公报》沪版的萧乾回到北平（1935年9月1日，《大公报·文艺副刊》与《大公报·小公园》合并，改名为《大公报·文艺》），为纪念《大公报》复刊十周年，萧乾经请示总经理兼副总编胡政之（他和社长吴鼎昌、总编张季鸾三人于1926年9月合组新记公司接办该报，此报原由英敛之等人于1902年创办，1916年原股东之一王郅隆接办，王在日本大地震中丧生后，1925年停刊）同意举办"《大公报》文艺奖"的评选活动。这次举办"《大公报》文艺奖"评选活动，还聘请朱自清、杨振声、朱光潜、叶圣陶、巴金、靳以、李健吾、林徽因、沈从文和在武汉的凌叔华十人为该文艺奖金裁判委员。由于成员分散，这些裁判委员没有开过会，全由萧乾从中沟通协调。最初小说提的是萧军《八月的乡村》，因作者拒绝受奖，经反复酝酿协商，采取投票推荐的方法，到1937年5月公布的结果是：小说《谷》（芦焚）、戏剧《日出》（曹禺）、散文《画梦录》（何其芳）。为此，《大公报》5月15日发表社评：《本报文艺奖金发表》，鲜明地阐述了《大公报》的文艺观。

为配合《大公报》文艺奖金评选活动，《大公报》还邀请林徽因编选了《大公报文艺丛刊小说选》一书。所选作品出自知名作家沈从文、杨振声、李健吾、凌叔华、老舍、张天翼、沙汀，也有文坛陌生面孔徐转篷、李辉英、寒谷、威深、程万孚等。林徽因还为选本写了《文艺丛刊小说选题记》，她不仅概述了对入选作品的看法，还阐述了她的文学观。这个选本交由上海良友图书公司出版后，广受读者喜欢，很快售罄。这个集子不仅体现了林徽因的艺术眼光，也充分显示了她的编撰才能和艺术鉴赏力。

10月25日，北大、清华、燕京、北师大等京津高校和文化界一百零三名教授、学者签署《平津文化界对时局宣言》，由顾颉刚送往《大公报》办事处，但日本侵略者和国民政府严令禁止，未能在《大公报》发表。于是更名《教授界对时局意见书》，在《学生与国家》杂志第1卷第2期上发表。朱自清、林徽因等都在签名之列。

11月16日，林徽因在清华大学做题为《中国建筑》的讲演。朱自清当天特进城访问鲁迅先生夫人朱安（鲁刚去世），"承告以鲁迅一生所经之困难生活情形"，晚听林徽因讲演，给他的印象是："言语明晰，辅以幻灯片，甚成功。"

2

1937年1月24日，朱自清、林徽因等赴西单杨振声宅，出席"《大公报》文艺奖"裁判委员会议。朱自清的记载："林徽因与叶公超盛赞《画梦录》。公超称之为中国最早之散文，林称之为较《日出》一剧更为成功之佳作。又谓《日出》主题及片段皆好。失败处在于其中杂乱无关的东西颇多。"

2 月 25 日，农历正月十五上元节，杨振声、朱自清、金岳霖、林徽因和沈从文等逛厂甸。晚应吴有训邀请吃饭。

3 月 6 日下午，杨振声、朱自清、林徽因、沈从文等出席"《大公报》文艺奖"裁判委员会议，评出获奖作品小说集《谷》(原名《江上》)、散文集《画梦录》和戏剧《日出》。

5 月 1 日，《文学杂志》月刊创刊，由朱光潜任主编，朱自清、杨振声、沈从文、周作人、俞平伯、林徽因等任编委。

朱光潜回忆说："在北平的文艺界朋友们常聚会讨论，有他（指朱自清）就必有我。于今还值得提起的有两件事。一是《文学杂志》，在名义上虽由我主编，实际上他和沈从文、杨今甫、冯君培四人撑持的力量最多。"

朱光潜又说："当时正逢'京派'和'海派'对垒。京派大半是文艺界旧知识分子，海派主要指左联。我由胡适约到北大，自然就成了京派人物，京派在'新月'时期最盛……胡适和杨振声等人想使京派再振作一下，就组织一个八人编委会，筹办一种《文学杂志》……他们看到我初出茅庐，不大为人所注目容易成为靶子，就推我当主编……《文学杂志》尽管是京派刊物，发表的稿件并不限于京派，有不同程度左派色彩的作家如朱自清、闻一多、冯至、李广田、何其芳、卞之琳等人，也经常出现在《文学杂志》上。杂志一出世，就成为最畅销的一种文艺刊物。"

可惜的是，这个刊物只出了三期，就因抗战爆发停刊了。

林徽因的四幕剧《梅真同他们》只刊登了三幕就停止了。

6月中旬，梁思成、林徽因等赴山西考察五台山佛光寺，7月中旬因抗日战争全面爆发，匆匆赶回北平。24日，林徽因与朱自清晤面，讲述意外发现佛光寺唐大中十一年（857）建筑年代等事。

8月5日，日军占领清华园，朱自清一家迁居东斜街租屋，后又移居黄米胡同。

9月初，梁思成、林徽因一家（梁再冰从北戴河到天津老宅等待）匆匆乘火车赴天津。那时钱端升夫人和叶公超夫人从清华移住北总布胡同3号梁家，临别林徽因心里很不是滋味，狠心抛下她们，也不知如何是好。当日朱自清日记载："梁夫妇及秦亦离去。"

1937年9月22日，因长沙临时大学开始运转，该校由清华、北大、南开组合而成，梅贻琦来电报让朱自清南下，他即只身启程赴天津。朱自清在日记中写道："车站检查行李甚严。中国警察之凶，令人悚然。抵天津，平安出站，住六国饭店。见友人甚多。"

9月25日，梁林一家自塘沽登海轮去烟台，与金岳霖、朱自清等清华、北大教授同行。因坐的是两千吨的小船，船在海中颠簸得很厉害。清华教授朱自清、黄子卿和北大教授饶毓泰夫妇，同住船尾一个房间，这种情形，即使经常在海上航行的人也会呕吐，独朱自清餐后还能吃几勺鱼肝油，真使人既敬佩又羡慕。

到烟台码头下船，他们乘汽车一路向西至青岛、济南，再从济南乘火车经徐州、武汉到长沙。梁林一家先住韭菜园教厂坪

134 号一所民宅，日机轰炸后，又移居长沙圣经书院与张奚若一家同住。朱自清抵长沙后，寓长沙临时大学办事处的圣经书院。11 月初开学后，与文学院同事迁临时大学南岳分部。

12 月 8 日，梁林一家告别长沙的朋友，往昆明迁徙。1938年 1 月中旬，梁林一家经过三十九天的长途跋涉，终于到达昆明，租住在翠湖边巡津街尽头昆明前市长的寓所止园。

1938 年 1 月 20 日，长沙临时大学因战争形势发展，决定迁往昆明，朱自清等人三个月的山居生活结束。冯友兰说，在南岳虽不过三个月，中国的大学教育却有了最高的表现，我敢说文学院的学术空气比任何时期都浓厚。在此期间，北大历史系副教授容肇祖作打油诗多首，打趣文学院诸教授："冯阑雅趣竟如何（冯友兰），闻一由来未见多（闻一多），性缓佩弦犹可急（朱自清），愿公超上莫蹉跎（叶公超）……"教学之外，这群教授游南台寺，上祝融峰，览藏经殿，吃腊肉白酒，过了一段神仙般的山中日月。

2 月 16 日，朱自清、冯友兰、钱穆、陈岱孙等十余人乘汽车从南岳经桂林、阳朔、柳州、南宁、龙州到越南河内；又乘汽车经凭祥，再乘滇越火车到达昆明，宿拓东路迤西会馆。

另两路由闻一多、李继侗、曾昭抡等十一名教授带领联大二百四十四名男生，步行赴滇；其余学生由粤汉铁路到广州，经中国香港，过境越南入滇。

3 月 15 日，朱自清访梁思成和林徽因，二人招待他吃午饭。林徽因对朱自清说，云南建筑物的设计很合理。

4月1日，朱自清偕史先生访林徽因梁思成并辞别。因联大校舍不够，文学院暂设离昆明四百里外的边城蒙自。蒙自本是中越边境重镇，法国侵略越南时期在此设立海关，德、美、意、希腊等皆在此设立机构，后滇越铁路绕行而过，遂失去存在价值，留下大片空房，正好联大文学院可在此设校舍。中午，梁、林为朱、史二位设午餐招待。这一次作别，朱自清在蒙自一住便是四个多月，其间夫人陈竹隐与孙国华夫人、王化成夫人、冯友兰夫人、周作人夫人等结伴携眷来蒙自。朱一家团聚，迁城内大井巷，与王化成、孙国华同住一个院落。

9月3日，朱自清等结束蒙自文学院教学返回昆明。不久沈从文来访。后与杨振声、沈从文商定教育部托编的教科书目录，由朱自清编写，成书后定名为《经典常谈》。不久西南联大三八年度第一学期开学，朱自清开设《中国文学批评》和《大一国文》课等。朱自清看望林徽因，并借她的散文《窗子以外》做讲课范文之用。由此可知，这篇散文在朱自清这位散文大家心目中的地位，以及在当时文坛的影响力。

1938年年末，茅盾应新疆学院杜重远之邀，到该学院担任艺术系主任，在赴迪化（乌鲁木齐）途中，路过昆明，文协云南分会为之设宴洗尘。1939年1月2日，茅盾应云南分会之邀做题为《从反面观点看问题》的讲演，会后朱自清邀茅盾及梁思成、林徽因夫妇一起到咖啡馆喝咖啡。

8月31日，朱自清到昆明郊外的龙头村看望梁思成、林徽因夫妇，并归还之前借阅林徽因的散文《窗子以外》。出于健康原因，不久朱自清请辞联大中文系主任，由罗常培暂代。

1940 年 5 月，日本侵略者封锁了滇越路和滇缅路，切断了中国从海外输入战时物资的唯一通道。昆明顿时物价飞涨，教授们的生活纷纷陷入赤贫。朱自清夫人陈竹隐携子女回故乡成都租房居住，朱自清一人留在昆明。7 月起朱自清休年假回成都，所遗工作由闻一多代理。

这年 11 月 29 日，林徽因一家随史语所迁往四川南溪县李庄镇。这一别，朱自清与林徽因再见面已是抗战胜利后在陪都重庆了。

1941 年 4 月，朱自清住成都家中，正是青黄不接。米粮大涨价且不易买到手，于是一群群贫民一面抢米仓，一面闯进大户人家"吃大户"，而且吃完就走。朱自清第一次明白了什么叫"吃大户"。那时好友叶圣陶在乐山武汉大学教书，二人相会，叶劝他"勿悲观"，朱自清写诗自娱："天上重开新日月，人间无限好江山"，"竟说今春佳气盛，烟尘长望莫摧颜"，以表示振作精神。10 月 4 日，假期已满，联大将开学，在成都期间，因日机轰炸，朱自清与叶圣陶相见不过三次。这一天他应叶之邀，赴少城公园绿荫阁茶社相见，又逢张锡舟邀宴，为朱自清饯行，大醉而别。8 日启程返校，30 日抵昆明。朱自清辞清华中文系主任一职，由闻一多正式接任。

在这期间，朱自清生活困窘，冬天昆明气候寒冷，他无力缝制棉袄，只好买赶马人的一口"皮钟"御寒，相当有趣。这几年，每遇假期，他便在昆明和成都间往返。一次他胃病复发，儿女生病，又遭父殇，不仅不能守孝，还不能回家奔丧。

林徽因的情形并不比朱自清轻松。她到李庄后不久即病倒了，高烧不退。生活也在贫困线上挣扎，所带贵重物品当净吃光，胞弟林恒在与日寇空战中阵亡。她长年卧床，病骨支离，几乎不能下床走动。到抗战胜利时，经大夫诊断：她的生命只有五年时光了。

3

1946 年 2 月 15 日，在候机等待北返的日子里，林徽因在费慰梅、张奚若等人的帮助下，乘机到昆明治病并会晤朋友。林徽因到昆明圆通山住处刚一驻足，朱自清闻讯（16 日），即到住处看望已久别五载的文友林徽因。时隔两月后的 4 月 20 日，朱自清又一次到她的住所看望。5 月 26 日，朱自清再访林徽因，并与在座的金岳霖长谈。6 月 5 日，林徽因在住处举行生日茶会，朱自清等人参加并为之祝贺。不久，朱自清因夫人陈竹隐生病住院，要返回成都，行前向林徽因道别。他在 6 月 13 日日记中写道："访许维通、林徽因、张奚若、雷海宗、杨业治、潘光旦、闻一多等话别。"

7 月初，林徽因告别昆明的张奚若、钱端升、金岳霖等友人返回重庆。梁思成也结束了李庄中国营造学社的事务，到重庆与林徽因会合。闻一多在昆明被害的消息甫到重庆，梁思成、胡适、萨本栋、李济、傅斯年等即联名致电闻一多夫人，谴责国民党特务罪行，给予慰问并吊唁闻一多先生。

林徽因在昆明休养了小半年，返回重庆又等了一个月，7 月 31 日终于等到了开往北平的航班，他们和清华北大的教职工一起飞回阔别九年的故都。

在陈岱孙的安排下，他们暂住宣武门国会街北大四院联大复员教职工接待处。8 月清华大学房屋修缮完工后，他们一家才搬进新林院 8 号教授宿舍。

梁思成刚进清华就任营建系主任，即展开聘用教员、添置设备、组织教学和招收新生等事务，千头万绪，一切从头做起。不久，梁思成接到南京教育部通知，派他赴美考察战后美国建筑教育，同时收到耶鲁和普斯林顿大学邀请，去美国做访问学者。他本想 9 月抵美，可是在上海等到 10 月才拿到船票，抵美时已是 11 月末了。

梁思成走后，营建系主任暂由土木系教授吴柳生代理。然而吴柳生不过问专业事务，凡事让助手罗哲文找林徽因沟通。林徽因在清华没有聘任职务，只是一个客座教授，而建筑系的筹建工作几乎全部落到生病的林徽因身上，大小事情都要过问。

朱自清 6 月 17 日晚，返抵成都家中，次日早即到陈云波办的医院看望夫人陈竹隐。陈云波是陈竹隐的高中同学，对陈竹隐百般照顾。即使以前几个孩子生病，也是陈云波给予特殊治疗，还不收取分文费用。朱自清得知此事，很感激陈云波在他不在成都时对夫人和孩子的照顾。

然而，闻一多遇刺，其儿子闻立鹤受重伤的消息传来，朱自清悲愤至极。联大校友会成都分会几次举行追悼活动，朱自清都应邀参加，并发表演讲和诗作，谴责国民党当局的暴行。直到8月20日，他才携眷飞往重庆。在候机期间，他接受《大公报》《新华日报》和《民主报》采访，出席"文协"重庆分会欢迎他的宴会，赴社会大学、沙坪坝南开中学多次演讲，一度因病入宽仁医院住院治疗。10月7日，朱自清才携全家离开重庆，飞抵北平。那时清华仍在赶修房屋，暂寓国会街北大四院，半个月后他才回到清华，仍住在北院16号旧居。与梅贻琦商谈后，他再任清华大学中文系主任。接下来，在忙于系务和教学外，他花了一年多时间为好友闻一多编辑《闻一多全集》，收集遗文、编缀校正拟定目录，动员全系同人，分抄校对，用大部分时间整理闻一多的遗著。

林徽因在1947年7月病情恶化，梁思成接电后改变旅美计划，于9月匆匆赶回北平。林徽因10月初住进西四牌楼民初所建的中和医院（原名中央医院），一度病情好转回到家中。11月22日，梅贻琦为梁思成、陈梦家举行茶会。林徽因在家中休养一段后，根据大夫意见她再次住进医院做手术准备，但心情并不轻松，为此她写了《恶劣的心绪》等诗作，并写信告诉了在美国的好友费慰梅。12月24日，在中和医院的无影灯下，大夫成功为她切除了一个被结核菌感染的肾，恶化趋势才得到控制。

1948年4月5日，朱自清到新林院看望在家休养的林徽因，回去后，他又专门致信林徽因给予安慰。

5月中旬，朱自清进城到中和医院检查身体，被诊断为阻塞症，化验结果被告知胃酸过多。到6月中旬，他已不能进讲堂授课，几乎每日呕吐，身体日渐消瘦，说话声音低沉。他家大小七个孩子，日子过得比谁都困难。他以"耻食周粟"之志，拒绝购买美国配给的平价面粉，还与其他教职员一百一十人在声明上签字。

8月6日，他的妻子陈竹隐送他往北大附属医院检查，被诊断为胃溃疡穿孔，下午即进行了手术。然而刚过三天，他又并发尿中毒症。次日胃部出血，肺部也并发炎症。8月12日十一时四十分逝世，终年五十一岁。

下午四时入殓，清华大学梅贻琦、吴泽霖、李继侗、冯友兰，北京大学郑天挺、周炳琳、杨振声等赶到医院，次日十一时出殡，清华、北大、北师大师生一百多人，在北大附属院为朱自清送行。李广田等人护灵，乘汽车到阜外广济寺下院，由冯友兰主持告别仪式，太阳下肃立着青青白白的头颅，人群里传来一片哭泣声。主祭后将遗体火化。

8月16日上午八时，清华大学同方部举行朱自清追悼会，师生工友参加了公祭。10月24日，朱自清骨灰葬于北平西郊万安公墓，碑文由冯友兰书写。

1949年北平解放后，林徽因应邀抢救濒临停产的景泰蓝，参与设计中华人民共和国国徽、人民英雄纪念碑等重大项目，以强烈的使命与担当，为新生共和国捧出一份生命的辉煌。然而，从1954年秋天起，她的病情开始恶化，与梁思成同为肺部感染，一起住进同仁医院。虽经院方会诊抢救，到3月31日晚，她已经昏迷。4月1日早晨六时二十分，她永远离开了这个世界，终年五十一岁。

尘缘始终总有时。巧合的是，朱自清和林徽因虽然年龄不同，但生命都终结在五十一岁。是巧合又是天灾人祸，与日本这个侵略者显然脱不了干系，毁坏了他们的健康，致其过早走到了生命的终点。

古语说："百里而异习，千里而殊俗。"二人虽然文化背景不同，但都在中国大文化根系中震铄古今。不管从何处入道，性格殊异，才情有别，千古不变的是被中华民族的文化之根脉所维系，他们像两株参天碧树，给中国文坛平添了一道亮丽的风景。

十二、在《诗刊》相逢的卞之琳

1

林徽因与卞之琳是在徐志摩创办的《诗刊》上发表诗作而相识的。

1931年春，林徽因从沈阳回到北平，正在香山来清轩养病的她，受徐志摩鼓励开始写诗。在《诗刊》当年第二期上，林徽因首次用"尺棰"做笔名，发表了《谁爱这不息的变幻》《仍然》和《那一晚》三首成名诗作，激动之情可想而知。在同期杂志也发表诗作的北大英文系学生卞之琳的诗是《远行》《长的是》等四首诗，以及后来的代表作《断章》。在北大上学期间，他师从徐志摩并深受其赏识。徐志摩还请沈从文为卞之琳的诗作写了题记。

　　林徽因看了卞之琳的诗，很推崇他诗的哲思和诗感与众不同。是月即邀他到东城北总布胡同 3 号家中晤面。后来卞之琳曾回忆道："当时我在她的座上客中是稀客，是最年轻者之一，自不免有些拘束，虽然她作为女主人，热情、直率、谈吐爽快、脱俗（有时锋利），总有叫人不感到隔阂的大方风度。"

　　后来在林徽因客厅的聚会上，许多人谈到他那首题为《断章》的诗：

> 你站在桥上看风景，
>
> 看风景的人在楼上看你。
>
> 明月装饰了你的窗子，
>
> 你装饰了别人的梦。

　　有人说，这首诗寓有无限悲哀，着重点在"装饰"两个字上。也有人说，这是一首爱情诗，那"桥"是"握手之桥"，横跨的桥，是情感的结合。还有人说，那是《逍遥游》的昭示，诗人如"蜗牛的银迹"，成功走过"二百浬一夜"，去完成历史的演进，在时空的交错点上，连接着过去与未来，宣示着一个生命的存在。

　　听着这些评说，卞之琳红着脸一言不发。

　　性格爽直的林徽因坐不住了。她说，你总不能功夫全用在笔上，不爱说话的毛病得改改。

　　卞之琳只是笑笑，算是对林徽因的话做了回答。

　　林徽因说，这首诗是一刹那的直觉感悟。依我看，最精妙的莫过于"装饰"二字，卞之琳沉默了半晌，终于发言了："《断章》

里那一句'明月装饰了你的窗子，你装饰了别人的梦'，我的意思着重在'相对'的关联上。"

林徽因说，我说的"装饰"不妨害这首诗的自白，作者自白也不妨害我的解读。与其看作相悖与冲突，不如做"相成"的辩证之美。

这首《断章》从此成为卞之琳诗作的经典。之后许多诗的选本，大都在选择之内。诗尽管写得很美，意境悠远，给人以无限遐想，他却写在与北大红楼"南面与之遥遥相对的"汉园公寓那座灰色西式学生宿舍小楼里。那时北河沿的水恶臭无比，垃圾堆积成山，并不能与诗的美妙意境相映成趣。

卞之琳对林徽因又敬重又佩服，他们初次见面，便拉近了彼此间的距离。尽管林徽因只比他大六岁，但在以后的岁月里，他一直尊其为敬佩的"长者"。

2

卞之琳，江苏海门人，1929 年考入北京大学英文系，第二年开始写诗，因徐志摩的关系，他成为"新月派"后期有成就的诗人，与陈梦家、方玮德齐名。

1933 年 9 月，沈从文与张兆和结婚。张家四妹充和参加婚礼后，决定留下来准备高考，到北大旁听。第二年考试完毕，张充和被"考试委员会强行通过"而录取。因为她的数学考了零分。同时考取北大中文系的还有容琬和曹美英，共三位女生。

一次，卞之琳、巴金等去沈从文家聚会，在那里遇见了张充和。顷刻在卞之琳平静的眸子里掠过一抹从未有过的颜色。从那天起，卞之琳到沈从文西城达子营住所的脚步更勤了。登门之外，还给张充和写信。不久，卞之琳心照不宣的追求，就成了朋友中一个公开的秘密。

卞之琳大学毕业后因追求张充和未离开北平，先是参加了胡适的外文图书的翻译，后与巴金、沈从文、李健吾、靳以和郑振铎等在三座门创办了《水星》，他成了这个杂志的实际主持者。后来他去过一趟日本。卞之琳性格矜持，是个沉默寡言的青年，戴着高度近视眼镜，清癯的面颊，又常不修边幅，这些都不是张充和喜欢的那种可以托付终身的类型。

林徽因一直关注着卞之琳的诗歌创作和他的爱情，她是过来人，为四小姐和卞之琳的事感到惋惜。张充和大学三年级的时候突然得了结核病，有一次林徽因问沈从文，你家四小姐怎么样了，医生怎么说？

沈从文叹了口气说："不太好。这个病有点麻烦，医生建议休学静养。"兆和的父亲来信了，要把充和接回苏州老家休息。功课也只能放一放了。

林徽因当然知道这种病的厉害，她说：功课好说，养好身体要紧。

卞之琳无能为力，只能写信安慰和到北大学生公寓看望。张充和对他依然故我，不冷不热，卞之琳写信来也一看了之。不久，张充和就回到苏州九如巷老宅。

　　1936年10月，卞之琳的母亲病逝，他办完丧事，离乡到苏州探望张充和。张充和礼貌地接待了他，同他游了苏州古城，恪尽地主之责，但与在北京时一样，态度依然未变。最后卞之琳只好带着失望黯然离开苏州。

　　然而，他衣带渐宽终不悔。第二年3月，卞之琳把新近写的五首《无题》诗和在杭州新作的十八首诗，以及前两年写的诗加在一起，编成《装饰集》，写上献给张充和，手抄一册寄给了她。《装饰集》本拟交戴望舒的新诗出版社出版，不久发生了七七事变，因而出版未果。

　　对于这段与张充和的爱情，卞之琳在《雕虫纪历》一书的自序中说："在一般的儿女交往中有一个异乎寻常的初次结识，显然彼此有相通的'一点'。由于我的矜持，由于对方的洒脱，看来一纵即逝的这一点，我以为值得珍惜而只能任其消失的一颗朝露罢了。不料事隔三年多，我们彼此有缘重逢，就发现这竟是彼此无心或有意共同栽培的一粒种子，突然萌发，甚至含苞了。我开始做起了好梦，开始私下深切感受这方面的悲欢。隐隐中我又在希望中预感到无望，预感到这还是不会开花结果。仿佛作为雪泥鸿爪，留个纪念，就写了《无题》等这种诗。"但事情并不到此为止，"这番私生活以后还有几年的折腾长梦"。

3

　　1937年抗日战争全面爆发前，卞之琳和芦焚正在雁荡山游历，二人住在一座庙里，天天出去游山玩水，间或写点东西。卞之琳译法国作家纪德的《窄门》。8月初的一天他下山到车站取信和报纸，二人才得知发生了卢沟桥事变。于是匆匆乘车到上海，因旅馆爆满，芦焚到靳以家住下，卞之琳到李健吾家借宿。三个星期后朱光潜来电，邀卞之琳去四川大学教书。9月初李健吾送他到西站乘车西去。芦焚以为卞之琳还在李家住着，便约了巴金、靳以同去看他，不料卞之琳已走。几个人在李家谈到卞之琳的性格，共同得出"十五分执拗，二十五分的孩子气，三十五分的矜持"。芦焚说，原本是想到上海为抗战做点事，因无事可做，他只好到别处找事情去了。

卞之琳到成都后，在四川大学外文系讲诗。第二年8月，卞之琳、何其芳和沙汀夫妇一行四人，由成都出发去了延安。

这期间，林徽因和梁思成全家离开北平，经长沙、贵州到了昆明。与卞之琳一别竟长达三年之久。

卞之琳、何其芳等到延安后，何其芳和沙汀在鲁艺短暂任教后，随贺龙120师赴晋西北前线。同年11月，卞之琳加入以吴伯萧为团长的"文艺工作团"赴晋东南，第二年四五月间回到延安。周扬以沙、何未归，请他到鲁艺代课约三个月。在延安期间，卞之琳与其他几位受到毛泽东同志的接见。延安抗战文化工作团组成后，分六个组到前线收集资料，卞之琳被任命为第三组组长，张闻天、胡乔木都曾引见和看望。在这期间，他创作了诗集《慰劳信集》和报告文学集《第七七二团在太行山一带》，记述了抗日根据地部队战士和群众的生活。尽管如此，他还是选择离开延安，到四川罗江与李广田相聚，1940 年赴昆明西南联大任教。后来沙汀也回了四川老家。延安只留下了何其芳。

在昆明，卞之琳住文林街 20 号楼上，不久沈从文搬来与他同住。那时因日机空袭，张兆和、张充和、沈岳萌和两个孩子已搬到南郊呈贡县龙街居住，张兆和在那里义务教书。沈从文因在联大教书，在呈贡与昆明间来回跑路上课。

初到昆明，杨振声、沈从文、邓颖孙三家住在青云街 217 号一处大宅子里。杨振声、沈从文和朱自清继续编选中小学教科书，直到 1939 年年末编选告成。张充和 1938 年年底到昆明后，与汪和宗一起加入编选教科书行列，而且二人是整工，其他三人因有别的事情，每周只来一两次。张充和负责挑选点校散曲，并做注释。后来与张兆和等一起搬到呈贡县龙街居住。

1940 年，重庆政府教育部遵蒋介石旨意，聘张充和给教育部整理礼乐，为新建的礼乐馆服务。她住在重庆办公室兼住处的一栋楼里。

暑假期间，在联大任教的卞之琳赴昆明东北郊的龙头村看望林徽因，并在梁家住了一夜。卞之琳 1984 年在一篇题为《窗子内外：忆林徽因》的文章中回忆说：

我们从 1931 年上半年到全面抗战开始的 1937 年年中，在同一个刊物上发表过作品和译品的，除了《诗刊》以外，还有杨振声、沈从文主编，萧乾执行编辑的《大公报》文艺版、朱光潜主编的《文学杂志》、戴望舒主编的《新诗》等，所以彼此倒常在作品或译品里相逢。

内外关系，特别使我想起少为人知的《学文》月刊。1934 年初叶公超创始主编了这个月刊，只出了三期。林徽因在这个刊物第一期上发表了她最放异彩的短篇小说《九十九度中》，我则遵师命为同一期翻译了托·斯·艾略特的著名论文《传统与个人才能》。《学文》起名，使我不无顾虑，因为从字面上看，好像是跟上海出版，最有影响的《文学》月刊开小玩笑，不自量力，存心唱对台戏。但是它不从事论争，这个刊名，我也了解，是当时北平一些大学教师的绅士派头的自谦托词，引用"行有余力，则致以学文"的出典，表示业余性质。这用在林徽因的场合似较为恰当。她天生是诗人气质，酷爱戏剧，也专学过舞台设计，却是她的丈夫建筑学和中国建筑史名家梁思成的同行，表面上不过主要是后者的得力协作者，实际上却是他灵感的源泉。我 1940 年在昆明看望她那一次，在她和梁思成的谈话中，听到他们痛惜从各地勘查、测绘、搜集来的许多中国古建筑资料在天津受到的损失。我过去只知道他们在北方（包括山西）艰苦跋涉，发现过一些少为人知的古建筑，这次更听说他们在南中也做过实地作业；徽因对我夸赞了苏州木渎镇严家花园如何别致……《学文》创刊，我在 1934 年亲见过她为刊物所做的封面设计，绘制的装饰图案就富有建筑美，不离她的专业营造学（建筑学）本色。从此我就感到内外相互渗透、互相转化的关系——在林徽因的场合，实无所谓行内行外，而是内转为外，外转为内。

在这次晤谈中，他们还谈到了林徽因的散文、戏剧和小说，以及卞之琳对这些作品的评价和感受：

林徽因的散文，在我看来，是并非形式上的诗，不外露的诗。从她的虚构与纪实的作品，主要是戏剧、小说和狭义的散文里写到的人物（不是她自己）可以看出作者自己的出身和修养。这些人物中高门第、养尊处优的少爷、小姐等等都有一点洋气。掌握外国语文、出国留学、国际交往之类的就像家常便饭。作为业余作家，林徽因写这些人物，远不是都抱同情态度的，人如其文，也不由自己，显出她自己尽管也有点洋气，决没有这些人物的俗气。林徽因一路人，由于从小得到优越教养，在中西地域之间、文化之间，都是去来自如，也大可以在外边出人头地，但是不管条件如何，云游八方后还是早一心回到祖国，根不离国土，枝叶也在国土上生发……她早就在《窗子以外》里说过一句"洋鬼子们的浅薄千万学不得"。

上述引文，是卞之琳与林徽因（包括梁思成）再次见面所谈的主要内容，同时也是卞之琳在历经山河破碎和人生坎坷之后，对林徽因的创作与人生的再认识，显然比首次与林徽因相见，有了质的飞跃。他是把林徽因放到民族和人生的更高层面来看待的，进一步洞见了林徽因生命的品格和高贵的民族气节。

这次相见的 11 月末，林梁一家随中研院史语所前往四川南溪李庄，从此关河萧索，故人千里，再难聚首。

卞之琳与张充和之恋，此时已经历了十年。卞之琳从来不说，张充和也不明确拒绝。情根深植的卞之琳，1943年寒假，从昆明到重庆去看望过张充和，他把新出版的《十年诗草》送给张充和，其中包括写给她的诗，但他们就这样黏涎着，只开花不结果，各做各的事情，不觉间就都已成了大龄青年。

4

抗战胜利后，卞之琳北返到天津南开大学任教，1947年应英国文化委员邀请，赴牛津大学做研究员。两年后回到北京大学西语系任教授。张充和与三姐张兆和先后都回到苏州九如巷故宅，7月到上海四姊妹聚会。不久张兆和、张充和带沈龙朱、沈虎雏北上，住在北大宿舍中老胡同32号院。沈从文和妻妹张充和同在北大任教，充和教的是书法和昆曲。

1945年，梁思成、林徽因建议清华大学工学院设营建系的请求，很快得到梅贻琦校长的支持，并聘梁思成为营建系主任。梁思成结束营造学社事宜，于1946年7月，带全家随西南联大教工乘机北返，回到了已阔别九年的故都北平。

1949年，在一个杨柳飘絮的日子，卞之琳从城里去郊外清华大学第三次专程拜访林徽因。这次见面，他们都已步入中年，感到对方都老了。林徽因的笑容里夹杂着对生命的无奈。而张充和与傅汉思在沈家相识、相恋而结婚，不久他们由上海赴美定居，在耶鲁大学仍执教她的书法和昆曲。而苦恋近二十年的卞之琳，此时仍是孤身一人，在西南联大时据说他还追求过同是北大中文系的学友容琬（容庚女儿），不知什么原因未能成功。林徽因握着卞之琳的手说，自那次相别，你又走了那么远那么久的路，是不是有些累了？

卞之琳说，天下事有变也有续，从好多方面讲，有发展也得有继承，思想上如此，艺术上亦如此。

自那次见面后，林徽因以极大的毅力带病参加了中华人民共和国国徽设计，拯救濒临灭绝的景泰蓝，进行天安门人民英雄纪念碑须弥座纹饰浮雕图案设计，直到 1955 年 4 月，未尽天年而卒。

卞之琳不无感慨地回忆说，20 世纪三四十年代，林徽因自叹自怨跟老百姓总是隔着一层"窗子"，我依稀记得她对我谈过，剧本里的梅真，更是成了她热情歌颂的主人公。她与梁思成及其同事为了考察古建筑，跋涉在北方的穷山恶水间，有时坐骡车，有时徒步，有时住肮脏的鸡毛小店，这多少也接触到一些民间疾苦。逃难长沙期间，临时租住的房屋被日机轰炸，全家死里逃生，更增加了她和普通人民共命运的情感。她学了建筑，虽然合了杜甫的"安得广厦千万间"，单凭这些，是救不了中国，也改变不了中国现实的。1948 年解放军围城，这时她不会再说"世界仍然在你的窗子以外"。从此，在这个世界她带病为新中国效力，做出自己的一份贡献。这些事实对她而言，本身就有很多意义。

这是他们最后的一次见面。

1953 年，北大文研所并入中国社会科学院外国文学研究所，卞之琳随之入外文所，长期从事外国文学翻译和研究。1955年即林徽因病逝的当年，他终于与小他九岁的青林（曾与文怀沙结过婚）相恋并牵手。

20世纪80年代，卞之琳赴美探亲，还专程到张充和府上拜访。1986年张充和大姐张元和来北京探亲，姊妹二人同演昆曲《游园惊梦》，她不忘相恋多年的情人，特请了卞之琳去观赏。有关卞之琳与张充和的恋爱，坊间有许多传说，张家姐弟对卞之琳都很熟悉并尊重，二人虽未结连理，但友谊长存。

总的说来，由于性格不同，一方矜持寡言，一方开朗洒脱，因此碰不出爱情的火花，最后成了生命的《断章》，如一颗朝露从叶片上滚落消失。而他们各自的生命都很绵长，跨过了20世纪。卞之琳2000年病逝，享年九秩，身后留下精美诗文三卷；张充和2015年故去，活了一百零二岁，大半生在美国二十多所大学教授书法和昆曲，传播中国文化，身后也留下丰硕的果实。

卞之琳后来发生的这些故事，亦师亦友的林徽因生前恐怕是没有想到的。

十三、一篇评论进入她视野的李健吾

1

1934年1月，郑振铎、靳以主编的《文学季刊》创刊号问世。在刊载的众多作品中，李健吾的论文《包法利夫人》最为抢眼，引起了北京文化沙龙里年轻的林徽因的注意，她当即便给作者李健吾写了一封长信（不存），约其到北总布胡同3号她的客厅会面。这便是林徽因与李健吾交往的开始。

在此之后的一年多，直到去上海前，对于刚刚出道的李健吾，免不了要到"星（期）六碰头会"听一群文人谈天说地。这个"星（期）六碰头会"亦称"星期六集团"。他回忆说："我的老师金岳霖住在她家的后院。我每次去，总到他老人家房间坐坐，房间似乎有些发黯。常去（林徽因客厅）的客人仅仅记得有张奚若、杨振声；我偶尔也遇到沈从文。她那封长信我一直保留着，后来日本宪兵队（在上海）逮捕我的时候，可能在骚乱中丢失了。"

李健吾，1906 年 8 月 17 日生于山西运城北相镇西曲马村。他的祖父靠贩马而致富。李健吾的父亲李鸣凤，字岐山，是清末秀才，曾在邻县教书，后考入山西大学。毕业后在太原工业学校任教，先后娶了两房妻室，生有子女六人。李健吾为大夫人所生，是李岐山的次子。

1907 年，李岐山加入同盟会。1911 年 10 月 10 日，武昌起义爆发，清军进犯山西，李率部东征，失败后组织学生队和散兵退至运城，组织起河东军政分府，李为协统（旅长），主管军事。后受阎锡山迫害，被押到北京，主审官陆建章草草审理后将他释放。1915 年 12 月，李岐山在陕西起兵讨袁，率师东渡黄河，兵败后只身逃往北京。袁世凯病死后，段祺瑞执掌北京政权，李官复原职，任陆军部少将咨议。1918 年，张勋复辟，李又一次被捕，次年被无罪释放。出狱后，陕西督军陈树藩电邀其到陕西，受到靖国军司令于右任等人欢迎，并给他一支部队，驻扎西安郊外。1920 年中秋节前后，陈树藩假借与靖国军议和，托李的儿女亲家张士秀邀他到西安城内商议，借机设下伏兵将李岐山杀害。

李健吾从小随父母在本县村学、陕西渭河两岸马堪村、天津良王庄和北京读书。父亲去世后，冯玉祥、孙岳和张锡元三人捐银两千元存在北京某钱庄，靠生息维持一家人的生活。住在粉房琉璃厂街解梁会馆。

自 1921 年 7 月起，李健吾在北京厂甸师大附中上学，便是在此，与爱好文学的蹇先艾、朱大枬成为好友，并联络一些同学组织一个文学团体——曦社，创办不定期文学刊物《爝火》和《爝火旬刊》，随《国风日报》发行，开展文学活动。1925 年夏，李健吾从北师大附中毕业，考入清华学校大学部文学系，师从朱自清先生，一年后在朱的建议下转外文系，师从王文显先生。1931 年 8 月，李健吾清华毕业后与朱自清、徐士瑚赴欧，李健吾入巴黎语言专科学校法语高级班学习，半年后结业。1932 年秋在巴黎大学文科旁听，由于经费限制，不容他按部就班学习，他只取得了文凭。按照赴法前的设想，他以福楼拜为目标，潜心研究，并着手创作《福楼拜评传》。1933 年 5 月，李赴鲁昂克洼塞寻访了福的出生地和墓地。之后他漫游意大利一个月，返回巴黎后便收拾行装，与朱光潜同船回国。8 月底到达上海，结束了两年的留学生涯。

2

走进林徽因的"太太客厅"，标志着他进入京派文化圈子的核心，他不仅结识了一批文化名人，还在林徽因的激励下，就巴金的"爱情三部曲"、沈从文的《边城》、林徽因的《九十九度中》、萧乾的《篱下集》、蹇先艾的《城下集》、曹禺的《雷雨》等写了一批引人注目的评论文章，后结集为《咀华集》出版。同时在巴金的"逼迫"下，还写出了《村长之家》《这不过是春天》

等剧作,在《文学季刊》发表,成为北平文坛一颗闪闪升起的新星。

其中他对林徽因的短篇小说《九十九度中》一文的评论尤为突出,从此拉近了他与林徽因间的距离,并建立了友情。他在评论中说:

没有再比人生单纯的,也没有再比人生复杂的,一切全看站在怎样一个犄角观察;是客观的,然而有他性情为依据;是主观的,然而他有的是理性来驾驶。而完成又有待乎选择或者取舍;换言之,技巧。一部文学作品之不同于另一部,不在故事,而在故事的运用;不在情节,而在情节的支配;不在辞藻,而在作者与作品一致⋯⋯

这就是为什么在民国二十四年(1935),我却偏要介绍二十三年的一篇短篇小说,那篇发表在《学文》杂志第一期的《九十九度中》,林徽因女士的制作。我相信读者很少阅读这篇小说,即使阅读,很少加以相当注意。我亲耳听见一位国立大学文学院的教授,向我承认他完全不懂这不到一万五千字的东西。他有的是学问,他缺乏的便是多用一点点想象。真正的创作,往往不是腐旧的公式可以限制得下。一部杰作的存在,不仅在乎遵循传统;然而它抛不掉传统,因为真正的传统往往不只是一种羁绊,更是一层平稳的台阶。但是离开那些初步的条件,一部杰作必须有以立异⋯⋯一种富有个性的观察,是全部身体灵魂的活动,不容一丝躲懒。从观察到选择,从选择到写作,这一长串的精神作用,完成一部抽象的作品的产生,中间的经过是必然的,绝不是偶然的；唯其如此，一以贯之，我们绝难用形式内容解释一件作品，除非作品本身龋陋，呈有裂痕，可以和件制服一样，一字一字地捋扯下来。

我绕了许多弯子，只为证明《九十九度中》在我们过去短篇小说的制作中，尽有气质更伟大的，材料更事实的，然而却只有这样一篇，最富有现代性；唯其这里包含着一种独特的看法，把人生看作一根合抱不来的木料，《九十九度中》，正是一个人生的横切面。在这样溽暑的一个北平，作者把一天的形形色色披露在我们的眼前，没有组织，却有组织；没有条理，却有条理；没有故事，却有故事，而且那样多的故事；没有技巧，却处处透露匠心。这是个人云亦云的通常人生，一本原来的面目，在它全幅的活动之中，呈出一个复杂的有机体。用她狡猾而犀利的笔锋，作者引着我们，跟随饭庄的挑担，走进一个平凡然而熙熙攘攘的世界：有失恋的，有做爱的，有庆寿的，有成亲的，有享福的，有热死的，有索债的，有无聊的……全那样亲切，又那样平静……一个女性的细密而蕴藉的情感，一切在这里轻轻地弹起共鸣，却又和粼粼水纹一样轻轻地滑开。

李健吾慧眼独具，给林徽因这篇小说极高的评价："小说通篇处处洋溢着一个'热'字，沸沸扬扬的闹热，确已达到华氏99度，但其背后，每一笔都透着逼人的寒气，呈现着一幅幅发人深省的人生冷风景，如一支'冷热金针'，准确无误地刺到了社会的痛点。那滚滚的油锅底下，原来是一块万年不化的坚冰。"

李健吾这个时期写的评论文章，皆署他的笔名"刘西渭"，却把他的真实名字隐藏在背后。这个笔名沿用了许多年，因而那个时期人们大多知刘西渭是个文艺评论家。

3

1934年年初，林徽因、李健吾等人一起参与了王文显《委曲求全》剧本的演出。李健吾担任导演，林徽因、司徒乔和秦宣夫担任舞美设计，演员全部穿中式服装，以体现民族风格。经过三个月的排练，3月11日在东单协和小礼堂公演，立刻轰动了文化界，给北平寂寞的春天，增添了一抹明媚的亮色。

也许是他走进"太太客厅"的缘故，李健吾还参与了新月社后期《学文》杂志的创办，叶公超任主编，胡适、梁实秋、闻一多、林徽因、余上沅、李健吾等任编委。

李健吾关注的不只林徽因一人，还有创办《文学季刊》《水星》杂志的郑振铎先生。1935年7月，郑振铎刚刚担任上海暨南大学文学院院长，即聘任李健吾为外文系的专职教授。不久他接到校长何炳松签名发来的聘书，结束了他在北京盘桓了十九年的故都生活，就此告别林徽因等一班朋友，到上海教书去了。

然而，在北京的林徽因等一班朋友没有忘记他，第二年的6月7日，《中国文艺家协会宣言》发表，签名者一百一十人，李健吾仍名列其中。

1936年，《大公报》创刊十周年，总经理胡政之根据萧乾的建议，一是编一本书，二是设立一个"文艺奖金"，在全国范围开展一次文学评奖活动（包括小说、散文、诗歌）并成立了"《大公报》文艺奖"评选委员会。在十人评委中，北平有杨振声、沈从文、林徽因等，上海方面特邀了李健吾参加。1937年5月，《文学杂志》筹备诞生，主编为朱光潜，杨振声、沈从文、林徽因等十人为编委，李健吾位列其中。

李健吾在上海期间，教书、办刊、组建剧艺社、写戏，搞得风生水起，但是在沦陷时期被日本宪兵司令部逮捕。后经岳父尤己照托李祖丽、郑洪年取保释放。他知道上海已不是久留之地，于是携家逃亡到皖南大镇屯溪（属休宁），直到日寇无条件投降才回到上海。

4

抗日战争结束后，一直对林徽因怀着敬重之情的李健吾，误听说林徽因在大后方死于肺痨，即写了一篇题为《林徽因》的文章。他在文中说：

足足有一个春天，我逢人就打听林徽因女士的消息。人家说她害肺病，死在重庆一家小旅馆，境况似乎很坏。我甚至于问到陌生人。有人笑我糊涂。最后，天仿佛有意安慰我这个远人，朋友忽然来信，说到她的近况，原来她生病是真的，去世却是误传了。一颗沉重的爱心算落下来一半。

　　为什么我这样关切？因为我敬重她的才华，希望天假以年，能够让她为中国文艺有所效力。在中国现在的知名女作家里面……作品没有她们丰盈，才华的显示不是任何男友所企及，然而命运似乎一直在和她的倔强的心性为难。

　　绝顶聪明，又是一副赤热的心肠，口快、性子直、好强，几乎妇女全把她当作仇敌。我记起她亲口讲起的一个得意的趣事。冰心写了一篇小说《我们太太的客厅》讽刺她，因为每星期六下午，便有若干朋友以她为中心谈论时代应有的种种现象和问题。她恰好随丈夫由山西调查庙宇回到北平，她带了一坛又陈又香的山西醋，立时叫人送给冰心吃用。她们是朋友，同时又是仇敌。她缺乏妇女的幽娴的品德。她对于任何问题感到兴趣，特别是文学和艺术，具有本能的直接的感悟。生长富贵，命运坎坷；修养让她把热情藏在里面，热情却是她的生活的支柱；喜好和人辩论——因为她爱真理，但是孤独，寂寞，忧郁，永远用诗句表达她的哀愁。

　　大约在这个时期，李健吾还写过一篇与林徽因有关的评论《无题》，丁玲、凌叔华、萧红、冰心、庐隐、杨绛一同出现在这篇文章之中。

　　而林徽因，自1937年7月7日抗日战争的全面爆发打破了北平北总布胡同3号平静的生活之后，就与梁思成一起带领全家自北平至天津、山东、长沙、昆明、四川李庄，走上了一条迁徙与逃难之路。这样在大后方一待就是八年，加之生活贫困与疾病的折磨，使得她九死一生，直到抗战胜利才回到北平。这么多年过来，早已与困守上海的李健吾失去联系。

时间的指针走到了 1954 年，文化部下达调令，正式调李健吾为北京大学文学研究所研究员。其实从 1952 年全国高等院校院系调整，李健吾在中央戏剧学院华东分院的一切职务便随之消失。华东文化部副部长彭柏山对朋友透露：李健吾在上海表现不好。他也已意识到自己的处境不妙，就专程到北京郑振铎处诉说苦衷。郑痛快地答应："你离开'狗熊'吧。""狗熊"是熊佛西的绰号。

这样才有了上述的调令。

十九年前，李健吾欣欣然而来到上海，十九年后却又怏怏回到故都。十九年的蹉跎岁月，他走了一个人生无奈的空心圆，令他高兴又扼腕叹息！

而李健吾这次回到北京，林徽因已病入膏肓。没多久他又应邀到上海戏剧编剧进修班讲授莫里哀喜剧（他是这方面的权威）。回京后第二年春天，李健吾旧病复发，整整在床上躺了半年。不久，他随北大文研所划归中国社会科学院外文所任研究员，从中关村迁到建国门内学部大院办公。

1955 年 4 月 1 日，林徽因病逝于同仁医院。

出于二人身体和工作原因，再没有看到两位老友联系。李健吾于 1982 年病逝，享年七十六岁。

十四、因为《蚕》走进"太太客厅"的萧乾

1

萧乾站在燕京大学阅报栏前看报时，霍然发现，不久前他写的一篇题为《蚕》的小说习作，密密麻麻地刊登在了《大公报·文艺副刊》上。他不知是喜是忧，只是不知所措地瞪大了眼睛。

他凝眸细看，五千字的小说密不透风地挤在一起，像雨前嗟食的蚂蚁，啃噬着他的心，顿时让他感到喘不过气来。他的目光奔跑着读完那些熟悉的文字，然后撒腿便跑，到校舍去向平时关照他的大姐杨刚报喜。

萧乾，原名萧秉乾，蒙古族人，1910年1月生于北京，父亲早年以看守东直门城门为生，在他出生前故去。他住在北京东城

小菊儿胡同，自幼跟母亲（吴氏）艰难度日，上了两年私塾后，在四堂嫂安娜（美国人）的帮助下，到安定门长老会办的崇实小学（今北京二十一中）插班读书。那是所工读学校，有小学、初中和高中，不但免学杂费，有时在学校干活还能挣到一点儿小钱。他刚升入初中那一年（1921），母亲便因病去世，从此他成为孤儿。

1926 年初中毕业后，暑期到沙滩翠花胡同北新书局老板李小峰手下当过三个月的练习生，培养了对新文艺的兴趣。后因秘密参加 CY（共青团前身）组织，被张作霖侦缉队逮去。又是四堂嫂安娜托人营救，才得以被校方保释出来。

秋天开学时，在同学赵澄（越南华侨）的帮助下，又回到崇实中学读高中。1928 年，还差半年要毕业，因与校长发生冲突，只好请"长假"到广东汕头教书。然而，不久在角光中学闹了一场悲剧性的初恋，又在赵澄的帮助下回到北京，在燕大读国文专修班，遂改名萧乾。

后在同学杨刚四哥（辅仁大学注册课主任）的帮助下，考入辅仁大学英文系读书，不久又结识了在辅仁兼课的教授杨振声。1931 年在参与美国人安澜编《中国简报》的过程中认识了驰名文坛的作家沈从文。1933 年转入燕大新闻系，在那里与高年级同学杨刚一起为美籍教授埃德加·斯诺编译中国小说《活的中国》，从此与杨刚成为知交。

1933 年 11 月的一天，编辑《大公报·文艺副刊》的沈从文接到林徽因的来信说：

初二回来便乱成一堆，莫名其所以然。文章写不好，发脾气时还呕出韵文！十一月的日子我最消化不了，听听风，知道枫叶又凋零得不堪，只想哭。昨天哭出的几行，勉强叫它作诗，日后呈正。

萧乾先生文章甚有味儿，我喜欢。能见到当感到畅快。你说是否礼拜五？如果是，下午五时在家里候教，如嫌晚，星期六早上，也一样可以的。

关于云冈现状，是我正在写的一短篇，那一天，再赶个落花流水时当送上。

思成尚在平汉线吃尘沙，星期六晚上可以到家。

沈从文接信，与萧乾信相约，星期六下午他进城先到达子营28号，然后一起去看望正在生病的林徽因。

萧乾说："那几天我喜得真是有些坐立不安，老早就把我那件蓝布大褂洗得干干净净，把一双旧皮鞋擦了又擦。星期六吃过午饭我蹬上脚踏车，斜穿过大钟寺进城了（那时燕大已从城里迁至海淀）。两小时后，我就羞怯怯地随着沈先生从达子营跨进了北总布胡同那间有名的'太太的客厅'。"

萧乾还清楚记得，那次去见林徽因，她"穿的却是一套骑马装，话讲得又多又快又兴奋。不但沈先生和我不大插嘴，就连在座的梁思成和金岳霖两位也只是坐在沙发上边吧嗒着烟斗，边点头赞赏"。根本不像先前人们说的，是一个肺结核相当重的病人。

正是这次拜访，开始了他们文学创作交往的生命之旅。

在后来的日子，他们还共同去三座门朱光潜的住所参加读诗会。许多人见面称她"小姐"，但她可不是只会嫣然一笑的娇小姐，而是一位学识渊博、思维敏捷，并且语言犀利的评论家。她十分关心创作，对文章作法有独到的见解。对于好恶，她从不模棱两可，在一顿批评之后，还会指出某些可取之处。梁宗岱是一位有成就的大诗人，一次林徽因当面对他的一首诗数落一通，梁诗人并不是那么容易服气的，于是在读诗会一角，二人抬起杠来。

2

1935年7月，萧乾从燕京大学毕业，经杨振声、沈从文推荐，到天津《大公报》做了副刊编辑。他先接手《小公园》副刊。9月，已出版近两千期的《小公园》被撤销，萧乾正式接手《文艺副刊》的编辑，并从即日起，这一副刊更名为《文艺》。杨振声和沈从文退到幕后。

这之后，林徽因非常支持萧乾的编辑工作，先后为《大公报·文艺》设计了典雅的犄角图案、《剧本评论》舞台设计，还为《编者致辞》栏写诗人自述等。在萧乾编辑《大公报·文艺》期间，林徽因给副刊写诗支持。据不完全统计，有《城楼上》《深笑》《风筝》《别丢掉》《雨后天》《记忆》《静院》《无题》《题剔空菩提叶》《黄昏过泰山》《昼梦》《八月的忧愁》《过杨柳》《冥思》《山中》《静坐》《十月独行》《时间》《前后》《除夕看花》《诗三首》等，以及散文《纪念志摩去世四周年》《蛛丝和梅花》

《文艺丛刊小说选题记》《究竟怎么一回事》和短篇小说《吉公》《文珍》《绣绣》等。其中《别丢掉》是林诗的经典名作。

这首诗意象清晰，轻柔中蕴藉着真挚和热情，读来让心灵深处产生一种强烈的呼唤和回忆。然而，此诗却引起一场争论，梁实秋和朱自清做出两种截然不同的评论。

梁实秋对诗和诗人有着天然的隔膜。他认为"诗不能卖钱"，是一颗"煮硬了的蛋"，"短短一撅，充篇幅都不中用"。还说西班牙诗人走在街上，"被人误认为是一个特务"。他认为林徽因的这首诗写得"艰涩"，读不懂。而朱自清则在《解诗》一文中说："这是一首理想的爱情诗。"

可见爱诗与不爱诗的人结论有天壤之别，你有什么办法？他就戴着一副那样的眼镜。

尤其值得一提的是，1936 年夏，是胡政之、张季鸾、吴鼎昌三人从王郅隆儿子手中买回《大公报》创办权十周年。这十年《大公报》获得了长足的发展，已成为全国知名的大报。总经理胡政之除让报馆庆祝之外，还找萧乾问他《文艺》版怎样庆祝。

萧乾经过反复考虑后，向胡政之提了两个方案：一是把《文艺副刊》和《文艺》上发表过的小说筛选后编一本书，书名为《大公报文艺丛刊小说选》；二是设立一个"《大公报》文艺奖"，在全国开展一次文艺评奖活动（小说、诗歌和散文），选出三位优秀作家，由《大公报》报馆颁发奖金，鼓励新文学创作，以体现《大公报》在全国的引领意义。

胡政之听后欣然拍板，具体操作由萧乾负责。

编书一事他首先想到了林徽因。因为她的艺术造诣和文学功底有口皆碑，她对这些年《文艺副刊》和《文艺》发表的作品比较熟悉，之前沈从文举办的一些作者座谈会她每次都积极参加，萧乾接编后每个月都自天津来北平一次，她身体虽然欠佳，但每请必到，而且她对副刊作品特别关注，几乎每刊必读，并有独到的看法和评价，有着卓尔不群的欣赏水平，对沈从文和他都给予热情的支持。

萧乾向林徽因发出邀请后，她毫不推诿，只用了一个月便拿出了一个文章目录。她的筛选标准以艺术为上，打破门户之见，作品风格迥异，精彩纷呈，都是当时文坛的上乘之作。她还为这本书写了一篇题记，阐述了自己对文学的主观感受和独到的见解。在《文艺丛刊小说选题记》中，她不仅分析了当时小说的创作形式和创作倾向，还阐述了她的文学主张：

作品最主要处是诚实。诚实的重要还在题材的新鲜，结构的完整，文字的流丽之上。即是作品需要诚实于作者客观所明了，主观所体验的生活。小说的情景即使整个是虚构的，内容的情感却全得藉力于迫真的，体验过的情感，毫不能用空洞虚假来支持着伤感的"情节"！所谓诚实并不是作者必须实际的经过在作品中所提到的生活，而是凡在作品中所提到的生活，的确都是作者在理智上所极明了，在情感上极能体验得出的情景或人性……

所以一个作者，在运用文字的技术学问外，必须是能立在任何生活上面，能在主观与客观之间，感觉和了解之间，理智上进退有余，情感上横溢奔放，记忆与幻想交错相辅，到了真即是假，假即是真的程度，他的笔下才现着活力真诚。他的作品才会充实伟大，不受题材或文字的影响，而能持久普遍地动人。

这是林徽因关于文学内在规律的阐释，也是小说创作最本质的认知。这部小说选由上海良友图书公司出版后，广为读者欢迎，很快售罄。同时也体现着林徽因独到的艺术眼光和对社会问题的关切。

在《大公报文艺丛刊小说选》进行的同时，报馆又成立了"《大公报》文艺奖"裁判委员会，裁判委员也就是评委共计十人，他们是杨振声、沈从文、朱自清、林徽因、朱光潜、叶圣陶、巴金、靳以、李健吾和凌叔华。经过萧乾和十位评委的辛勤工作，包括信件的沟通和协调，最后三个奖项全部评出，于1937年5月揭晓：芦焚的《谷》获小说奖，曹禺的《日出》获戏剧奖，何其芳的《画梦录》获散文奖。这次评奖，最主要的是体现培养新人和注重文学艺术性原则。后来的实践证明，这三个年轻人都成了文坛名家。

林徽因不仅对《大公报文艺丛刊小说选》出力最多，也是评选的积极参与者，从中不难看出，萧乾对她的依托和信赖。

3

1937年7月，抗日战争全面爆发，林徽因一家从北平流亡昆明。《大公报》由于版面收缩，萧乾被遣散。他绕道香港到武汉，杨振声、沈从文慨然聘用他在珞珈山五福堂编写中小学教科书。几个月后，他们又一起迁徙到湖南长沙。萧乾回忆说："一九三七年深秋，我们（指和林徽因、梁思成）见过一面，在武汉还是长沙，现在记不清了。"后来他们先后到了大后方昆明，短时间比邻而居，他又说：

> 当时，我同杨振声师、沈从文先生住在北门街，徽因、思成和张奚若等则在翠湖边上。她有个弟弟在空军里。那时，她家里的常客多是些年轻的飞行员。徽因就像往时谈论文学作品时那样，充满激情地谈论着空军英雄们的事迹。我也正是在她的鼓励下，写了《刘粹刚之死》。

1938 年 7 月，胡政之从香港给萧乾来电，《大公报》已在香港复刊，计划在八一三上海抗战一周年之际推出复刊号，请萧乾急速赶往香港，继续他的编辑工作。

萧乾接到电报，便与妻子"小树叶"（王树藏）一起到林徽因家告别。梁、林不仅鼓励萧乾放心前去，还宽慰已在西南联大上学的"小树叶"放心读书，有困难到家中来商量。没有料到，萧乾与"小树叶"一别竟再未见面，直到晚年时他才为此撰文抱歉不已。

萧乾除与朋友辞行外，还向他们约稿，林徽因对此非常赞赏。直到林徽因离开昆明，他们还相互通信，对萧乾的工作一如在天津时给予支持。林徽因的《除夕看花》便是 1939 年 6 月萧乾经手发表的诗作。

1939年初夏，早年介绍他参加共青团的于道泉（于若木之兄）先生在英国推荐他到伦敦大学东方学院中文系任教一年，萧乾觉得条件苛刻，拟去函回绝。胡政之知道后极力怂恿，因欧战在即，劝他兼《大公报》记者，并垫付旅费。这样萧乾才定下赴欧洲的决心。8月末，萧乾将《文艺》版交杨刚接编，他从九龙乘法国邮轮"阿拉米斯"号赴英。谁也没料到，这一别竟达七年之久，直到抗战胜利后第二年他才回到上海。他除在复旦大学教书外还监管《大公报·文艺》，并从事国际问题研究，撰写有关社评。

4

1946年7月，林徽因一家从重庆乘机飞抵北平。梁思成担任清华大学营建系主任，随即赴美国讲学，营建系的筹建工作由吴柳生教授代理，但实际上系里许多事务由林徽因负责处理。这期间林徽因很快与回到上海的萧乾取得联系，11月24日，她的散文《一片阳光》在《大公报·文艺》发表。文章说：

放了假，春初的日子松弛下来。将午未午时候的阳光，澄黄的一片，由窗棂横浸到室内，晶莹地四处射。我有点发怔，习惯地在沉寂中惊讶我的周围。我望着太阳那湛明的体质，想要辨别它那交织绚烂的色泽，追逐它那不着痕迹的流动。看它洁净地映到书桌上时，我感到桌面上平铺着一种恬静，一种精神上的豪兴，情趣上的闲逸；即或所谓"窗明几净"，那里默守着神秘的期待，漾开诗的气氛。

抗战胜利，使病榻上林徽因的心情慢慢好转过来，情绪也为之高涨，一种力量迫使她把握这个机会，设法把到来的激情表现出来。她说："时间经过了二十多年，直到今天，又是这样一泄阳光。"她不仅写散文，又开始写诗。

第二年5月，林徽因把她写的《给秋天》《人生》《展缓》这三首诗寄给萧乾，在《大公报·文艺》上发表。这一年，她还写了《病中杂诗九首》中的《小诗》《写给我的大姊》《对残枝》和《我们的雄鸡》等，给他和其他杂志发表。

1947年萧乾要从上海到北平，林徽因事先给萧乾写信说，一定得留一个整天给她。于是，萧乾专程去清华探望，他回忆说：

当年清华管总务的可真细心，真爱护读书人。老远就看到梁思成住宅（指新林院8号）前竖了块一人高的木牌，上面大致写的是：这里住着一位病人，遵医嘱她需要静养，过往行人，请勿喧哗。然而这位"病人"却经常在家里接待宾客，一开讲就滔滔不绝。

徽因早年在英国读过书，对那里的一切她都熟稔、关切。我们真的足足聊了一个整天。

徽因是极重友情的。关于我在东方学院教什么，在剑桥学的什么，在西欧战场上的经历，她都一一问到了，而她也把别后八年他们一家人的经历，不厌其烦地讲给我听。

最令她伤心的一件事是：一九三七年他们举家南下逃难时，把多年来辛辛苦苦踏访各地拍下的古建筑底片，全部存在天津一家银行里。那是思成和她用汗水换来的珍贵无比的学术成果。她告诉我，再没有想到，天津发大水时，它们统统被泡坏了。

对于胜利后国民党发动内战，林徽因是深恶痛绝的。谈到自己时真是一番悲愤之情。萧乾说，她曾致信费正清："我作为一个'战争中受伤的人'，行动不能自如，心情很躁。我卧床等了四年，一心盼着这个'胜利日'。"然而接下来又要打旷日持久的内战，"我很可能活不到那一天了"。1949年，林徽因看到了民族的翻身、人民的解放，是多么喜出望外。

开国前夕，萧乾从香港赶回北平。当时梁思成、林徽因正在投入设计国徽、人民英雄纪念碑和抢救濒临灭绝的景泰蓝工艺等工作中，二人以满怀的激情，为革命大业发挥着他们的才智。而萧乾参加国际新闻局的筹备工作，同时担任英文刊物《人民中国》副主编，忙着参加关于土改运动的报道，不久又调《译文》任编委兼编辑部副主任，忙于业务和写作。

1953年9月23日，林徽因出席第二次全国文学艺术工作者代表大会，这是她与萧乾最后一次见面。她老远向萧乾招手。萧乾走过来坐到她的身边和她握握手，仍然以过去的称呼叫她一声"小姐"。林徽因不胜感慨地说："哎呀，还小姐哪，都老成什么样子啦！"语调有些伤感。萧乾忙安慰她说："精神不老，就永远不会老。"

这次见面仅仅过去一年多，就传来了林徽因病逝的噩耗，终年五十一岁。"一代才女"就这样与这个世界惜别了。林徽因和萧乾二十二年的友谊从此落下帷幕。

后来萧乾被任命为人民文学出版社顾问、全国政协文化组副组长、中央文史馆馆长、全国政协常委等职。晚年在老友巴金的鼓励下他写作不辍，著有文集十卷，与夫人文洁若合译了英国现代派大师乔伊斯的意识流小说巨著《尤利西斯》，为世人所瞩目。

萧乾先生 1999 年 2 月 11 日因病去世，享年八十九岁。

十五、新月小友方玮德

1

1927年9月，徐志摩应南京大学校长张君谋之聘，到外文系兼任教授，讲授欧美诗歌，每周由上海到南京两次。此时正在外文系读书的方玮德，便成了他的高足。

方玮德，安徽桐城勺园人，1908年5月出生，六岁入家塾，十一岁丧母，由祖父方守敦亲加垂教，后入桐城小学和中学，二十岁考入南京中央大学外文系攻读英国文学。

据考证，他是桐城鲁谼方氏，并非方苞后人。其始祖方芒由今江西婺源走猎来桐城，定居于城西北十公里处的鲁谼山。到曾祖方宗城一辈，因受方苞影响而成为桐城派理学家，曾在曾国藩幕府任职，后任直隶枣强县县长。

他的祖父方守敦是曾祖方宗城的第五子，民国时期地方著名的教育家。其父方孝旭是方守敦长子，名时晋，先后毕业于南京的江南水师学堂（在该校时与周作人同学）和日本东京弘文学院，曾任教于长沙师范、桐城省立二中等，是当地很有名望的国文教师。方玮德的母亲是陈独秀的表妹，病故后方孝旭又续弦生两子四女。方玮德从小在祖父身边长大。

方玮德在中大外文系不仅听徐志摩的课，而且对徐志摩的诗才非常崇拜。在徐志摩的影响下，他很快写起诗来。他写的《丧裳》《脱逃》等诗，发表在中央大学《文艺》半月刊上。

陈梦家也是方玮德南京中央大学的诗友，是法律系的学生，年龄虽比方玮德小，但入学比方早一年。1929年秋二人便成了诗友兼密友。此时方玮德的九姑方令孺从美国留学回到南京，经方玮德、陈梦家介绍，徐志摩应邀到南京娃娃桥方令孺家做客。在徐志摩的鼓动下，方令孺也开始诗歌创作。后来三人的诗先后发表在《新月》和《诗刊》上。

1930年，安庆小姐孙多慈作为旁听生到中央大学读书，她的父亲认识中大安徽籍教授宗白华，宗白华是方的亲戚，这样方玮德与孙多慈就熟悉起来，从此还有了一段爱情故事。方给孙写了《悔与回》等诗。后来陈梦家也加入其中，给孙多慈写诗之外还写了中篇小说《不开花的春天》。因此陈与方一度还闹得不愉快。那时徐悲鸿还未向孙展开疯狂的追求。多年后有人向陈梦家的夫人赵萝蕤和方玮德的妹妹方徨求证，都得到肯定的回答。孙多慈后来到了台湾，成了一位知名画家。

2

林徽因与方玮德相识，一是缘于他们共同的朋友徐志摩；二是以文会友，一起在徐志摩主编的《诗刊》上发表诗作；三是志摩逝世后连遭诟病，他不仅接连发表诗文悼念徐志摩，而且仗义执言，维护志摩的人格和其对新诗的贡献。从文字资料看，方玮德从1933年春至1935年病逝北平，先后来北平三次，住八姑和六姑家，接触最多的是同学陈梦家、情人黎宪初和清华教授吴宓，且有书信和诗文往来，但与林徽因的交往少见直接的文字记载，然而可以肯定，他与林徽因是见过面的。从林徽因的诗《吊玮德》和1937年逃难长沙期间，玮德女友黎宪初还特宴请梁林夫妇，其关系可见一斑。1932年秋冬之季，方玮德在朋友聚会上初识黎锦熙教授之女黎宪初小姐，可以肯定二人一同去拜会过林徽因。林徽因当然也知道方玮德是徐志摩的得意弟子这层关系。

1930年秋天，陈梦家带着中央大学小文会诗友的寄托，到上海去找徐志摩，拟创办一个诗歌刊物，徐志摩对此非常赞同和支持。陈梦家回到南京后，即着手筹备，徐志摩请邵洵美出资，他们以《诗刊》为刊名，徐志摩四处写信拉稿，于是这个杂志很快办了起来。南京方面的撰稿人有陈梦家、方玮德、沈祖牟、梁镇、俞大纲、孙洵侯、方令孺等；北京方面有林徽因、卞之琳、孙毓棠、曹葆华等。在徐志摩的主持下，这些诗坛新秀成为新月派后期一支强有力的诗人队伍。

几乎与此同时，徐志摩在好友胡适的劝说和安排下，辞去上海光华大学教职和南京中央大学兼职，来到北京大学西语系任英文系教授，并兼任北京女子大学教授。

1930年冬，林徽因因病离开东北大学回到北京，转年春节过后到协和医院检查出患肺结核病，遵医嘱3月初到西郊香山双清别墅附近一处平房疗养。在徐志摩的鼓励下她开始文学创作，特别是诗，竟一发而不可收，频频在《诗刊》等刊物上发表。便是在《诗刊》发表的诗作中，林徽因与方玮德结缘。

不幸的是，1931年11月19日，徐志摩由南京返北平搭乘的邮政班机，在济南党家庄遇雾触山，志摩身亡。悲痛中的林徽因很快写出《悼志摩》一文，送北平《晨报·学园》发表。林徽因在文中说："张开口我们不会呼吁，闭上眼不会入梦，徘徊在理智和情感的边沿，我们不能预期后会，对这死，我们只是永远发怔，吞咽枯涩的泪；待时间来剥削着哀恸的尖锐，痂结我们每次悲悼的创伤。"北平文化界追悼徐志摩的会场，即由林徽因等亲手布置。胡适、陈衡哲等二百五十多人参加了悼念活动。

方玮德在南京得到徐志摩逝世的消息，第二天便写了长诗《哭志摩》。在徐志摩的灵柩路过南京浦口时，方玮德起大早到车站迎柩，回来又写了诗《再哭志摩》。第二年秋，他面对"志摩盖棺无从定论"的非议，又撰文《志摩怎样了》和《再谈志摩》，方玮德仗义执言，给予愤怒的回击，无疑加深了他与林徽因之间的友谊和信任。

3

1932 年夏，方玮德从中央大学毕业。同年秋，他随九姑方令孺到北平游览，住在东城钱粮胡同北花园 10 号八姑方令英家里，她是祖父方守敦的三女儿，在家族大排行老八，人称八姑。她的丈夫孙伯醇，在中国驻日本大使馆任职，后随丈夫到日本东京。方令孺在北平待了十几天后就回南京了。方玮德继续住在八姑家里。他想留下来在北平谋事，这也是九姑方令孺的想法。在这期间，他和九姑去听朱自清的讲演，几天后朱又到燕大陈梦家宿舍回访。方玮德对朱自清温文尔雅的态度印象颇佳。后来他与陈梦家又到清华回访朱自清。然而，他见胡适印象就不佳："胡博士最可恶，那简直是做官的人，不是学者。"三天后，他又和瞿冰森、卞之琳等夜游北海。

因着九姑和吴宓的关系，这次来北平，当然与吴宓有所交往。北大德语教授杨丙辰在百科学会上发表题为《大诗人——天才——徐志摩——和他的朋友们》的长文，杨评价说志摩的诗没有那么"深刻伟大"。第一是他"未能超越一切"，原因是他"对于新诗似有两种根本错误的见解"，"过于追求腔调的铿锵，和对于'诗的形式'的误解"；第二是他的才力"尚大有可议处，他所有的才智不见得是能符合伟大诗人的天才的"，"徐志摩是仅有大诗人的浮光，而无大诗人的实质"。并历数世界伟大诗人"席勒、歌德、莎士比亚、莫里哀、但丁等，无一不是有极悲壮充实的人生"，"才得以达到他们那伟大的成就，伟大的人格"。

杨丙辰这种预设"大诗人、天才"的命题，是那个时代否定新诗革新的一股逆流，如同后羿追日，徐志摩做不到，恐怕任何人都难以做到。新诗距那时只有十年，即使百年后的今天，也达不到杨丙辰那个命题的要求。他这种批评看似调门很高，读来吓人，批评的根本态度和出发点就有问题，当然也引起志摩的朋友和方玮德这名诗坛新秀的不满，也不会得到编者和广大读者的赞同和支持。方玮德没有直接批评杨丙辰的论点，他从《再谈志摩——并质吴宓先生》的角度，对杨文做了有说服力的回击，此文同时刊登在《大公报·文艺副刊》上，让读者自己判断。

方玮德开篇说，志摩一生，"短短才三十七年，其足以使人置念者，乃其所著之数册语体诗集而已。纵观中国数千年文学之发展，其途径本至繁杂，而往往与世运亦互为升降。不知志摩在此种事业上，其地位果为何等耶。原语体诗之兴，乃源于文学改革，至今亦不过十余年"，"惟以此种文字之标准，太不能齐而好恶之见人各有说，咸以其一己所嗜则随心所欲。国人对于文学，既无一最高之判断力，则是非妍丑自莫能定。故数年以前，新诗之理论既无一定之解说，则作者自作，读者自读，诗与非诗，乃在题外"，"然吾人平心静气论之，新诗确为中国近年来接触西洋文学以后的产物，如短篇小说、独幕剧皆是，惟西洋诗自有其音韵，自有其格律，自有其风格"，"而我之友好中，志摩乃对此诸问题极欲下功夫之一人也。志摩之为语体诗，迥异别人。一字之去取，一韵之考究，一体裁之设定，皆极不肯轻率从事"，

"不知志摩之为此，具有苦心"。

方玮德还说："自志摩诗第二集与闻一多《死水》出世，读者多受其影响，其谨严之风格足使一般青年有所会心。故近年来青年不复多执笔乱画，写长短句以自豪者，此种廓清奠定之功，不能不归之于志摩也。吴宓先生有悼志摩诗一律，其后序大意有云，志摩善以西洋诗之格律入语体诗，而余则以之运用于中国旧诗中。盖志摩与吴先生之方法与意见全不相同，而其态度则一。"

方玮德最后说："忆昔在沪侍陈散原先生谈诗，散原先生谓彼对新诗不多过目，惟徐某之新诗似颇有线装书气味耳"，"盖志摩之为人，和平简易，待人以诚，而淡于功利，本有线装书气息也。使其不死，在中国文学史上必有所献。今为此论，自以为公，敢质之吴先生，谅不为迕"。

方玮德从再谈志摩入手，并质吴先生文章，心平气和，持论公正，鞭辟入里，客观分析了新诗发展的实际，回应了杨文的无端指责，维护了新诗和志摩的尊严。

吴宓在该期编者引言中表示："按古今作者之成就及其为人之真价值，每需经数百年而论始定，并世评判，未必悉中毫厘。永久之毁誉，决不系于一人或数人之褒贬。""引言"无疑切中时弊，说出了作文与做人的公正性。之后玮德再未见杨丙辰有辩驳文字见诸报端。

同年（1932）秋冬之季，方玮德在一次朋友的茶会上，认识了清华学生黎宪初，她是吴宓的学生，其父是北师大教授黎锦熙，二人一见钟情，当晚他给九姑方令孺写信说："九姑，糟了。我担心我自己今天爱上了一个人。我怎么办？作一次军师，告我应当怎么办吧。"又说，"我很喜欢这位小姐，她待我也不错，我想同她一起读书，一定有趣"。末尾说："九姑，我发愁！"

不久，方玮德写了诗《爬山虎》和《丁香花之歌》，还有另一首《告诉Dimitri》一起，合订成一册，仅五页，题名《丁香花的歌》，自费在北平印了二百册。这是方玮德生前的一本诗集。

1933年1月3日，榆关（山海关）失守，他和瞿冰森等参加燕京校友会，欢送陈梦家于次日凌晨经古北口赶赴塞外。

此时北平情况危急，人心不稳，为避兵乱，黎宪初仓皇奔湖南老家去了。方玮德也因校事随八姑方令英南下。方、黎在北平仅有七八次不尽兴的见面，从此二人天各一方，开始了难得的通信，青鸟帮助他们传递了一份良好的情缘。相爱既深，而相距日远。方玮德在南京闲居了一阵，为生活自立，在朋友的推荐下到厦门集美学校教书去了。

男儿有志当在四方，没什么能挡住青年诗人方玮德的壮怀。他去的时候身体还好，秋天的厦门海蓝风清。可是日子一久，天气湿冷，饮食不调，寒假时，他的旧病就复发了。他先住鼓浪屿日本医院，据说治疗方法又有错误，因而身体越来越坏。第二年暑假回到南京，九姑劝他放弃厦门的教职，暂且在南京养病。

8月又到上海治病一月，病情稍缓，又在南京住了一周。在北京的黎宪初小姐为他忠贞不渝的爱情所打动，答应与他正式订婚。9月初，方玮德满怀对幸福的希望，在堂弟方琦德的陪同下，一起从南京到北平，住在西单辟才胡同大姑（家族大排行六姑）

方孝姞家里。

大姑丈姚农卿，曾留学英国，回国后在北平任职，他在方家很有声望。大姑诗词书画皆精，因是家中长女，很得父亲方守敦宠爱。

在爱情力量的推动下，他忍着病痛与黎宪初小姐交游，北海有他们的身影，北京饭店有他们的舞步，即使同住一城，他们也书信往来不断。然而玮德不久就病倒了。12月21日入德国医院，经克里大夫诊断为膀胱结核，克里说只有六个月的生命期。因年关将至，玮德住院一个月即出院，在六姑家静养，病情一度有所好转。不料春节刚过，玮德就突发高热，2月9日又入北大附属医院。然而，对于他的高烧不退，西医束手无策。为此又请北平名中医李景泰、施今墨大夫诊治，此时他腹中积水不去，不思饮食，昏昏欲睡。六姑、黎宪初和八姑家旧仆老乔一直守护在他身边。

4月下旬，九姑方令孺到北平看望病中的玮德，精神好的时候，玮德仍谈吐诙谐，风生四座。不久九姑就回南京去了。

就在九姑方令孺回南京的5月9日下午二时，传来玮德病逝的消息。好友陈梦家在玮德气绝时赶到。

5月10日入殓，11日下午二时，灵车将他运到生前交代的法源寺丁香花处暂厝。是日风雨如晦，其状凄惨。送丧者有六姑方孝姞、黎宪初、方琦德、方珂德；文化界有吴宓、闻一多、林庚、陈梦家、孙大雨、孙毓棠、章靳以、孙洵侯、卢寿丹、潘家麟、郝昭宓、曹葆华、瞿冰森、佛同等二十余人。

年近古稀的祖父方守敦给孙儿玮德的挽联是：

才名风度早惊人，家运惨如斯，地隔天遥又旅榇；
病榻梦魂弥忆我，尺书幸及见，心悲身苦可怜孙。

黎宪初的父亲黎锦熙的挽联是：

皖学旧名家，如此才华堪绝世；
珠绳刚系足，可怜药石已无灵。

　　方玮德去世的时候，林徽因两个月前因肺结核症再次发作，遵医到香山休养，因而未能到法源寺送灵。她得到这个不幸消息，即刻写了长诗《吊玮德》，来哀悼这位诗坛早逝的小友。她在诗中说：

玮德，是不是那样，
你觉到乏了，有点儿
不耐烦，
并不为别的缘故
你就走了，
向着哪一条路？
玮德你真是聪明；
早早的让花开过了
那顶鲜妍的花朵，
就选个这样春天的清晨，
挥一挥袖
对着晓天的烟霞

走去，轻轻地，轻轻地
背向着我们。
春风似的不再停住！
……

你走了，你也走了，
尽走了，再带着去
那些儿馨芳
那些个嘹亮，
明天再明天，此后
寂寞的平凡中
都让谁来支持？
一星星理想，难道
从此都空挂到天上……

玮德是不是那样
你觉得乏了，人间的怅惘
你不管
莲叶上笑着展开
浮烟似的诗人的脚步。
你只相信天外那一条路？

这首诗是林徽因带病蘸着泪水写成的。志摩走后，林徽因受伤的心，再一次受到重创。命运就是这样无情，年轻的玮德如天刚放晓，钟声刚刚敲响，一条虹桥霍然从中间断裂，诗人的憧憬，从此都挂到天上……

1935年7月，他的诗友陈梦家把玮德未发表的诗文收集起来，以九姑方令孺《悼玮德》一文代序，校好后交给上海邵洵美先生，由他承担印刷费用，第二年3月，上海时代图书公司出版。

方玮德与黎宪初的信件，由黎宪初整理后交沈从文设法出版，可惜直到抗战开始也未能出版。黎宪初与母亲在南下的火车上碰到沈从文，灾难中也未好再提及此事，后来这些信也不知了去向。

在避难长沙期间，黎宪初碰到清华大学政治教师陈之迈，找到了自己的另一半，遂牵手结缘。黎宪初听说林徽因、梁思成也来到长沙，便尽地主之谊，邀梁林夫妇赴宴。从这一件事看，方玮德几次来北平，还是拜见过林徽因的，而且还把他的情人黎宪初介绍给林徽因认识了。

十六、航校一群草根朋友的悲悯人生

1

在林徽因五十一年的生命里，有一群与众不同的年轻朋友。他们不是教授，不是官宦，不是作家和诗人，而是生活在庙堂之下，一群身穿缁衣的普通士兵——准备上战场的航空兵学员。

尘缘始终总有时。1937年10月中旬，林徽因与梁思成一家因北京沦陷而流徙长沙不足两月，突然遭到日机轰炸，一家人险些丢掉性命。12月8日，他们在凛冽的寒风中上路，往大西南的昆明继续迁徙。当走到湘、黔边界的晃县时，天色已晚，冷雨如麻，沿街竟找不到一家旅店。而此时林徽因又患上急性肺炎，她两颊绯红，额头滚烫，发起了高烧，再也挪不动半步了。梁思成向茶馆老板讨个地铺，竟遭到冷漠的拒绝。在山穷水尽之际，外面突然飘来一阵悠扬的琴声，他循声寻去，房内是一群身穿戎装的年轻士兵。梁思成说明来意并向他们求助。年轻的士兵们当机立断，腾出一间房子让他们一家住下，还帮林徽因搬运行李，扶她的老母和孩子上楼。第二天当学员们启程时，林徽因却只能暂留在晃县治病。于是梁、林留下他们的联络方式，与他们一一握手告别。

这些学员原来都在杭州笕桥航校，因战争他们也要迁往昆明。林徽因生在杭州，自然对笕桥并不陌生，加之三弟林恒也是该航校学员，晃县邂逅，林徽因一家与这批年轻人建立了特殊的友谊。

晃县缺医少药，更没有抗生素之类药物可以用来治疗，好在同车有位曾在日本行医的女医生用中药为她治疗，服了半个月后才慢慢退烧，一家人于是在梁思成的带领下又继续赶路。那时好车都被政府征用，而他们乘坐的这辆破车走到荒山野岭因缺油而抛锚，在这前不着村，后不着店的山上停了下来。全车人无计可施，只能在这里过夜。12月，山中极冷，林徽因只好拉着一双儿女在山中徘徊。后来梁思成和一些乘客和司机推着车前行，走着走着路边出现一个村庄，大家喜出望外，主人一家对来客颇为热情，招待吃饭、洗脚，他们总算又躲过了一劫。到贵阳后，他们一家住进中国旅行社，梁思成为了让林徽因恢复体力，在这里休息了十多天。然后再往昆明赶路。

林徽因到昆明后，在晃县结交的那群空军学员，每到周末或节假日，便结伴到他们家做客。他们自晃县分别后也来到昆明市郊巫家坝机场。后来得知这批学员是航校第七期学员，林徽因三弟林恒是第十期学员。他们把林徽因当作长姐，每次来总是向她诉说家常和心中苦闷。然而，这群年轻学员的朝气也给这个家带来了欢乐和生气。对于学校的训练体罚，甚至用皮鞭抽打，后勤部门的士官盗卖汽油和器材等坏风气，也都坦然相告。林徽因总是讲清道理，给予宽慰。而最让这些学员和林徽因无奈的，便是飞机的性能和装备的落后，一遇战斗常常处于下风，不能有效打击敌人。她常常和这些学员讨论以弱胜强的办法，给他们智慧启迪以及精神上的帮助。他们也愿意倾听这位"长姐"具有激励性的话语，听完顿感信心百倍。

萧乾那时还在昆明，林徽因的三弟林恒和这大批同学经常到家里来玩。他们的到来，是再冰和从诫的节日，他们带来自己做的飞机模型，用子弹壳做成的排箫，两个孩子最爱听他们讲战斗故事。萧乾来了也挤在当中，比孩子们听得还入迷，并为之深深地感动着。林徽因看在眼里，喜在心上，她对萧乾说：你是写小说出身，为什么不把这故事写出来？于是，萧乾回去后便写出了以空军战斗为背景的短篇小说《刘粹刚之死》，发表在《大公报·文艺副刊》上。

这批学员的老家皆在外地，昆明没有亲人，航校学成毕业时，林徽因和梁思成被邀请做他们的"名誉家长"，出席了他们的毕业典礼，梁思成还代表林徽因在航校毕业典礼上讲了话。

那个爱拉小提琴的学员黄栋权，文静、老实，说话柔声细语。一次告诉林徽因，他快要结婚了，未婚妻是江苏老家人。他还羞涩地给林徽因看了未婚妻的照片，但心里对未来有许多忧虑。林徽因既为他祝贺，又给予鼓励。

这批学员毕业后，大都被分配到四川，又被派到各地参加作战任务。

最先传来不幸消息的是那个广东籍的学员陈桂民。在一次空战中，他射完了最后一颗子弹，被敌机紧紧咬住不放，然而敌机也没有子弹了，于是他们并驾齐飞，用手枪对射。他手枪子弹打完后，决定冲过去与敌人同归于尽，但他的飞机性能太差，最后还是让敌人逃脱了。虽然这次战斗幸免于难，但在后来的战斗中还是牺牲了。林徽因收到他的遗物时，捧着他的照片、日记、衣物，泣不成声。

接着离去的是叶鹏飞。他不善言谈，但性格诚实执着，在作战中因战机陈旧，两次在空中飞机发生故障而被迫跳伞。这原本并不是他的责任，但他认为这是同胞捐赠的飞机，愧对祖国和父老乡亲，他发誓绝不第三次跳伞。然而他在空中作战时，又一次遇到飞机故障，当领航机长命令他跳伞时，他没有服从命令，试图滑翔着保住飞机，结果机毁人亡。这一次小叶的牺牲，林徽因听后不仅是难过，还为因机械故障而牺牲军人性命深感悲伤。

那个会拉小提琴的飞行员黄栋权的牺牲也令人叹惋。梁家与航校学员结缘皆是他的琴声穿针引线的结果，他的牺牲同样壮怀激烈。在空战中他击落一架敌机后，又乘胜追击另一架敌机，结果在互射中不幸被敌人击中。他来不及跳伞，与战机一同坠落，被摔得粉身碎骨，在敌占区连遗体也无法收殓。

那个广东籍姓陈的小伙子，后来升到空军中尉。在一次战斗中，他击伤了一架日机后，自己的飞机也受了伤，被迫降落到广西边境。他整整两天与部队失去联系，直到第三天才乘客车回到驻地。林徽因得知他失踪的消息后，彻夜不寐，直到他回来。幸运的是，他只受了些轻伤，林徽因才深长地叹了口气，心中有说不出的欣慰。

林耀是牺牲最晚的一个。他的家在香港，与林徽因一家接触最多。林徽因迁往四川李庄后，他两次休假到李庄去探望，并与林徽因秉烛长谈，还把他心爱的唱机、唱片留给正在病中的林徽因。林耀第三次来李庄，是驾机执勤路过。还捎来昆明友人给林徽因、梁思成的信件，他绕李庄低空盘旋了两圈，用一包水果糖带着信件投了下来。林耀曾负过重伤，经过刻苦锻炼，终于重返蓝天。这个毅力顽强的青年军人，最后在日军大举进攻湘、桂的战役中，在衡阳上空献出了自己的生命。因中国陆军的溃退，他的遗骸也无法搜寻。

这批飞行员在抗战胜利前，一个个先后阵亡。他们留下的私人遗物，接连一包包寄到梁家，林徽因每次见到遗物，都要悲恸欲绝地大哭一场。后来梁思成考虑到林徽因的病情，再收到空军飞行员牺牲的噩耗，便不再告诉她，而是悄悄地将遗物收藏起来。全家每年到 7 月 7 日吃午饭时，都要为这些殉国者默哀三分钟。这在林徽因的情感世界里，留下了刻骨铭心的伤痛，直到她生命的晚期。

2

在这些牺牲的飞行员中，最让她痛苦的莫过于林徽因同父异母的三弟林恒了。

林徽因的父亲林长民死后，因失去了经济来源，全家人只好回福州老家居住。林徽因在美国宾夕法尼亚大学毕业后与梁思成结婚，回到北京后，她在去东北大学任教前，曾回福州探望她的母亲和弟妹们并接母亲何雪媛去沈阳。1935 年夏末，林徽因三弟林恒准备报考清华大学机械系，来到北京同她一起居住。后来林恒受一二·九反日学潮影响，遂改变自己的抉择，立志投笔从戎，最后报考了空军航校成为该校第十期学员。

抗日战争开始后，林恒随航校也迁来昆明巫家坝。节假日他经常到市区看望姐姐一家。林恒在航校学习期间，成绩斐然，在同届一百多名学员中名列第二。林恒 1916 年生人，风华正茂，林徽因也为这位自己从小看着长大的小弟感到欣慰和骄傲。

1940 年春天，林恒以优异的成绩从航校毕业，随即被分配到部队参战。1941 年 3 月 14 日，他受命紧急起飞，驾着"老鹰七五式"战机冲向天空，与日机展开英勇厮杀。他在击落一架敌机后，自己的战机也被敌人的另一架飞机击中，像一团燃烧的云消失在成都的上空。他的生命永远定格在二十五岁。

他的后事是梁思成去办理的，一个月后，从成都空军部队带回了弟弟的遗物和毕业时航校赠给他的"中正剑"。后来她知道了弟弟阵亡的讯息后，欲哭无泪，再冰和从诚两个孩子也哭成一团。她只得把悲痛埋在心里，去安慰两个幼小的子女。

　　林徽因几乎不知道自己是如何摆脱心中的痛苦的。初时她无言以对，继而耿耿难眠，未曾想到，这悲痛一埋便是三年。直到1944 年春才写了长诗《哭三弟恒》，来悼念自己挚爱的弟弟。

> 弟弟，我没有适合时代的语言
> 来哀悼你的死；
> 它是时代向你的要求，
> 简单的，你给了。
> 这冷酷简单的壮烈是时代的诗
> 这沉默的光荣是你。
>
> 假使在这不可免的真实上
> 多给了悲哀，我想呼喊，
> 那是——你自己也明白——
> 因为你走得太早，
> 太早了，弟弟，难为你的勇敢，
> 机械的落伍，你的机会太惨！

　　林恒是林徽因的三弟，1916 年生人，牺牲时年仅二十五岁。与她同父异母，是程桂林所生的第二个男孩儿，因徽因生母何雪媛曾生过一个男孩儿早夭，按那个时代家族习惯排序，他是林家第三个男孩儿，因此林徽因称他为三弟。

　　林长民（1876—1925）一生娶过三位夫人。原配叶氏早亡，没有生育。二夫人何雪媛（1882—1972），浙江嘉兴人，生林徽因、林麟趾（早夭）二女和一个男孩（早夭）。三夫人程桂林，上海人，生一女林燕玉（1914—1950）和四个儿子：林桓（1915—？）、林恒（1916—1941）、林暄、林煊（1921—？）。林恒的死，让她想起了许多往事。

> 三年了，你阵亡在成都上空，
>
> 这三年的时间所做成的不同，
>
> 如果我向你说来，你别悲伤，
>
> 因为多半不是我们老国，
>
> 而是他人在时代中碾动，
>
> 我们灵魂流血，炸成了窟窿。

三年前，林恒在成都上空阵亡，是日本侵略者"在时代中碾动"的结果。那时林徽因刚从云南来到四川李庄，正重病卧床，林恒的后事，是梁思成瞒着林徽因去处理的，带回的是他的生前衣物和毕业时航校赠的那把"中正剑"，以及梁思成特意捡回的一块飞机的残片。等林徽因身体好转时，梁思成才将弟弟阵亡的消息告诉她。她目瞪口呆，只让悲痛在心灵深处结痂。她默默地与弟弟谈着心事，不料结局先于梦想抵达；她以半盏茶的温度，期待国家的强盛。

> 我们已有了盟友、物资同军火，
>
> 正是你所曾经希望过。

我记得，记得当时我怎样同你

讨论又讨论，点算又点算，

每一天你是那样耐性地等着，

每天却空地过去，慢得像骆驼！

现在驱逐机已非当日你最理想

驾驶的"老鹰式七五"那样——

那样笨，那样慢，啊，弟弟不要伤心，

你已做到你们所能做的，

别说是谁误了你，是时代无法衡量，

中国还要上前，黑夜在等天亮。

林徽因和弟弟早就知道战争的制胜法宝不光要有勇武，还要有先进的飞机和武器，可是"盟友、物资同军火"都来得太迟了，"曾经希望过"，明知无望，却百转千回地等待，时刻背负着生命的十字架，去与自己的青春年华告别。

弟弟，我已用这许多不美丽的言语

算是诗来追悼你，

要相信我的心多苦，喉咙多哑，

你永不会回来了，我知道，

青年的热血做了科学的代替；

中国的悲怆永沉在我的心底。

林徽因对弟弟的爱是毋庸讳言的。早在 1917 年张勋复辟时父亲就曾致信称赞她："汝、姊妹、兄弟如此亲爱，我心甚喜。"林徽因特在信后作注："时天酷热，桓病新愈，燕玉及恒则啼哭无常，当至夜尤甚，不得睡。一夜月明，桓哭久，吾不忍听，起抱之徘徊廊外，一时许，桓始熟睡……燕玉哭闹几日，至是病矣。恒恒满头暑疮，多赖娘娘料理。"那时林徽因只有十三岁，燕玉、林桓、林恒也只一岁到三岁。抱着这些弟妹长大的她，可说是手足情深。

> 啊，你别难过，难过了我给不出安慰。
> 我曾每日那样想过了几回：
> 你已给了你所有的，同你去的弟兄
> 也是一样，献出你们的生命；
> 已有的年轻一切；将来还有的机会，
> 可能的壮年工作，老年的智慧；

林恒从童年就领略了战争与死亡。他的父亲在辽宁新民最初的电文传来时，一群孩子冲锋似的涌到上房，高兴地喊："爹爹没有事！""爹爹好好的！"但真的噩耗传来后，那群四岁到十一岁的孩子"一个个木鸡似的在人前愣着。有一天听说他们私下在商量，想组织一队童子军，冲出山海关去替爸爸报仇！"（引文出自徐志摩散文《伤双栝老人》）林恒，与他九岁的年龄多么不相一致！

中学毕业后，弟弟林恒准备报考清华大学机械系，将来走实业救国之路。发生在 1935 年 12 月 9 日的那场运动，彻底改变了

他的人生方向，他立志投笔从戎，在穿上军装之前，他便成为懂
得死亡的军人。

可能的情爱，家庭，儿女，及那所有
生的权利，喜悦；及生的纠纷！
你们给的真多，都为了谁？你相信
今后中国多少人幸福要在
你的前头，比自己要紧；那不朽
中国的历史，还要在世上永久。

你相信，你也做了，最后一切你交出。
我既完全明白，为何我还为着你哭？
只因为你是个孩子却没有留下什么给自己，
小时我盼着你的幸福，战时你的安全，
今天你没有儿女牵挂需要抚恤同安慰，
而万千国人像已忘掉，你死是为了谁！

林恒在那场轰轰烈烈的抗战中，为国家和民族献出了自己年
轻的生命。只有巍巍峨眉会记下他的名字，不管草木历经几岁枯
荣；只有波涛汹涌的岷江会记下他的身影，不管流逝多少岁月。
林徽因作为他的大姊，手足之情无论如何都是难以割舍的。冰雪
聪明的林徽因，在祖国与命运、战争与死亡、个人与家庭之间，
实在有太多的人生课题，等待她去探索与回答。她一次次处在情
感的纠结中，剪不断，理还乱。这些是无法用理论来阐释的，超

过伟大的，是人类对伟大已感到茫然。尤其是在"剔尽寒灯梦不成"的长夜里，林徽因哀歌孤愤，哭干泪水之后才能围衾而眠。她的哭，"只因为你是个孩子却没有留下什么给自己"，这是作为长姊的追悔，一份独有的血缘之爱。这是不能承受的生命之轻，是横亘在她面前难以越过的鸿沟。

然而，她惊世骇俗的一笔是在诗的尾句："而万千国人像已忘掉，你死是为了谁！"生与死的幻灭，只有悲伤洗濯着山河岁月的新愁。更让林徽因痛苦的是，在那个抗战的大时代，疆场上尸骨成山。战争，也只有战争，给千千万万个家庭，留下的只有悲痛，国家如此，个人则别无选择，这是那场侵略战争带给国人的深层思考。

《哭三弟恒》这首诗，对于林徽因来说，又一次打开了那扇属于自己心灵的窗子，而事实让世人记住的却是"峨眉山月半轮秋"——弟弟青春的面庞永远在那里耸峙。

参考书目

林徽因：《你是人间四月天》，中国文联出版社，2005

林徽因：《林徽因文集》，当代世界出版社，2010

林徽因：《林徽因书信集》，江西人民出版社，2016

徐志摩：《徐志摩文集》，中央编译出版社，2010

徐志摩：《徐志摩全集》，商务印书馆，2019

梁启超：《梁启超家书》，中国青年出版社，2009

梁启超：《梁启超教子家书》，福建教育出版社，2013

胡适：《胡适文存》，外文出版社，2013

金岳霖：《金岳霖回忆录》，北京大学出版社，2011

沈从文：《沈从文文集（全12卷）》，湖南人民出版社，2014

傅斯年：《傅斯年文集》，中华书局，2017

朱自清：《朱自清全集》，江苏教育出版社，1988—1997

卞之琳：《雕虫纪历》，人民文学出版社，1984

卞之琳：《卞之琳集》，中国社会科学出版社，2009

李健吾：《李健吾文集》，北岳文艺出版社，2016

萧乾：《萧乾回忆录》，中国工人出版社，2005

朱彦、闫树军：《人民英雄纪念碑的故事》，《人民政协报》，2021 年 9 月 30 日

秦宣：《中国共产党与中国式现代化》，《人民日报》，2021 年 5 月 18 日

梁从诫：《林徽因文集·建筑卷》，百花文艺出版社，1999